W0472668

Vincent ACKER
Christophe INZIRILLO
Bruno LEFEBVRE

ADOS, COMMENT LES MOTIVER

La méthode Gordon appliquée à la réussite scolaire

•MARABOUT•

« Lorsque les pères s'habituent à laisser faire les enfants,
lorsque les fils ne tiennent plus compte de leurs paroles,
lorsque les maîtres tremblent devant leurs élèves
et préfèrent les flatter,
lorsque finalement les jeunes méprisent les Lois
parce qu'ils ne reconnaissent plus au-dessus d'eux
l'autorité de rien et de personne,
alors c'est là, en toute beauté et en toute jeunesse,
le début de la tyrannie. »
Platon

« On ne reçoit pas la sagesse, il faut la découvrir soi-même
après un trajet que personne ne peut faire pour nous,
ne peut nous épargner. »
Marcel Proust

© **Marabout**, 2000.

Toute reproduction d'un extrait quelconque de ce livre par quelque procédé que ce soit, et notamment par photocopie ou microfilm, est interdite sans autorisation écrite de l'éditeur.

SOMMAIRE

REMERCIEMENTS

Comme Rome, notre programme « MOTIVATION JEUNES » ne s'est pas fait en un jour. Sans l'aide, le soutien et la collaboration jamais démentis de nos familles d'abord, des parents, des formateurs, de « nos » enfants et de « nos » adolescents qui partageaient notre conviction « qu'il existait une solution » ensuite, nous n'aurions su « motiver » autant de jeunes en si peu de temps et proposer aujourd'hui quelques-unes des réponses à nos interrogations.

Ma gratitude ira tout d'abord, noblesse de cœur oblige, à Alix Hauvette et Ann About. Sans elles, sans leur assiduité et leur volonté d'une « motivation, zéro défaut », ce programme aurait pu rester dans les limbes, séduisant, pertinent, mais sans réalité quotidienne.

Viendra ensuite cette « bande » de jeunes formateurs qui ont osé ce pari insensé de nous suivre, et dont la motivation, n'en déplaise aux théoriciens, n'était pas monétariste mais se résumait à : *tendre la main à des jeunes en « décrochage scolaire »*, cette main qu'un jour ils avaient souhaité qu'on leur offre, ne saisissant alors que du vide.

Ma reconnaissance va bien évidemment aux chefs d'établissement, aux enseignants et aux directions académiques qui nous ont témoigné leur confiance. Je n'en citerai que certains, ils se reconnaîtront : M.-C.L., I.J., V.F., M.M., M.-B., T., M.D., J.F.,…

Et enfin tous les formateurs et animateurs du réseau Gordon en France, anciens et nouveaux, qui chacun à leur niveau participent à cette « révolution tranquille » de la communication inter-génération et qui savent que le siècle à venir sera celui du sens, de la tolérance, et de la confiance… ou qu'il ne sera pas.

Pour conclure, une mention toute spéciale pour Didier Hauvette, Stéphane Donadey, Christian Bokiau, Catherine Aimelet-Périssol et Christine Heniqueau-Mary. Je sais tout ce que je leur dois.

V.A.

PRÉFACE

par Pierre-André Perissol

« ***Ce n'est pas parce que c'est difficile que nous n'osons pas ; c'est parce que nous n'osons pas que c'est difficile*** », faisait déjà remarquer Sénèque.

Quand nous sommes confrontés à un élève en difficulté scolaire, à un jeune en difficulté sociale, à un adulte en difficulté d'insertion, comment réagissons-nous ?

Derrière l'échec scolaire, le comportement incivil ou violent, le repli sur soi, prenons-nous le soin de discerner le manque de confiance, le déficit de motivation qui en est la cause ?

Que nous soyons parents, enseignants, responsables dans la cité, que privilégions-nous ? Réagissons-nous à ces dysfonctionnements en tentant d'y remédier par plus d'apprentissage, par plus de pression ? Ou bien agissons-nous en amont pour libérer le potentiel qui est en chacun, pour donner à l'autre un maximum de chances d'avoir confiance en lui, de « gagner dans sa tête », d'oser ? Autrement dit, se contente-t-on d'essayer de contenir, de corriger les conséquences ou bien s'attaque-t-on aux causes ?

Le manque d'audace est d'autant plus regrettable que des mécanismes générateurs de motivation existent. Il est possible d'aider l'autre à découvrir son talent, ses ressources, à retrouver ses repères. Il est possible de développer l'écoute de l'autre, le respect de soi et des autres et de conduire un jeune à envisager la gestion des conflits autrement que par la violence. Il est possible de favoriser l'implication, la responsabilité.

C'est le grand mérite de ce livre que de prendre le problème sous cet angle et de donner aux parents des voies pour les aider à devenir de véritables entraîneurs pour leurs enfants. De façon pragmatique et concrète, il s'éloigne de la théorie pour s'affronter au quotidien de la relation parent-enfant, il participe efficacement à une modification des relations interpersonnelles.

L'apprentissage de la confiance en soi, l'entraînement à la motivation sont les enjeux de demain. Pour nos enfants comme pour la société.

C'est d'autant plus nécessaire que les Français, avec sans doute plus de force et d'impatience que leurs voisins, mettent en avant leurs inquiétudes, leur appréhension de l'avenir, leurs peurs. Aussi la finalité de l'action politique et son ambition doivent-elles être de créer les conditions d'une nouvelle motivation.

Le meilleur moyen de faire reculer la peur, les craintes, le doute, c'est de donner à chacun un maximum de chances de se réaliser, de donner plus de sens à sa vie. Motiver, donner au plus grand nombre les moyens de retrouver confiance, mobiliser les énergies de chacun pour donner la force de s'en sortir, pour développer le sens de l'initiative, pour renforcer le courage d'agir, constituent les fondements mêmes d'une ambition pour la société. C'est l'ambition que porte cet ouvrage pour nos enfants.

Pierre-André Périssol
Ancien ministre
Fondateur de l'association « Agir pour motiver »

AVANT-PROPOS

De « Motivation jeunes » à « Motiver son enfant »

par Vincent Acker

– *Alors, quel est ton bilan de la semaine ?*

– *9 en histoire, 4 en DST de physique.*

– *Pour l'histoire, c'est fantastique ! Tu as pratiquement multiplié ta note par deux. C'est comme passer de 10 à 20. Tu te rends compte ? Je te félicite. Tu peux nous dire ce que tu as fait ? Quelles recettes tu as utilisées ?*

– *J'ai fait des fiches. J'ai relu mon cours une demi-heure tous les soirs.*

– *Et le 4 en physique ! Que s'est-il passé ?*

– *C'était le dernier cours du trimestre. J'avais déjà la moyenne de toutes façons. Alors, j'ai laissé filer.*

– *Quel était le sujet ?*

– *Les vecteurs.*

– *Mauvaise nouvelle pour toi ! les vecteurs sont toujours au programme du Bac S. A partir de maintenant, ce 4 va devenir ta priorité.* ***La priorité de tes priorités****. Et tu sais ce qu'il te va falloir faire : reprendre le cours pendant une heure, faire deux heures d'exercices, refaire entièrement ton DST sans regarder le corrigé. Soit au moins cinq heures de boulot ! Comme le joueur de tennis, tu t'es dit : « C'est la fin du troisième set, j'ai gagné les deux premiers, alors je laisse ce set à l'adversaire, je me ressaisirai au jeu suivant. » Ça,* *ce n'est pas une attitude de champion. Imagine-toi dans un an et demi, au moment des grandes révisions pour le bac ! Désolé pour toi, mais les vecteurs, c'est tout de suite. Dans quinze jours il risque d'être trop tard. A ton avis, combien de temps devras-tu passer sur cette notion que tu n'as pas comprise : une heures, cinq heures, dix heures ? Et vous autres, notez sur votre cahier le temps nécessaire, selon vous, pour rattraper, à deux ans de distance, un truc qu'on ne sait pas ?*

C'est en 1997, en décembre exactement, que j'ai entendu pour la première fois ce dialogue, pour le moins atypique, entre un adolescent lyonnais de 17 ans et un jeune animateur qui m'avait invité à assister personnellement à l'une de ses réunions avec des jeunes. Ses jeunes de l'« EQUIPE POUR LA MOTIVATION ».

Chargé depuis plusieurs mois, après les avoir tous suivis personnellement, de coordonner, développer et adapter les programmes de formations GORDON auprès des enseignants, des parents, des enfants, après avoir participé à la rédaction de l'ouvrage de Béatrice Bellisa (*L'Intelligence émotionnelle et le bonheur d'apprendre* – Ed. Marabout), père moi-même de deux enfants au parcours scolaire – à l'instar de centaines de milliers d'autres – « chaotique », j'avais trouvé là, sous mes yeux, l'idée de ce qui allait devenir le programme « MOTIVATION JEUNES ».

C'est à partir de ce moment-là que se renforçait en moi une conviction qui deviendrait rapidement une certitude, validée par la pratique quotidienne : ***au lieu de les juger et de les critiquer*** – naturellement pour leur bien et au nom de l'amour que nous leur portons ! – ***accepter nos enfants tels qu'ils sont, les accueillir avec leurs faiblesses et leurs immenses qualités, les soutenir, les motiver***. Au jour le jour ! Et agir avec eux comme un entraîneur, un « coach » avec de jeunes sportifs, avec ce qu'en relation d'aide on nomme la « **compassion impitoyable** ».

Ni juge, ni complice, juste ce regard positif qui à la

place de condamner, laisse à notre enfant la possibilité de grandir. De se grandir.

Une bonne nouvelle, dit-on, n'arrivant jamais seule, un des bénévoles de cette petite association lyonnaise, Christophe Inzirillo, devait justement rejoindre l'Université de Paris 2 comme chargé d'enseignement et de recherche. Sa spécialité ? La gestion des Ressources Humaines. Fascinant personnage en vérité que ce formateur-là ! A 27 ans, il avait collectionné titres et diplômes qui, s'ils s'étaient traduits en années de scolarité, auraient dû lui demander deux vies. Mais un exemple aussi. Un « modèle identificatoire », diraient les spécialistes et les experts. En fin de 3e, l'Education nationale avait décidé de mettre un terme définitif à sa scolarité dans le cycle général pour cause d'une note de – 80 en composition française !

Seul un de ses condisciples, par ailleurs tête de classe, lui avait fait cette confidence : « C'est vraiment dommage, tu sais ! A mon avis ce n'est pas normal, tu es nul en français mais tu es le seul à m'avoir battu à l'interro de physique cette année ! Même si ce n'est qu'une fois, ça veut dire que tu peux recommencer. » En quelques mots, le « déclic » venait de s'opérer en lui.

Ensemble, à partir des nombreux programmes élaborés par Thomas Gordon, et notamment grâce à la F.E.H.J. (Formation à l'Education Humaine pour les Jeunes), à la formation à la Médiation et à la formation des enfants délégués en milieu scolaire, nous avons élaboré un nouveau programme adapté aux enfants et aux adolescents en « décrochage scolaire » et à tous ceux qui souhaitent « se motiver » pour atteindre un objectif.

Les matériaux de bases ? La Méthode Gordon bien évidemment avec l'**Ecoute Active** – ou comment décoder le ressenti de son enfant sans s'attacher à la forme des mots mais à leur signification émotionnelle –, le **Message-Je** – affirmation de ses propres besoins de parents par des messages directs centrés sur les comportements de l'enfant – et la **Résolution de conflit « gagnant-gagnant »**.

Ni soutien scolaire, ni assistance psychologique, notre programme « MOTIVATION JEUNES » n'est rien d'autre qu'une solution concrète et pragmatique, fondée sur le bon sens et ces évidences qu'on oublie, aux questions que se posent les parents :

- Comment, alors qu'il a en lui toutes les capacités requises, le faire progresser ?
- Comment lui donner envie de travailler plus et mieux ?
- Comment, alors que nos conseils semblent glisser sur lui comme l'eau sur les plumes d'un canard, l'aider à se concentrer ?
- Comment lui faire aimer l'école ?
- Comment lui faire comprendre que sa vie se vit aujourd'hui et pas demain ?
- Comment faire de lui un adolescent autonome, responsable ?

Pour nous assister et nous aider dans l'élaboration de ce nouveau programme, le calquer sur des réalités quotidiennes, il nous fallait « un troisième homme », capable de conceptualiser du point de vue psychologique ce qui n'était qu'intuitions, prémonitions, certitudes et apporter à ce duo l'équilibre qui lui manquait. C'est alors qu'est venu nous rejoindre – d'aucuns y verraient même un « signe » – un jeune « psy », Bruno Lefebvre, ayant vécu des expériences de psychologue dans des établissements scolaires, instituts médicaux pédagogiques et centres hospitaliers.

Un père d'adolescents, spécialisé dans les formations pour parents et professeurs, un jeune formateur consultant de terrain enseignant à l'université et un psychologue pour adolescents, les trois piliers de la « MOTIVATION JEUNES » se trouvaient solidement ancrés.

Dès le départ, nous avons tenu à associer étroitement les parents et les enseignants à notre démarche, convaincus qu'il était périlleux de motiver les jeunes sans que les deux autres protagonistes de la motivation scolaire que sont les parents d'abord, les enseignants ensuite, ne soient en phase avec nous.

Pour construire le programme, nous nous sommes attachés à utiliser nos propres expériences jointes à celles de Gordon. Ensuite nous avons passé en revue l'ensemble des théories et des pratiques susceptibles d'aider un animateur à créer les conditions de la motivation. Enfin, nous avons sélectionné les « outils » et les « attitudes » qui favorisaient un maximum d'effet en un minimum de temps.

Pratiques, pas toujours faciles à appliquer, les outils proposés ci-après ne sont ni des recettes, ni des conseils et encore moins des injonctions. Juste un éclairage différent où le bon sens le dispute à la simplicité.

Comme Claude Lelouch parlant de son père : « *Dans mon enfance, donc dans ma vie, ma chance a été d'avoir un être qui a su bien choisir mes « premières fois » : mon père. Et cela m'a donné envie de recommencer. C'est lui qui m'a guidé, qui m'a montré le chemin. C'était un homme d'une grande simplicité, d'un bon sens incroyable. Il m'a appris à vivre simplement. S'il avait pu être le père de millions de gens, il aurait simplifié bien des existences.* »

Et si à notre tour nous développions nos compétences de « PARENTS EFFICACES » pour devenir des « PARENTS MOTIVATEURS » ?

Le métier de parents

« Hâtez-vous lentement ; et sans perdre courage,
vingt fois sur le métier remettez votre ouvrage ;
polissez-le sans cesse et le repolissez ;
ajoutez quelquefois, et souvent effacez. »
Boileau

Parents, vous êtes formidables

« On ne naît pas parents, on le devient. » En paraphrasant Simone de Beauvoir nous saisissons bien toute la difficulté et la complexité du projet qui est le nôtre : **faire de nos enfants des hommes et des femmes en devenir**. Les armer et les préparer le mieux possible à des défis, ceux de demain, dont nous ignorons même ce qu'ils seront. En moins d'une génération, la donne a été complètement bouleversée. Cette génération qui est la nôtre a pris racine dans les soubresauts convulsifs de mai 1968, où tout était possible, où tout était permis, et où, malgré l'ennui, chaque enfant était à peu près assuré, ascenseur social oblige, de trouver un emploi supérieur à celui de ses parents. Le droit aux études pour tous et du travail pour chacun, tel était le dogme de ces nouvelles Trente Glorieuses.

Au lieu de cela, certains en arrivent à proclamer aujourd'hui **que le travail pour tous est devenu le chômage pour chacun** – les deux tiers des travailleurs pourront être un jour confrontés à la perte de leur emploi – et les études, de réformes en réformes, ne riment plus avec certitude ni promotion sociale.

Parallèlement, le monde a avancé bien plus vite que nos rêves les plus fous l'auraient imaginé, brisant certaines de nos certitudes. C'est à ce changement d'aiguillage de la société qu'il nous faut faire face. Comment imaginer de dire à son enfant : « désolé mon chéri, nous nous sommes trompés, on arrête tout et on repart à zéro. »

Cette récession, cette régression passagère, c'est à nous, parents, de l'assumer.

A nous seuls. Sans autre aide ni soutien que ces conseils qu'on peut lire ou entendre de droite et de gauche et qui, comme les saisons, reviennent régulièrement en disant le contraire de ce qu'ils affirmaient hier encore, avec l'onction d'une pseudo-autorité scientifique. En trente ans, on aura tout dit… et le contraire de tout.

Et, nous le pressentons, le saut intersidéral est encore devant nous. Autoroutes de l'information, cyberespace, Internet, mondialisation des entreprises regroupées en conglomérats délocalisés, nous manquons décidément de repères. Ou plus exactement nos repères, ceux transmis par nos maîtres et par nos pères se sont effondrés les uns après les autres, par pans entiers ensuite. Une seule certitude demeure, à l'aube du troisième millénaire, et pour la première fois dans l'histoire des nations, nos enfants devront, par eux-mêmes et pour eux-mêmes, tracer leur propre voie.

Il n'en reste pas moins que nous voulons pour nos enfants ce qu'il y a de meilleur. Leur bonheur, leur réussite et leur épanouissement. Vaste programme, fantastique défi que le nôtre. Un exercice de haute voltige sans filet.

Etre parents signifie donner la vie. Mais on peut aussi donner une seconde vie à nos enfants. Et pour cela il faut apprendre à **conjuguer le mot donner**. Car être parents, c'est tout à la fois « **donner** » (aider les enfants à faire ce qu'ils demandent parce qu'ils n'en ont pas la force et les soutenir pour qu'ils deviennent ce qu'ils doivent devenir), « **ordonner** » (donner des ordres et poser des normes) et « **pardonner** ». Les accepter tels qu'ils sont. Car ils auront toujours la priorité sur nos exigences personnelles. En cela, comme en bien d'autres choses, vous êtes formidables. Nous sommes formidables. Nous faisons de notre mieux.

Oui, être parents, c'est vraiment un métier. Un travail à plein temps sans cinquième semaine de congés payés ni débrayage technique et où l'on ne compte ni ses jours ni ses nuits. Un métier pour lequel il n'est pas question de démissionner mais où l'on risque à tout moment d'être viré « sans indemnité ». Un métier qui s'apprend sur le tas, sur le tard, sans formation ou presque. Un métier qui se construit matin après matin et où l'erreur nous guette à chaque pas en nous refusant le droit de se tromper. On notera qu'à l'école des parents tout le monde sans exception peut entrer. Sans qualification, sans diplôme et sans certificat d'aptitude. Pas d'examen, pas de contrôle et pas d'autres notes que celles décernées par nos propres enfants.

Il n'empêche… Comment faire quand on n'a pas appris ?

Les bonnes résolutions

Rappelez-vous ! Nous ne sommes réellement devenus parents, et c'est d'une incontestable évidence, que ce jour déjà lointain où nous avons pu prendre entre nos mains maladroites et inexpérimentées ces un peu plus de nous-mêmes dont on dit qu'ils seraient les fils et les filles de l'appel à la vie. Un détail toutefois : une fois passé ce moment de bonheur authentique, **on cherche en vain le mode d'emploi**. Il n'a pas été livré avec l'enfant. Pas même en chinois ou en batave, ces deux langues que paraissent chérir tous les fabricants d'appareils électroménagers, de télévision et autres téléphones portables. On aurait beau s'adresser au service des relations clientèle, à celui des pièces détachées ou directement à l'usine (!) qu'on n'en saurait pas plus.

Passer en un instant – la longue et euphorique période de la grossesse vécue à deux n'étant qu'une illusion que les papas aiment à entretenir – de la condition d'homme ou de femme à celle de parents est une épreuve aussi hasardeuse que risquée. Dans la plupart des cas, n'ayant connu d'autres pédagogues (hormis les ouvrages de référence pratiques comme le « Laurence Pernoud » ou le « Dolto »…) que nos propres parents nous reproduirons leur enseignement ou son contraire s'il nous a heurtés ou blessés. En clair**, nous agirons constamment par rapport à des modèles ou à des contre-modèles**.

« En toutes choses, dit le philosophe, la politique des parents est d'éviter pour leurs enfants ce dont ils ont souffert eux-mêmes, sans se douter qu'ils les exposent à de nouvelles douleurs. » Combien d'entre nous, quand ils étaient plus jeunes, s'étaient fait le serment de ne plus jamais faire comme leurs parents. Pas ça, pas nous ! Nous saurions, c'est sûr, trouver les mots qui ne blessent jamais. Finies les injustices, les punitions inutiles, les vexations et les brimades. Parents, nous serions irréprochables et nos enfants, ce qu'ils voudraient devenir. Plus heureux encore que nous ne le fûmes jamais, nos réserves d'amour et de patience étant inépuisables.

Nous, nous saurions les aimer. Pour ce qu'ils sont et non pas pour ce que nous voudrions qu'ils soient. En les aimant plus, en les aimant mieux que nous avions été aimés, nous saurions leur transmettre ce que nous savions de la vie. De notre vie. Les mots nous viendraient très naturellement dès lors qu'il s'agirait de leur transmettre ces valeurs que nous considérons comme intangibles. Celles qui fondent notre vie d'aujourd'hui. Celles qui font la différence entre le bien et le mal, entre l'acceptable et l'inacceptable, entre le vrai et le faux, entre le juste et l'injuste.

Responsables, nos enfants seraient à la fois architectes et promoteurs de leur vie. Grâce à notre expérience, à nos conseils forgés sur l'enclume de nos déceptions et de nos frustrations, ils éviteraient bien des écueils. Ils traverseraient le monde avec un minimum de souffrances. Juste celles nécessaires pour se construire leur propre personnalité.

C'était promis, nous allions voir ce que nous allions voir. Et on a vu. Nous avons vu combien il était difficile d'avoir de l'autorité sans être autoritaire, d'être disponible quand le temps nous manquait et que les fracas de la vie venaient bouleverser un équilibre fragile, d'être tolérant sans être laxiste, permissif sans être berné.

Chaque jour nos enfants nous rappellent combien être patient relève de l'exploit.

Combien d'entre nous se sont surpris à reproduire ce que justement ils s'étaient jurés de ne jamais faire ? Quel père ou quelle mère, à bout d'argument, excédé d'avoir à répéter pour la centième fois une consigne consciencieusement non appliquée n'a senti sourdre en lui, à bout de patience, comme une envie irrépressible d'être obéi, coûte que coûte ? Jusqu'aux mots qui blessent, jusqu'à la gifle exutoire. Et combien d'entre nous se sont sentis alors frustrés, humiliés, honteux d'en être arrivés à cette extrémité. C'est qu'avec un art consommé nos enfants savent trouver les mots, les attitudes qui nous feront sortir de nos gonds et faire table rase de toutes nos bonnes résolutions.

La scolarité, le parcours du combattant

Après les premiers sourires et les nuits sans sommeil, après les premières souffrances et les premiers chagrins qu'un gros câlin console, après les heures de garde à la maison, à la crèche, chez la nourrice, vient le moment des premiers pas à l'école. Encore quelques larmes, les dernières croit-on, et **les voilà lancés sur une route droite jonchée de fleurs, l'école**. Sur le papier, le partage des rôles était simple. Les parents éduquent, les enseignants instruisent. A nous de leur transmettre l'intangible, le respect de soi et de l'autre, l'amour de sa famille et du prochain, le bien qu'il convient de faire et le mal qu'il faut éviter. A eux la mission – c'est à juste titre qu'on parle de vocation ! – de leur transmettre les connaissances qui feront d'eux des hommes et des femmes debout. Aux enseignants de leur apprendre à vivre en groupe, dans le respect de la démocratie et de la citoyenneté. Pour eux aussi, c'est un véritable métier. Mais à la différence de nous, eux, ils ont appris. Ils savent anticiper et moduler leur enseignement en fonction de l'enfant qui leur fait face ou leur tient tête, celui qui s'agite et se lève à tout moment, celui qui rit, celui qui parle. En bref, notre enfant.

Et c'est bien là que les ennuis commencent. Pour certains d'entre nous, les plus chanceux souvent, pas forcément les plus doués, **les Maternelles et les classes primaires se vivent comme un rêve éveillé**. Du collier de nouilles à la boîte de camembert qui-fera-un-joli-cendrier-pour-papa au carrelage peint comme sous-plat, nous sommes littéralement assaillis de cadeaux et envahis d'amour. Les notes, bien souvent généreusement octroyées, nous maintiennent dans l'illusion factice que nous avons enfanté des cracks, que Polytechnique les attend et que, décidément, l'enseignement en quelques années a bien changé. Plus ludique et plus individuel à la fois. Pour ces parents-là que nous avons tous été un jour, rien à dire. Bien arrimés sur notre petit nuage, il sera toujours assez tôt pour redescendre. Aux premières difficultés.

C'est généralement avec l'apprentissage de la lecture et de l'écriture que les premiers ennuis commencent. On a beau posséder son Laurence Pernoud sur le bout des doigts, passer des heures et user des tonnes de patience à dessiner lettre après lettre le plus beau des abécédaires, ça ne rentre toujours pas. Du moins pas suffisamment au gré de la maîtresse. Et plus on s'acharne, moins notre chérubin semble comprendre ce qu'on attend de lui. Ce n'est pourtant pas si compliqué. Les autres y arrivent bien !

Ah, les autres ! C'est avec eux que tout commence et tout finit. Notre enfant jadis unique, forcément comme les autres et sans doute un peu mieux, est confronté avant même l'âge de raison à une compétition féroce. Implacable. Quoi qu'il fasse, quoi qu'il dise, il s'en trouvera toujours un pour faire et pour dire mieux que lui.

Et peu à peu le doute s'instille en nous. Et si justement il n'était pas comme les autres ? Et si pour lui, tout n'était pas si facile ? Pourquoi ne parvient-il pas à se concentrer ? Pourquoi lit-il les consignes à moitié ? Quand il les lit. Pourquoi son écriture tient-elle du hiéroglyphe au mieux, de la patte de mouche à une suite de pâtés des plus disgracieux au pire ? Pourquoi prend-il cet air excédé alors que nous mobilisons toute notre bienveillante énergie pour lui faire vivre au jour le jour les aventures de Ratus et autres rongeurs du même terrier ? Pourquoi seule la télévision et les dessins animés les plus imbéciles – japonais de préférence – le font-ils palpiter ? Pourquoi faut-il déjà se battre et menacer alors qu'autour de nous d'autres mamans affichent des mines réjouies ? De véritables têtes à claques, celles-là.

A ces interrogations succèdent les premières interprétations qui ressemblent à des justifications. Vient aussi le moment des premières querelles. Le père, qui sait tout : « Si tu le protégeais moins… laisse-le respirer… Tu t'y prends vraiment mal, ma pauvre » ; elle : « tu ne t'occupes jamais de lui… Je suis seule pour surveiller les devoirs… tu as toujours une bonne raison pour rentrer le plus tard possible et tu ne le vois jamais. » La crise est proche.

De toutes façons, l'institutrice l'a dit, et elle est formelle, tout cela n'est pas normal, il faut consulter. Ce qu'elle a oublié de nous dire, la malheureuse, ce que tout le monde de l'éducation et de la politique réunies a oublié de nous dire, c'est que plus de 20 % des élèves ne savent pas lire en classe de sixième[1].

Silence, on consulte

Pas facile de s'y retrouver dans le dédale des psychothérapeutes, pédopsychiatres, et autres orthophonistes. Selon qu'on sera conseillé par l'école, par l'assistante sociale, par la conseillère pédagogique attachée à l'établissement, par le médecin de famille auprès duquel on s'est ouvert de son infortune ou l'amie de l'amie qui connaît un type formidable, commence alors les premiers tests, les premiers examens, les premiers bilans. Leurs résultats ne sont ni vraiment alarmants ni vraiment rassurants. En lecture, il est sans doute un peu au-dessous de la norme mais sa mémorisation est bonne. Et inversement. Une légère dyslexie peut-être mais rien de bien sérieux qu'une séance hebdomadaire à 300 F ne pourrait résoudre. Et c'est vrai qu'il fait des progrès. Mais notre enfant, lui, a déjà compris que quelque chose ne tournait pas rond.

Le recours aux hommes de l'art sensés nous apaiser en

---

1. 20,7 % des enfants entrant au collège « ne maîtrisent pas suffisamment les compétences de base de la lecture ». Source : Ministère de l'Education nationale, septembre 1998.

apportant à nos interrogations le verdict d'une réponse scientifique éclairée ne nous rassure pas du tout. Car en classe, la lente dégringolade se poursuit.

Duel ou duo ?[1] le risque de l'adolescence

Avec l'adolescence, ce qui avait commencé comme un duo moderato se transforme à force d'incompréhensions et de rebuffades réciproques en un duel à fleuret de moins en moins moucheté. Une sorte de tournoi de tennis en fond de court où chacun se renvoie la balle et qui peut durer des semaines comme avant l'invention du tie-break.

C'est bien avec l'adolescence, cet espace-temps que Françoise Dolto définit comme « le purgatoire de la jeunesse et la seconde naissance » **que le mot de « métier » de parents prend tout son sens**. Métier au sens d'« être au service de ». Car c'est bien de cela qu'il s'agit. C'est dans cette phase de transition, où des psychologues voient « le dernier chapitre de l'enfance », que les enfants d'hier ont le plus besoin de leurs parents. Mais comment concilier les demandes non formulées de ceux qui sont des adultes en devenir et qui doivent se construire une personnalité en s'opposant à nous ? En osant nous dire non.

On pourra théoriser longtemps sur les causes de l'échec scolaire chez les adolescents (sociologiques, psychologiques, pédagogiques…), si les premières victimes sont bien les adolescents eux-mêmes, les brancardiers resteront toujours les parents. Tour à tour aide-soignant et médecin de famille – de sa propre famille – il nous faudrait être aussi infirmier et spécialiste. C'est bien plus qu'il n'est supportable. Même à deux.

Parents, en face de nos adolescents, nous nous sentons à la fois responsables et coupables. Responsables parce que géniteurs et coupables de n'avoir pas su déchiffrer les codes d'accès à la mémoire vive de nos enfants et de tomber toujours à côté. Nous sommes comme des joueurs d'échecs, au sens propre

1. Titre emprunté à Marie-Madeleine Martinie : *Communiquer en famille*, Fayard, 1998.

comme au sens figuré, jouant à qui-gagne-perd ou qui-perd-perd.

Nous consacrons une énergie et un temps infinis à tenter de répondre à des questions dont, si nous en comprenons bien le sens, nous n'avons pas même le début de commencement d'une réponse. Du moins celle que nos enfants attendent. Jusqu'à se demander si la réponse, son contenu du moins, a la moindre importance.

Dans notre désir d'aider concrètement nos enfants, il nous arrive de nous heurter à des obstacles qui, au lieu de résoudre leurs problèmes et de les soulager, ne font que les empirer.

Sur le chemin des relations harmonieuses, nous pouvons progresser.

Le programme « Parents Efficaces » propose des moyens pour améliorer ou rétablir la communication entre les parents et leurs enfants et entre les parents eux-mêmes. Animés que vous êtes d'une fantastique envie de bien faire, Gordon France vous offre une méthode pour vous aider au quotidien. Devenir un parent motivateur !

Parents, vous êtes formidables ! Nous le savons. Et si c'était vos enfants qui le disaient ?

« Tous les mêmes ! »

ou enfants démotivés cherchent passion désespérément

« Tout me lasse : je remorque avec peine mon ennui avec mes jours, et je vais partout bâillant ma vie. »
Chateaubriand

Lequel ou laquelle d'entre nous n'a pas autour de lui, dans son entourage le plus proche et le plus immédiat, qui un enfant, qui un neveu, qui un élève, qui un petit-fils, de ces presque adolescents et bientôt hommes à leur tour sur lesquels et nos conseils et nos cris, et nos punitions et nos mises en garde paraissent n'avoir de prise. Semblant venus tout droit d'une planète mystérieuse où l'on vénérerait pêle-mêle les boys band et la Playstation, les sitcoms niaiseux et les films de guerre façon Terminator, ces enfants qui sont nos enfants sont devenus en quelques mois des énigmes. Pire, des murs auxquels on se heurte et qui ne présentent aucune aspérité sur laquelle s'accrocher, aucune faille pour pouvoir pénétrer. Même s'ils ressemblent encore parfois aux charmants bambins qu'ils étaient hier encore, même si par moments, fugaces et furtifs, ils retrouvent ce regard d'innocence absolue et de confiance en nous, nous éprouvons de plus en plus de mal à les reconnaître. Comme tout était facile avant. Quel est donc ce virage que nous n'avons pas su prendre et qui, inexorablement, nous éloigne de ces enfants, bientôt des hommes, que nous n'aurons pas su aider ?

Et puis surtout ce sentiment d'impuissance et d'inutilité. Rien de plus désespérant en effet que les voir peu à peu s'enfoncer dans le trou noir de l'échec scolaire. Et ne pouvoir rien dire. Comment trouver les mots qui apaisent et rassurent, les mots qui aident, les mots qui aiment ? Les mots qui motivent.

Etrangers à nous-mêmes, ils semblent devenus étrangers à eux-mêmes. Comme si plus rien ne les intéressait. Comme si leur vie leur échappait. Sans projet. Sans but. Sans véritable envie, sans vraie détestation. Avec sur le visage ce masque de l'ennui qui peu à peu les envahit.

La sagesse populaire qui invite à la patience et qui dit qu'« il faut que jeunesse se passe » ne nous est d'aucun secours. Autant nous serions prêts à accepter – quitte à faire mine de nous en offusquer – n'importe qu'elle bêtise, n'importe quel écart, et de geste et de langage, de ces extravagances qui avec le temps sont devenus des faits d'armes qui ponctuent les déjeuners familiaux, autant cette absence de désir nous désespère.

Nous avons rassemblé ci-après quelques portraits d'enfants et d'adolescents que nous rencontrons quotidiennement. Ni caricatures, ni phénomènes de foire, ce sont des enfants qui ressemblent aux vôtres, aux nôtres. Et si la palette des comportements des adolescents d'aujourd'hui est aussi riche que la vie elle-même, nous avons sélectionné une dizaine d'entre eux – onze exactement pour constituer une équipe future championne du monde de motivation – pour illustrer ce mal dont ils semblent tous atteints, la démotivation. Et avec La Fontaine nous conviendrons que « s'ils n'en mouraient pas tous, tous en étaient frappés ».

Parmi ces onze enfants,
saurez-vous reconnaître le vôtre ? Les vôtres ?

Nadia, 14 ans, 3^e

Elle est très agressive vis-à-vis de ses parents. Elle ne leur raconte pratiquement rien de ce qu'elle vit à l'école. Juste quelques formules lapidaires, plus ou moins aimables selon l'humeur du jour. Quand elle rentre à la maison elle affiche un masque renfrogné et dès qu'on s'adresse à elle, elle hausse les épaules, soupire et part s'enfermer dans sa chambre. En prenant bien soin de claquer la porte ! Elle semble détachée de tout. Aux questions de sa mère, ses réponses utilisent une gamme assez restreinte qui va au mieux de « arrête de t'inquiéter » à « de toutes façons, tu ne comprends jamais rien à rien ». Ses parents ne savent plus quoi lui proposer. Rien ne semble l'intéresser ni avoir de prise sur elle. Pourtant, au téléphone avec ses amies elle peut parler des heures, raconter les moindres détails de sa vie. En l'entendant, ils ont l'impression de retrouver la Nadia d'avant, volubile, enjouée, passionnée.

Ses résultats scolaires sont en baisse. Mais les parents de Nadia ne savent rien des difficultés qu'elle rencontre. Ils n'ont d'autres informations que les appréciations des professeurs inscrites sur les carnets mensuels et les mises en garde sur un éventuel redoublement. Mais si Nadia semble parfaitement détachée de l'école, elle semble stressée à la veille des partiels et paniquée à l'approche de son brevet.

Arthur, 16 ans, 2^{de}

A l'entendre, tout va bien. Très bien même. Pas de conflit majeur avec ses parents avec lesquels il blague, ni avec ses frères et sœurs. Il se veut rassurant. Bien sûr ses notes ne sont pas très bonnes mais il promet qu'il va faire un effort. Des problèmes ? Quels problèmes ? Il sort avec des copains, rencontre des filles et adore le skateboard. Pour lui, la vie est un jardin de roses. Il n'a aucune inquiétude vis-à-vis de sa scolarité. Un optimisme qui confine à l'insouciance quand ses parents apprennent qu'il risque d'être exclu de son école pour absentéisme et manque de travail chronique. Une école dans laquelle, pourtant, il se sent bien.

Ludovic, 15 ans, 4e

Sa scolarité chaotique est un véritable casse-tête pour ses parents. Malgré un premier redoublement, rien ne s'est arrangé. Thomas est un garçon sympathique, mais il ne travaille pas. Ce n'est pas la bonne volonté qui lui manque mais il est incapable de se fixer plus de dix minutes sur un devoir. Il rêve. Il est ailleurs. L'école ne semble pas l'intéresser. Ses parents ont tout essayé : des tests psychologiques aux séances bi-hebdomadaires d'orthophoniste, du soutien scolaire avec un jeune étudiant au bilan d'orientation. La réponse est identique : Thomas a des capacités. Il pourrait fort bien réussir s'il le voulait.

Charles, 18 ans, Terminale

Majeur depuis quelques semaines, il est de plus en plus violent dès qu'il évoque son lycée. Il rejette pêle-mêle des professeurs « nuls », un enseignement qui n'est qu'une « fabrique à chômeurs » et ses parents – séparés – qui ne l'écoutent pas. Qui ne le soutiennent pas. Pour lui, sa vie est ailleurs. D'ailleurs, il sait ce qu'il va faire : il sera musicien. S'il reste au lycée c'est parce qu'il ne peut pas faire autrement et qu'il vaut mieux avoir le bac. Mais s'il le rate, c'est décidé, il ne redoublera pas. Il trouvera un petit boulot, dans la musique par exemple.

Ses parents, sur ce point réconciliés, ont appris du professeur principal et du responsable de niveau que Charles pouvait parfaitement entreprendre un cycle supérieur et que c'est en réalité sa peur de l'échec qui le paralyse.

Théo, 17 ans, 1re

Depuis son entrée au collège (aux collèges) la scolarité de Théo est « le » problème. Collectionneur, il en est à son cinquième établissement en cinq ans. Du public au privé, du pensionnat à la « boîte à bac » hors contrat, il aura tout essayé. Dans l'une des pensions (le plus loin possible de sa famille !), où ses parents, de guerre lasse, l'avaient inscrit il n'est resté qu'un trimestre. En rentrant il avait multiplié les promesses. Des promesses longues comme un jour sans pain. Rien n'y a fait. Les bonnes résolutions n'auront duré qu'un mois. Pourtant il est doué, il peut être brillant. Ses notes, selon les matières, oscillent entre le 0 et le 18. Menacé, il est capable de faire des rétablissements spectaculaires. Mais pour quinze jours seulement. Dès qu'on commence à reprendre confiance en lui, il manque trois fois l'école dans la semaine et « oublie » de se réveiller. A chaque fin d'année, son père doit intervenir personnellement et user de son charme pour éviter l'exclusion ou le troisième redoublement. Indolent, charmeur, il a tout un cercle d'amis qui l'apprécient. Mais la vie à la maison est un enfer au quotidien.

Philippine, 18 ans, 1re

Sa mère absente, elle doit tout assumer à la maison. Ses cinq frères et sœurs, le quotidien et l'intendance. Son père est conscient des efforts qu'elle fournit et lui en est redevable. Mais il est lui-même dans une situation inconfortable, cannibalisé par ses activités professionnelles. Souvent absent, rentrant tard le soir, il a pris l'habitude de tout déléguer à sa fille aînée. Orientée sur une filière courte, Philippine a des résultats médiocres. Pourtant elle se donne du mal. Ses professeurs hésitent à la faire passer en Terminale. Comme elle le dit elle-même : « A quoi bon, je n'y arriverai pas ! ». Cependant sa détermination, son niveau scolaire, sa capacité de concentration, tout démontre qu'elle pourrait fort bien y parvenir. Plus que de motivation, c'est de confiance en elle que Philippine a besoin.

Adrien, 12 ans, 5e

C'est sa première année dans ce nouveau collège. L'année dernière avait été satisfaisante, les résultats scolaires d'Adrien le situaient dans la moitié supérieure de la classe. Même s'il revoit ses anciens copains du primaire et de l'année dernière, il ne parvient pas à s'intégrer dans sa classe. Il a de mauvais résultats et il en souffre. Il se sent nul. Même dans les matières qui le passionnaient, il atteint tout juste la moyenne. Il ne peut travailler que dans l'urgence. Souvent, il achève ses devoirs pendant les heures de permanence. Les dimanches soirs sont de véritables cauchemars. Toute la famille est mobilisée pour trouver qui une reproduction d'une cathédrale gothique, qui rédiger une fiche de lecture sur un livre de

130 pages. Pourtant les professeurs avaient annoncé ces devoirs quinze jours plus tôt. L'univers d'Adrien semble se limiter à la télévision et aux jeux vidéos devant lesquels il est capable de rester concentré des heures et des heures. Quand ses parents lui demandent s'il n'a pas de travail, il affirme qu'il a déjà fait ses devoirs. Son cahier de texte est effectivement relativement vide. Ce que ne savent pas ses parents, c'est qu'Adrien a « oublié » de noter les leçons à apprendre et les devoirs à rendre. Ses résultats scolaires baissent dangereusement.

Grégory, 14 ans, 3^e^

Jusqu'à cette année, Grégory ne donnait aucun signe de désintérêt vis-à-vis du collège. Au contraire, ses professeurs le considéraient comme un élève calme, réfléchi, capable du meilleur. Si ses notes, dans l'ensemble, restent acceptables, il s'effondre littéralement en français et en mathématiques. Ces matières-là sont pourtant déterminantes pour son orientation au lycée et si ses notes ne s'améliorent pas, adieu les classes préparatoires aux grandes écoles que ses parents avaient envisagées pour lui. Avec Grégory, aucun argument ne semble avoir prise. Ni les menaces, ni les encouragements. Encore moins les privations. Souvent, le soir, il n'ouvre même pas son cartable. Et quand ses parents le croient installé à son bureau en train de réviser, il rêvasse, l'écouteur de son walkman sur les oreilles. En revanche, il est capable de restituer le classement toutes divisions confondues des équipes de football, la composition des équipes, les entraîneurs et les transferts de joueurs avec le montant des primes et leur salaire mensuel.

Barbara, 13 ans, 4^e^

Apparemment, avec elle, pas de souci à se faire. Ses notes la situent parmi les premières de sa classe. Ses professeurs ont pris l'habitude de la citer en exemple, ce qui a le don de la mettre hors d'elle… intérieurement. Elle ne laisse rien paraître. Tout semble glisser sur elle. Il faudrait avoir mauvaise grâce pour lui reprocher quelque chose de précis. Tout juste reste-t-elle un peu solitaire. Cependant, derrière cette façade un peu trop lisse, elle doute. Et si à l'exemple de sa sœur aînée, elle aussi brillante en son temps avant d'arrêter brutalement sa scolarité, elle devait ne plus être dans le peloton de tête ? Sa mère s'inquiète. Barbara est devenue taciturne. Les rares amies qu'elle a, elle doit les aider systématiquement. En fait, faire leurs devoirs et donner les bonnes réponses. Malgré son apparente facilité, elle doute et n'a aucune idée de ce qu'elle fera plus tard.

Thibault, 16 ans, 3e techno

Il est autant fait pour le dessin industriel que Zinédine Zidane pour le point de croix ! Pourtant c'est la seule filière que ses parents ont trouvée pour lui sur les avis éclairés du dernier conseiller d'orientation consulté. Jugé inapte pour le cursus long (« vous n'y pensez même pas »), il est pensionnaire et prépare un Bapa. Ses résultats sont honorables, sans plus. Son parcours scolaire n'est qu'une lente et irréversible dégringolade. Son manque de motivation est patent. En réalité, Thibault est l'un de ces trop nombreux élèves dont les résultats médiocres ne lui ont permis que d'accéder à la filière technologique. Comme si cette orientation était l'unique issue de sortie d'adolescents démotivés alors même que c'est l'une des filières qui donnent les meilleurs résultats… à condition de le vouloir. A y regarder de plus près, Thibault est un fonceur, capable de se donner à fond pour peu qu'on l'y aide. Encore faut-il savoir comment.

Jean-Baptiste, 13 ans, 4e

Le père de Jean-Baptiste a dû s'expatrier une nouvelle fois pour des raisons professionnelles. Sa mère, pour sédentariser ses enfants et leur permettre de suivre un cursus scolaire cohérent, a fait le choix de rester en France. Elle s'est investie dans la vie de l'école en rejoignant une association de parents d'élèves. Présente, sans doute trop, elle intervient dans la scolarité de ses enfants. Si avec les aînés, tout se passe sans heurts apparents, avec Jean-Baptiste, c'est la guerre de tranchées. Insolent avec ses professeurs, batailleur quand il faut, il perturbe systématiquement la classe par des pitreries et autres plaisanteries du genre. Exclu une première fois, il en est à son deuxième avertissement de conduite et de travail. Son professeur principal qui l'a pris en affection a accepté de lui donner des petits cours après la classe. Il comprend vite. A le croire, il déteste l'école. Il n'apprend rien. De plus en plus, il arrive en retard à l'école. Son statut de cancre ne le dérange pas. Au contraire. Il a beaucoup d'amis. Et c'est vrai. Sur son bulletin du deuxième trimestre le verdict est tombé : « passage en 3e compromis ».

*

* *

De Nadia à Jean-Baptiste, en passant par Charles, Philippine et Thibault, ils ne sont ni plus ni moins différents des autres enfants de leur âge. On aurait pu multiplier par dix les exemples qu'on buterait sur la même question, lancinante à force de ne trouver de réponse : **que faire pour les motiver ?**

Comment les aider à s'aider eux-mêmes ? Comment les convaincre que c'est leur vie à venir qui est en jeu ? Qui est enjeu ! Que demain se prépare aujourd'hui et qu'il faudra bien se résoudre à conjuguer sa vie au futur. Que l'indolent d'aujourd'hui risque fort d'être le laissé-pour-compte de demain.

Comment faire de nos enfants des hommes et des femmes d'action et de conviction ? Comment, en les aidant, remplir notre mission de parents ? Comment les influencer positivement ?

C'est à certaines de ces questions que nous allons tenter de répondre. Humblement. Car, comme le dit le titre d'une émission radiophonique, « il y a toujours quelque chose à faire ».

Que veut dire motiver son enfant ?

De la motivation en général…

La notion même de motivation prête à de multiples interprétations, toutes plus pertinentes les unes que les autres, toutes à la fois nécessaires mais non suffisantes, toutes justes et néanmoins partielles. En ce qu'elle se fonde sur l'homme, ce qui « le pousse à travailler et/ou à se dépasser », « ce qui l'empêche d'agir » – motivation négative –, la motivation est par essence complexe. Il n'est de semaine sans qu'un ouvrage ne paraisse sur la motivation en entreprise, à l'école, en famille, dans la société… Tous y ont leur place et s'attachent à contribuer à l'élaboration de la notion de motivation. De Taylor (« la meilleure motivation de l'homme, c'est l'argent ») à Crozier (« l'homme c'est une main, c'est un cœur et c'est aussi un esprit »), en passant par Maslow (« l'homme possède une hiérarchie des besoins »), Mayo, Blake et Mouton, Herzberg (« les besoins élémentaires et les besoins supérieurs »), Mac Grégor (« tout dépend de la conception qu'on a de la nature de l'homme »)… chacun a apporté sa pierre au mur des motivations.

Etudes d'éminents spécialistes et de chercheurs, leurs réponses sont souvent complexes, comme l'individu lui-même.

La motivation est un sujet qui dépasse de loin le cadre scolaire. Dans toutes les organisations humaines, on peut poser la question de la motivation et surtout de la démotivation. La motivation peut être considérée comme un sujet de philosophie en ce qu'elle traite des questions des libertés individuelles avec comme interrogation : « est-il plus important de réussir dans la vie ou de réussir sa vie ? »

… à motiver son enfant à l'école en particulier

N'ayant pas l'ambition de départager les scientifiques, nous préférons nous en tenir à la production de définitions simples qui rendent compte de la diversité de ces travaux. On les retrouvera, parsemées, dans cet ouvrage pratique comme autant de bornes, de repères qui pourront nous aider.

Motiver son enfant, c'est l'aider à lui trouver des raisons de travailler

Le travail est une **valeur traditionnelle et culturelle**, notre société le valorise. Il est aussi une manière de trouver un sens à sa vie, de se transcender et une possibilité d'accéder à un confort matériel tout en trouvant sa place dans le système social.

Motiver son enfant, c'est le faire adhérer à un projet concret

La motivation porte sur **l'orientation des comportements** vers des objectifs. Si ces objectifs sont des notes ou un certain nombre d'heures de travail, alors il s'agira de la motivation à travailler à l'école et à la maison.

Motiver son enfant, c'est l'aider à changer sa perception du monde

La motivation est **un processus** qui interagit avec sa vision personnelle du monde, son regard sur la vie, sur son environnement, sur le travail…

Motiver son enfant, c'est lui permettre de faire des choix en fonction de ses désirs

La motivation est liée à des choix personnels. Il s'agit de **prendre des décisions** par rapports aux comportements que l'on va adopter. Faire des choix de comportement, c'est déjà se motiver et provoquer un changement.

Motiver son enfant, c'est augmenter son niveau d'éveil ou de vigilance pour mieux se concentrer

La motivation est un processus psychophysiologique. Ce dernier tient compte du corps et de la régulation de l'activité nerveuse.

Motiver son enfant, c'est lui offrir le meilleur environnement

Notre environnement familial et social participe à notre motivation.

Motiver son enfant, c'est comprendre une partie de son histoire de vie

Selon les situations affectives que nous auront vécues avec nos enfants ou celles qu'ils auront vécues seuls – ces moments qui participent à l'histoire personnelle et conditionnent nos mécanismes de défense –, notre motivation pourra se trouver confrontée à des freins puissants ou au contraire se transformer en motivations positives. Bien connaître les éléments constitutifs du vécu de notre enfant nous évitera bien des erreurs.

Motiver son enfant, c'est utiliser à bon escient ses sentiments et ses émotions

En se gardant de toute manipulation, de privation du libre arbitre, nous pouvons faire appel aux émotions et aux sentiments de nos enfants. Ainsi le stress peut, dans certaines conditions, devenir motivant de même que la joie ou le désir de vaincre. Le sentiment d'apporter une contribution utile, les sentiments de compétence, de progression, le désir d'être libre, la responsabilité… autant de sentiments qui peuvent devenir des moteurs de motivation.

Nous tâcherons d'éviter le piège de la satisfaction. Malgré les apparences, elle ne rime pas forcément avec motivation. En effet, notre enfant peut être « satisfait » d'un cours d'histoire sans pour autant avoir le désir ou l'envie de l'apprendre. A contrario, un enfant détestant les mathématiques, et parce que c'est justement sa matière faible, décidera de se donner tous les moyens pour la dominer. Invoquer le plaisir d'apprendre à un enfant ou un adolescent pour le « motiver à travailler » pourra se révéler inefficace, contre-productif.

La motivation conférera aux comportements **force, direction et persistance**.

Notre définition pour cet ouvrage :

Motiver son enfant consisterait à : « ***aider son enfant à satisfaire concrètement ses besoins, à agir selon ses valeurs, à exprimer ses croyances, ses opinions et ses désirs, et soutenir des comportements que notre enfant désire adopter.*** »

Et la motivation serait alors considérée comme « ***une force qui pousse les individus à satisfaire leurs besoins, leurs désirs, leurs pulsions et qui détermine un comportement conforme à leurs valeurs visant à réduire un état de tension*** ». Ce choix de définition est le fruit d'une réflexion sur notre pratique auprès des enfants et des adolescents. Il vise à mettre l'enfant au centre de notre envie de motiver. En ce sens le motivateur est un « accompagnateur », un « facilitateur ».

Conclusion provisoire

Le système punition/récompense, nous parents, nous le vérifions tous les jours, n'est plus satisfaisant. Le coup du PAC (pied au c…) non plus. L'autoritarisme est désormais d'une autre époque et nous cherchons désormais à avoir de l'autorité sans être autoritaire au sens traditionnel.

Nous emprunterons à Franck Bournois et Philippe Poirson, dans *la Motivation des hommes*, cette conclusion forcément provisoire :

- Avant de vouloir changer ou d'améliorer la motivation de quelqu'un, il faut le connaître avec ses forces, ses faiblesses, son histoire, sa culture.

- Le changement ne s'établit pas par décret. C'est d'abord une question d'attitudes.
- Le changement passe par une attitude de bon sens, flexible, concrète.
- Le changement passe obligatoirement par la notion de groupe (ici entité familiale).
- Le changement ne doit pas être considéré comme une fabrication mais une mise en valeur.
- Enfin et surtout, celui qui cherche à améliorer la motivation des autres doit d'abord et toujours se retourner vers lui-même et faire son « autocritique ».

Pour motiver les autres,
il faut d'abord être motivé soi-même !

La roue de la motivation

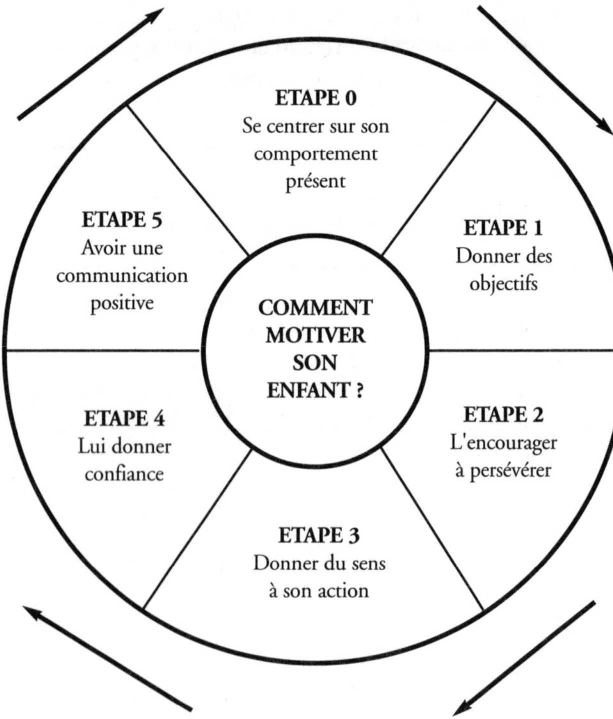

Par C. Inzirillo.

Les six étapes de la motivation

Ce n'est pas par hasard si nous avons souhaité répartir la distance qui nous sépare entre notre enfant d'aujourd'hui et celui qu'il s'apprête à devenir grâce à nos interventions positives et motivantes, en 6 étapes distinctes.

Le point de départ ou « Etape 0 » nous demande un effort sur nous-mêmes. Accepter de nous regarder tels que nous sommes avec notre immense désir de bien faire et nos freins. **Avant de motiver, être motivé soi-même !** Cette étape est fondamentale.

Les autres, centrées sur les objectifs, les comportements, les méthodes de travail, l'environnement, l'encouragement et la valorisation de la persévérance, le sens, une vision positive du monde, la confiance et la communication motivantes, sont autant de repères qu'on utilisera à la demande, dans un ordre déterminé en fonction de la situation présente de notre enfant, de ses besoins et de ses comportements.

Différenciées, ces étapes peuvent être modulées, inversées, adaptées selon des critères et des paramètres qu'il vous appartient d'avoir établis au préalable et en situation.

Etape 0 : « Avant de motiver » : se séparer de certaines représentations passées, se centrer sur les comportements présents.

Etape 1 : « Des objectifs, toujours des objectifs » : aider son enfant à fixer ses propres objectifs et créer ensemble un environnement favorable.

Etape 2 : « Les premières victoires » : encourager les progressions et valoriser la performance.

Etape 3 : « Un autre regard » : trouver du sens, donner une vision positive à l'avenir.

Etape 4 : « La confiance » : excellence et réussite, motiver par les conséquences.

Etape 5 : « Les mots pour le dire » : avoir une communication motivante, écouter et s'affirmer.

A vous de faire tourner la roue… dans le bon sens !

ETAPE 0

« Avant de motiver »

SE SÉPARER

DE CERTAINES REPRÉSENTATIONS PASSÉES

SE CENTRER

SUR LES COMPORTEMENTS PRÉSENTS

ETAPE 0

« Avant de motiver »

SE SÉPARER
DE CERTAINES REPRÉSENTATIONS PASSÉES

SE CENTRER
SUR LES COMPORTEMENTS PRÉSENTS

0 - 1 **Changer notre propre regard**

0 - 2 **Donner une image positive de l'école**

0 - 3 **Les cancres et les nuls, ça n'existe pas**

0 - 4 **Mon enfant n'est ni « bon » ni « mauvais »**

0 - 5 **Mon enfant n'est pas son comportement**

0 - 6 **Le travail, une question d'habitude(s)**

0 - 7 **Ne pas utiliser de comparaisons démotivantes**

0 - 8 **Changer notre vocabulaire**

0 - 9 **Croire qu'il peut réussir**

0 - 10 **Ne pas juger hâtivement**

0 - 11 **Décoder les mots de mon enfant**

0 - 1 Changer notre propre regard

« Ainsi le ciel est carré, dit l'enfant,
non, c'est la fenêtre qui l'est, dit le sage. »

Comme nous l'avons vu au chapitre précédent consacré aux grands principes de la motivation, **l'étape zéro** est l'une des plus importantes. En apparence passive, puisqu'elle n'intervient pas directement sur notre enfant, c'est néanmoins la phase la plus importante même si elle reste difficile à mesurer et à apprécier en résultats concrets, pratiques, immédiatement quantifiables. Véritable travail sur nous-mêmes, elle intervient en amont des phases « actives » de la motivation proprement dite, d'où son nom. Elle n'en demeure pas moins fondamentale en ce qu'elle nous demande, à nous parents, de changer certaines de nos croyances et de terrasser un grand nombre d'idées reçues qui menacent les chances de succès de nos enfants.

Avant de motiver notre enfant, motivons-nous nous-mêmes !

Si nous voulons que notre enfant change, osons le courage de nous changer nous-mêmes. Avant de lui parler et d'espérer avoir une influence positive, faisons les premiers pas vers une éducation plus réceptive et plus tolérante. Une éducation d'écoute et de respect mutuel. Nous pourrions, pour lui comme pour nous, modifier notre regard sur lui, sur ses réussites comme sur ses difficultés. Bien plus que d'un filtre polarisant positif qu'on juxtaposerait sur nos lunettes éducatives, **nous pouvons changer notre propre regard**. Sur nos enfants et sur nous-mêmes. Car si nous sommes, à de très rares exceptions près, des parents formidables, nous sommes parfois tout aussi formidablement d'extraordinaires démotivateurs. Involontaires, non conscients et de bonne foi.

Par habitude, par réflexe, par facilité parfois, **nous enfermons notre enfant dans l'idée que nous nous faisons de lui**, et plus gravement dans les idées que les autres – certains même qui se piquent de nous mettre en garde – s'en font et dont nous nous faisons l'écho. Ainsi, qu'on ne cesse de dire de notre enfant qu'il est maladroit, et il deviendra maladroit. Qu'un professeur, par lassitude ou dans un moment de découragement passager voire d'exaspération, nous assure de manière péremptoire qu'il est nul en français et il risque de devenir hermétique à cette matière. Et pour un bon moment. Car autant il est aisé de poser un verdict négatif, autant il relèvera de l'exploit de l'infirmer et de le faire disparaître.

Nous sommes là en présence de ce que l'on pourrait qualifier de micro-mythes. Des « ancrages » négatifs qui perdurent et qui sont autant d'inhibitions pour l'action future. En effet, à quoi sert d'essayer d'avoir de bons résultats en français puisqu'on me dit – puisque tout le monde me dit – que je n'y arriverai pas ? En agissant de la sorte, nous collons sur notre enfant **une étiquette invisible qui risque de le marquer aussi sûrement qu'un tatouage** et qui risque de l'accompagner tout au long de sa vie. Et allez donc essayer de décoller une étiquette quand le temps a soudé les points de colle jusqu'à ne faire plus qu'un avec le support sur lequel on l'a fixée !

C'est à juste titre qu'on parle de **croyances limitantes**. Croyances parce que fondées sur une opinion personnelle de la vérité, et limitantes parce que restrictives et donc démotivantes.

Ces croyances limitantes, même si elles ne sont pas clairement exprimées et formellement verbalisées au moyen du vecteur traditionnel des mots, sont toujours perçues en direct par notre enfant, lequel les interprète souvent de façon péjorative et nuisible pour lui parce qu'elles émanent de ceux justement en qui il a naturellement le plus confiance, de ceux qu'il aime, de ceux qui, par principe, ne se trompent jamais : ses parents. C'est-à-dire nous.

Pas étonnant alors que nos enfants nous disent de temps en temps, à notre plus grand étonnement, qu'ils n'ont plus confiance dans les adultes et donc en nous. C'est ça aussi, le fossé des générations. Une fragilisation, une distension du lien de confiance qui nous unit les uns aux autres. Nos enfants ressentent avec justesse, acuité et pertinence ce que nous pensons d'eux. Sans même oser nous l'avouer.

Rappelons-nous que dans la communication, certains spécialistes, même si leurs estimations sont très controversées, tiennent que les mots n'entrent que pour 7 %, les gestes et les intonations pour 30 %. Le reste, soit l'écrasante majorité (73 %), tient de **la communication non-verbale, ce mode de transmission des informations qui n'utilise pas le canal oral ou gestuel**. Le plus souvent invisible, parfois non consciente, la communication non-verbale livre des informations en temps réel qui sont automatiquement interceptées et aussitôt interprétées. Point n'est besoin alors de dire que notre enfant est nul pour qu'il s'en convainque. Un geste de lassitude, un regard qui se lève, un haussement d'épaule suffisent. Ce sont autant de jugements… sans appel. Pratiquement aussi définitifs qu'un arrêt de la cour de cassation, toutes chambres confondues !

Pour nous parents, il s'agit bien d'une révolution de la pensée. Il serait peut-être temps d'**arrêter de faire toujours « plus de » la même chose** et nous **inventer un nouveau regard sur nos enfants**. D'apparence insurmontable, penser différemment est pourtant facile et simple à mettre en place à condition que nous soyons capables de nous interroger et nous remettre en question. On pourrait résumer cela par cette affirmation :

Pour que mon enfant change, il est nécessaire d'« y croire », que j'y croie vraiment.

---

0 - 2 Donner une image positive de l'école

« *Rien de grand n'a jamais été accompli sans enthousiasme.* »
R.W. Emerson

Nos enfants savent bien qu'ils doivent aller à l'école. C'est une obligation légale à laquelle nul ne peut se soustraire. Pourtant, la façon dont ils vont appréhender cette contrainte dépend essentiellement de notre propre perception vis-à-vis de l'école. Là encore tout dépend de nous et du regard que nous portons sur l'institution.

Comment donner envie à notre enfant d'aimer l'école si nous lui répétons par exemple que lorsque nous avions son âge, l'école était pour nous un calvaire, voire un lieu d'enfermement ?

Pas étonnant alors qu'il ressente la même chose, et mieux, qu'il s'en serve de prétexte pour, « comme papa et maman », ne pas aimer l'école. Modèles nous sommes, modèles nous resterons. Il convient donc d'être vigilant sur les mots qu'on utilise pour qualifier l'école.

Dire par exemple : « j'étais nul en mathématiques » sous-entend qu'il ne serait pas surprenant qu'il échoue et que vraisemblablement, parce qu'il est le prolongement de nous-même, il va échouer. Pourquoi faire un effort et tenter de progresser puisque l'excuse lui est servie sur un plateau : *« je suis comme ma mère (mon père), je suis nul en mathématiques »*. En contrepoint on entend la question : *« et pourquoi réussir en mathématiques puisque mon père (ou ma mère) est parvenu à vivre – et vivre bien – sans ça ? »* À moins que notre enfant ne prenne le contre-pied systématique et voie en nous le contre-modèle parfait – ce qui reste somme toute assez rare – il ne se sentira ni soutenu ni encouragé dans les efforts qu'il tentera de mettre en place, quand bien même il le ferait.

Une simple parole peut réduire à néant notre volonté de l'aider et rendra incohérent notre discours sur les charmes et les vertus des mathématiques. Les enfants, comme les mensonges, ont une longue mémoire.

Nos enfants sont les premiers à déceler en nous nos propres contradictions. Notre manque d'authenticité. Et à nous le reprocher.

Il en va de même avec la déification du week-end. Dire : « rien de mieux que le week-end, c'est le moment le plus heureux de la semaine », et on peut parier que notre enfant aura une écoute en cours souvent faible, tant son esprit sera mobilisé par la fin de semaine qui n'en finit pas de ne pas arriver. Et le repos qui va avec.

Par ailleurs, il ne faut jamais perdre de vue que notre enfant passe plus de la moitié de son temps à l'école. Dans le primaire, les instituteurs et les maîtres sont en contact avec lui de 7 à 8 heures par jour tandis que nous, surtout si les deux parents travaillent, devons nous contenter de quelques heures. Pas forcément les plus agréables car dans l'urgence le matin, dans la fatigue le soir. **Pour les enfants, l'école est un véritable lieu de « travail ».** Comme pour nous. Débuter chaque journée par des plaintes et des récriminations sur les difficultés qui nous attendent nous motivera sensiblement moins qu'un départ dans l'enthousiasme et la bonne humeur.

Un parent motivateur est un parent qui parvient à faire vivre à son enfant le plaisir, l'intérêt et le bienfait qu'il va retirer de la journée qui vient.

Pas question pour autant de tomber dans un positivisme aussi artificiel que rigide, une pédagogie sous euphorisants hallucinogènes.

Parler de l'école de façon positive, c'est renforcer la joie d'apprendre que les enfants éprouvent naturellement. Nos enfants possèdent sans doute plus que nous un désir naturel et intuitif à apprendre, à faire des découvertes, à créer, à explorer. Particulièrement dans les premières années de sa scolarité, l'enfant ressent un plaisir à aller à l'école. C'est après, bien après, que les choses se compliquent.

A nous de leur faire retrouver et de leur communiquer ce désir de réussir qu'ils ont en eux naturellement.

Souvenez-vous du bonheur de votre enfant lorsqu'il est devenu propre, lorsque seul il est parvenu à lacer ses chaussures. Il irradiait alors du réel plaisir qu'il ressentait d'avoir réussi et communiquait sa joie à tous. A tout moment. A un degré moindre, c'est cet état de motivation sanctionné par une victoire concrète qu'il nous faut transmettre.

Offrir une image positive de l'école présente en outre un avantage : **plus l'enfant a une attitude positive vis-à-vis de l'école, plus il est réceptif à de nouveaux concepts, plus il est attentif et plus il obtient de bons résultats**. Tout à son plaisir de réussir, il cherchera moins querelle à son entourage. Moins il aura à justifier son éventuel échec et à en reporter la cause sur un autre que lui.

Nos enfants voient l'école à travers notre propre regard. Positiver notre discours et agir en cohérence avec ce que nous disons, c'est bien l'un des moyens les plus sûrs de lui faire aimer l'école.

Et si possible, ne pas adhérer à son discours dévalorisant de l'enseignant « responsable » de sa démotivation…

Outils pratiques à mémoriser

On évitera de dire systématiquement	et on dira le plus souvent
Dommage, le week-end est fini, vivement vendredi prochain…	*C'est lundi. Après ce temps passé ensemble, on va qui au bureau, qui à l'école.*
Quand j'avais ton âge, je détestais l'école. Je ne sais pas comment tu fais pour résister.	*A l'école, j'ai appris plein de choses dont je me sers tous les jours au bureau.*
Je suis fatigué rien qu'à l'idée du travail qui m'attend aujourd'hui.	*Je vais faire quelque chose de passionnant. Si tu veux, ce soir, on pourra comparer !*
L'ambiance au bureau est exécrable, je resterais bien au lit.	*Et si on faisait chacun de notre mieux ?*

0 - 3 Les cancres et les nuls, ça n'existe pas

Le gène de la nullité n'existe pas. Et s'il existait, il resterait encore à découvrir ! Et il y a fort à parier qu'on aura beau décortiquer, disséquer et analyser dans tous les sens chacune des parties du génome humain, on ne trouvera pas l'agent génétique chimique responsable de l'échec scolaire. Même si les scientifiques sont parvenus à isoler certains gènes déterminants de difficultés, nous savons bien que l'échec scolaire n'est pas inéluctable et qu'une remédiation est toujours possible. L'échec scolaire n'est pas non plus une fatalité. On ne naît pas bon élève ou cancre, premier de la classe ou idiot. Comme si nos enfants n'étaient que les jouets d'une gigantesque loterie imaginaire, un lapin qui sortirait du chapeau et qui serait noir ou blanc selon la chance de ses parents.

Le cancre, l'imagerie d'Epinal nous l'a fort bien caricaturé, seul devant le tableau noir, avec sa blouse grise et son regard niaiseux affublé de son inévitable bonnet d'âne sous le regard narquois de ses petits camarades. Censé symboliser l'écolier paresseux, notre cancre est un modèle identificatoire inverse : celui auquel il ne faut surtout pas ressembler. Sous risque d'être coiffé à son tour du bonnet d'infamie. Eh bien nous, nous disons et nous affirmons que les cancres, ça n'existe pas !

Les nuls non plus ! Et les mots, à cet instant précis, prennent toute leur signification. Qu'est-ce que la nullité ? Selon le Larousse, la nullité c'est : ***« le manque total de talent, d'intelligence, de valeur professionnelle. C'est une personne sans compétence. »***

Est-il vraiment crédible, est-il intellectuellement cohérent de penser qu'il existe une seule personne au monde, pas plus notre enfant que celui d'un autre, qui soit totalement dépourvue de talent, d'intelligence, de valeur et de compétence ? Allons ! Comme en toute chose, il faut savoir raison garder et éviter les jugements généralisants et caricaturaux, surtout dans ce domaine. C'est avant tout un problème de langage.

Certains enfants, c'est incontestable, éprouvent plus de difficultés que d'autres dans une forme d'enseignement idéologiquement égalitariste. A l'école notamment, dont Philippe Meirieu dit que la seule chose qu'elle nous enseigne *« c'est de réussir à l'école »*[1]. D'autres ont plus de facilités dans des matières qui demandent des aptitudes particulières. Certains ont des prédispositions cérébrales qui favorisent la sollicitation de l'hémisphère droit ou de l'hémisphère gauche du cerveau. Notre

1. Philippe Meirieu, *La Guerre civile à l'école*, Plon, 1947.

mission de parents sera d'identifier ces aptitudes particulières – le talent, cette compétence qui fait que nous réussissons ce que nous tentons – de les encourager, de les solliciter et de favoriser leur plein épanouissement.

C'est à ce point vrai que des chercheurs en sciences de l'Education développent des théories sur l'existence de formes d'intelligences différentes et que leurs travaux pourraient, dans quelques années, révolutionner des certitudes centenaires dont on mesure bien les limites.

0 - 4 Mon enfant n'est ni « bon » ni « mauvais »

Une phrase qu'on entend trop souvent : *« mon enfant est bon en math mais il est mauvais en français »*. Le verbe être, verbe d'état, n'a pas de sens dans cette phrase. Figé dans le temps et dans l'espace, il laisse croire que nos enfants sont définitivement catalogués, ancrés tels des berniques sur le rocher, « bons en mathématiques et mauvais en français ». Et encore s'agirait-il d'un état qui ne pourrait être que temporaire, passager, correspondant à l'instant « t » du moment « m ».

Nous devons absolument considérer notre enfant comme ce qu'il est, à savoir une personnalité riche et complexe, singulière et unique à la fois et dont il est impossible de connaître toutes les facettes. Sous cet angle-là, comment porter un jugement définitif sur ce qu'il est ou ne serait ?

On s'attachera donc aux résultats qui, eux, sont quantifiables. Les résultats peuvent être bons, moins bons, voire mauvais. Mais là aussi restons prudents. Bon par rapport à quoi ? mauvais par rapport à qui ? Par rapport à lui-même ou par rapport à la classe ? Par rapport à la moyenne ? Et si oui, à quelle moyenne ? La sienne ou celle des autres ?

Nous ne le répéterons jamais assez. Un résultat ne tombe pas du ciel. **Un résultat ne s'apprécie que par rapport à un autre résultat.** Et si possible par rapport au résultat précédent. Ainsi notre enfant aura-t-il progressé, stagné ou régressé. Et de même que les résultats ne sont jamais figés, la personnalité de nos enfants ne l'est pas non plus. Elle évolue, change et se transforme.

De la même manière et pour en finir avec le verbe d'état, un élève peut être « bon en math » en troisième et « mauvais » en seconde. **En affirmant qu'il est « bon » ou « mauvais », on le fige dans une forme d'identité**. Donc on préférera se centrer sur ce qu'il a fait, ou ce qu'il n'a pas fait, pour obtenir tel ou tel résultat. Nous demanderons à nos enfants de comprendre le pourquoi de leurs notes au lieu de subir ces dernières comme le fruit d'une justice immanente où le hasard serait le grand ordonnateur. Nous devons nous aussi nous efforcer de comprendre les résultats et les replacer dans un contexte ; de travail ou d'absence de travail et surtout de quelle façon il a travaillé.

Outils pratiques à mémoriser

On évitera de dire systématiquement	et on dira le plus souvent
Mon enfant est mauvais en math…	*Mon enfant n'a pas de bons résultats en math, ce mois-ci, ce trimestre ci…*
Tu es nul(le), je te l'avais dit.	*Je suis en colère que tes résultats soient toujours inférieurs à ceux de la moyenne de ta classe.*
Mon enfant est bon.	*Cette année, il a de bons résultats en mathématiques. Je crois qu'il le doit beaucoup à son écoute en classe et à son courage pour avoir travaillé les week-ends.*
Tu as eu 5, c'est nul ! Comme d'habitude.	*Combien as-tu eu la dernière fois ? Tu as progressé de 2 points. Tu as presque doublé ta note. Et si on visait un 8 pour la prochaine fois ?*

0 - 5 Mon enfant n'est pas son comportement

Le comportement de notre enfant n'est que la partie visible de sa personnalité. En aucun cas **il ne faut assimiler son ou ses comportements à sa personnalité.** Le comportement est avant tout la manifestation d'un état et principalement des mécanismes de défense qu'il a mis en place pour répondre à un manque de l'un de ses trois besoins fondamentaux que sont la sécurité, la reconnaissance et l'harmonie (cf. les travaux d'Henri Laborit illustrés dans le film *Mon Oncle d'Amérique*).

Par définition fluctuant – selon qu'il se sent plus ou moins menacé – le comportement est un signe. Plus exactement un signal. S'il en dit long sur l'état émotionnel de notre enfant, en aucun cas il n'englobe la totalité de sa personnalité.

La première erreur à éviter est donc de limiter sa personnalité à son comportement.

De plus, et bien qu'intrinsèquement objectifs, les comportements de nos enfants, comme ceux de tout individu, ne sont que ce qu'on en perçoit. C'est la partie visible de l'iceberg. Ils sont tamisés au filtre de notre affectivité et classifiés dans ce que nous jugeons comme acceptable ou inacceptable. Ils sont sujets à l'interprétation qu'on en fait selon nos propres critères.

Plus que le comportement lui-même, c'est bien l'interprétation qu'on en fait, le sens que l'on lui donne qui le rend acceptable ou inacceptable.

Ainsi, **si l'on voulait définir la personnalité de notre enfant, il faudrait ajouter à ses comportements ses sentiments, ses affects, ses humeurs, ses pensées, ses croyances, ses jugements, sa mémoire, son attention, son intuition, ses formes d'intelligence, sa conscience de lui-même et des autres, sa manière de percevoir**... Et encore cette liste n'est-elle pas exhaustive.

La personnalité de mon enfant est bien plus complexe qu'il n'y paraît et tient compte de facteurs dont nous n'avons pas pleinement conscience.

Nous nous devons donc de considérer que le comportement n'est pas quelque chose de figé et d'éternellement et inéluctablement reproductible. **Si on peut difficilement changer la personnalité de notre enfant, on peut l'aider à modifier ses comportements.**

Pour l'aider dans cette entreprise, première étape de la motivation, il faut avant tout que nous croyions nous-même qu'il peut réellement changer. Qu'il va véritablement changer ses comportements. En séparant personnalité et comportement et en expliquant à son enfant la différence entre les deux, on évitera qu'il s'auto-étiquette : « je suis comme je suis et je n'y peux rien ; de toutes façons je suis nul et il n'y a aucune raison que ça change… ».

De même **qu'un enfant n'est pas un menteur parce qu'il profère un mensonge**, **qu'il n'est pas un voleur parce qu'il a chapardé une plaque de chocolat**, qu'il n'est pas insolent parce qu'il a voulu être drôle ou s'affirmer de façon inadaptée, qu'il n'est pas maladroit parce qu'il a laissé tomber quelque chose – même plusieurs fois –, de même n'est-il pas toujours ce qu'il fait ou ce qu'il dit.

Bien que ce ne soit pas toujours aisé et que le temps ou la patience nous manquent, nous devons prendre de la distance avec l'événement et éviter absolument le **« tu qui tue »**. La seconde personne du singulier a ceci de singulier qu'elle juge. Péremptoire, elle fige l'autre dans son comportement. Elle empêche le changement.

Outils pratiques à mémoriser

On évitera de dire systématiquement	et on dira le plus souvent
Tu es un menteur.	*Je pense que tu ne m'as pas dit la vérité.*
Tu es fainéant.	*Es-tu bien sûr d'avoir fini tes devoirs avant de jouer ?*
Tu es maladroit.	*Fais attention ! Tu risques de casser quelque chose.*

0 - 6 Le travail, une question d'habitude(s)

Notre tendance naturelle nous porte à considérer un « mauvais élève » comme un « élève à problèmes » et un « bon élève » comme un « élève sans problèmes ». Encore un jugement réducteur. Dans ce cas-là, il faudrait supposer que les mauvaises notes seraient le symptôme d'un mal profond tandis que les bonnes notes seraient, elles, la preuve que tout va pour le mieux dans le meilleur des mondes. Encore une magnifique idée reçue à laquelle il convient de tordre le cou.

Sans méconnaître la réalité des difficultés psychiques – qu'il faut traiter si elles existent en consultant un psychologue si nécessaire – que peuvent rencontrer nos enfants au cours de leur enfance et de leur adolescence et leurs influences sur les résultats scolaires, posons-nous la question : et s'il s'agissait simplement d'une bonne ou d'une mauvaise habitude de travail ?

Tous ceux qui ont à faire de l'éducation, de l'enseignement en particulier, ont remarqué qu'un bon élève, le plus souvent, économisait ses forces. Il ne travaille pas plus, il travaille efficacement. C'est-à-dire régulièrement. Une bonne habitude de travail peut se résumer ainsi : écoute en classe, travail rapide mais constant et régulier à la maison, relecture rapide des notes précédentes avant le nouveau cours.

Inversement, l'élève qui a de mauvaises habitudes aura une écoute moyenne en classe – et pour cause puisqu'il ne comprend pas – un travail long et pénible à la maison auquel il résistera de toutes ses forces avant d'être confronté à l'inévitable avec en permanence l'envie de laisser tomber, tant la tâche lui paraît insurmontable.

Raisonner en bonne ou mauvaise habitude, faire prendre conscience à notre enfant qu'une bonne habitude de travail est motivante parce qu'elle lui permet d'obtenir sans grands efforts de bons résultats, lui permet d'essayer autre chose. Une méthode plus économe et plus efficace.

De même que les notes sont toujours le résultat d'un

travail – d'une absence de travail ou d'un travail inefficace – de même le travail est le résultat d'une habitude.

Il est important que nos enfants comprennent en quoi leurs résultats sont la conséquence logique d'une habitude et que si les habitudes ont la vie dure, comme les comportements, elles peuvent changer.

A condition de le voir et de s'en donner les moyens.

OUTILS PRATIQUES À MÉMORISER

On évitera de dire systématiquement	et on dira le plus souvent
Une fois de plus tu n'as rien fait…	*La chance n'y est pour rien. Seul ton travail personnel compte. Un petit peu chaque soir plutôt que des heures de révisions au dernier moment.*
Tu ne comprendras jamais rien à rien.	*Quelle méthode de travail as-tu utilisée ? As-tu relu tes cours ? Et si tu faisais quelques exercices pour t'entraîner ? Regardons ensemble.*

0 - 7 NE PAS UTILISER DE COMPARAISONS DÉMOTIVANTES

Si chacun d'entre nous est semblable et unique à la fois, notre enfant a, dès sa prime enfance, une personnalité qui lui est propre et qui lui appartient. A lui seul. Encore une évidence ? Pas si sûr. Souvenons-nous de notre enfance et de notre adolescence. Existe-t-il dans notre mémoire souvenir plus rageant – et pourtant encore si présent en nous malgré les années – que celui de nos parents ou de leurs amis nous comparant à d'autres enfants de notre âge, forcément bons élèves tandis que nous…

La valeur de l'exemplarité en matière scolaire reste à démontrer. Erigée en système éducatif, en dogme, elle n'est adaptée qu'à un certain type de personnalité, celle de l'état de lutte. Situant sa vie et sa survie dans le moment présent, la compétition est un moteur naturel. Mais pour tous les autres elle est annihilante, frustrante et démotivante. Nous avons pu le vérifier de façon presque systématique dans nos séances de « MOTIVATION JEUNES ». Seuls certains, de loin les moins nombreux, se motivent en se comparant aux meilleurs. Pour eux, la compétition est stimulante et la comparaison, moteur de progression.

L'effet désastreux de la comparaison est encore plus palpable dès lors qu'il s'agit d'une fratrie. Aucun de nos enfants ne ressemble à son frère ou à sa sœur. Parents des uns et des autres, nous sommes bien placés pour le savoir, nous qui les connaissons depuis leur premier vagissement. N'empêche, une force irrépressible nous pousse à les comparer. Toujours au profit de celui qui a les meilleurs résultats.

La comparaison est omniprésente dans les rapports sociaux. Elle est inhérente à la nature humaine. Encore doit-elle prendre en compte les différences positives et ne pas être une victoire de l'un par rapport à l'autre. Si comparaison il doit y avoir, c'est par rapport à la propre progression de son enfant. Quelle que soit l'intention positive de l'émetteur, la comparaison est douloureusement perçue par le moins bien noté sans pour autant être un moteur pour l'autre.

Outils pratiques à mémoriser

On évitera de dire systématiquement	et on dira le plus souvent
Ta sœur, elle, est bonne en latin…	*Comment ta sœur a-t-elle fait pour avoir cette note-là…*
Prends exemple sur lui (elle) !	*Chacun a ses matières préférées. Quelle est la tienne ?*
Les autres sont meilleurs que toi.	*Comment font les autres précisément ? Combien de temps passent-ils à travailler ? Combien d'exercices ont-ils faits pour obtenir ce résultat ?*

0 - 8 Changer notre vocabulaire

De même qu'on a vu qu'il était impératif de changer notre regard, de même devrons-nous apprendre à modifier notre vocabulaire personnel et à en supprimer certains mots. Celui d'échec, le premier.

En effet, avant même d'essayer de motiver notre enfant et de l'accompagner sur la voie du succès, nous devons l'immuniser contre la peur de l'échec. Plus facile à dire qu'à faire. La preuve en est que nous vivons nous-mêmes avec ces types de peurs. Une peur irrationnelle. Combien d'actions n'avons-nous osé entreprendre, combien de rêves ne sont restés que rêves à cause justement de cette peur d'échouer ?

La peur, et souvent même la peur de la peur, nous laisse paralysés. Tétanisés. Incapables de faire un pas en avant. Si nous vivons avec la peur de l'échec, alors que l'expérience des années nous permet de nous rassurer, nos enfants, eux, qui n'ont pas en eux ce capital confiance, la ressentent avec une intensité accrue.

Pourtant **l'échec peut être vécu positivement**. Nous le savons. Il est le passage nécessaire et obligé vers le progrès et la réussite sur le long terme. Il est la source, par une expérimentation négative, d'un succès futur.

Ainsi la légende prête à Thomas Edison d'avoir tenté 9 999 fois son expérience sur la lampe à incandescence. A des personnes qui s'étonnaient de cet acharnement à expérimenter ce qui à l'évidence ne fonctionnait pas et ne fonctionnerait jamais et qui lui demandaient, faussement soucieux, s'il n'était pas déçu d'avoir encore une fois échoué, imperturbable il répondait : « *Je n'ai pas échoué, j'ai simplement trouvé 9 999 façons de ne pas trouver.* » Il ajoutait même : « *Ça pourra toujours servir à quelqu'un d'autre.* » Et de fait, **les expériences ratées sont les chances de demain**.

Pour nous immuniser et immuniser notre enfant contre la peur de l'échec, il convient de le positiver. Une démarche qui prendra du temps en ce qu'elle demande une inversion de notre pensée. Et beaucoup de patience. Comment faire ?

On peut déjà commencer par essayer de bannir de notre langage le mot même d'échec et lui préférer celui, plus juste, d'erreur. Dire « tu t'es trompé » plutôt que « tu as échoué ». De même qu'elle est humaine, l'erreur a une vertu pédagogique et salvatrice parce qu'elle nous permet de recommencer. L'erreur fait partie intégrante de l'apprentissage. Elle est un des moyens de capitaliser son expérience. Elle doit permettre de ne pas refaire ce qui a déjà été fait.

L'échec, lui, est parfois inhumain. Il peut se teinter d'une couleur absolue et définitive.

A nous, parents, de tenir un discours cohérent et répétitif. Surtout répétitif. L'itération positive permet d'ancrer notre enfant dans sa capacité à réussir. Plus notre discours sera homogène, cohérent et identique, plus notre message a de chances d'être assimilé. Au point de devenir une certitude. Au contraire des militaires auxquels on interdit de marcher au pas cadencé sur un pont car le rythme de centaines de pas assénés au même endroit au même moment risque d'entrer en résonance avec la flexibilité du béton et de le faire s'écrouler, nous éviterons d'utiliser des mots négatifs pour ne pas en décupler l'amplitude.

Ce n'est pas par hasard si la sagesse populaire nous enseigne que *« Rome ne s'est pas construite en un jour »*, que *« c'est en forgeant qu'on devient forgeron »*, que *« l'erreur est humaine »* et que *« cent fois sur le métier* (il faut) *remettre son ouvrage »*… Ainsi nous ne nous priverons pas de répéter à nos enfants ces sentences de bon sens. Quitte à les accommoder à l'humeur et aux outils du moment. Et nos enfants le savent mieux que nous, eux qui dans tous les jeux vidéos font et refont les mêmes parcours, avec les mêmes obstacles aux mêmes endroits, et qui apprennent à anticiper et à éviter pour passer au niveau suivant. Pourquoi ce qui serait leçon par le jeu, ne le serait-il pas avec l'école et les exercices scolaires ? **En se trompant, ils apprendront à ne plus se tromper**. Grâce à des techniques et des conditions d'accompagnement.

L'erreur nous incite à la persévérance, l'échec nous pousse au désespoir.

On peut aussi, en lieu et place du mot échec, utiliser celui de difficulté. En effet, le mot erreur que nous préférerons à celui d'échec ne s'adresse qu'à des actions concrètes. Dès lors qu'il s'agit de quelque chose de plus diffus, de moins palpable, ayons recours au mot difficulté. Dire : « en ce moment tu éprouves une difficulté dans cette matière » permet de faire comprendre à notre enfant qu'il ne s'agit que d'un moment, d'une période plus ou moins longue dans sa longue marche, d'un obstacle sur son chemin qu'il va pouvoir franchir. Car si l'échec est définitif, la difficulté, elle, est passagère.

Il nous faut nous garder de devenir des « abuseurs verbaux », ces parents que Christophe André et François Lelord qualifient ainsi[1] : « *cette catégorie de parents excelle dans l'art de dévaloriser les enfants par des remarques cruelles sur leurs erreurs, leurs points faibles, voire leurs caractéristiques physiques. A un degré plus subtil, il s'agit d'un maniement de l'ironie ou de commentaires sarcastiques sur les performances des enfants... L'impact sur l'estime de soi est alors que l'enfant intériorise qu'il est souhaitable d'être conforme au désir d'autrui, et que ce qu'il porte en lui d'idées nouvelles ou d'envies personnelles est à mettre au rebut. Les agressions verbales de ces parents entraînent, par des exigences perfectionnistes jamais satisfaites, chez les enfants devenus adultes une estime de soi très vulnérable et une sensibilité extrême aux remarques d'autrui.* »

Changer ses mots, c'est enfin bannir de notre vocabulaire les mots définitifs comme « jamais » ou « toujours ». Des mots qui jugent, des mots qui tranchent, des mots qui rendent plus difficile l'avenir. Quelle que soit notre déception, notre exaspération – légitimes – nous essayerons de laisser de la place au possible en ne le stoppant pas net par un mot malheureux, dit sans y penser mais qui ne sera jamais oublié parce que vécu comme une souffrance.

---

1. Christophe André et François Lelord, *L'Estime de soi*, Odile Jacob.

Au registre du vocabulaire motivant on évitera soigneusement de parler « d'échec scolaire ». On lui préférera, parce que porteur d'espoir, le mot « décrochage ». Etre en « décrochage scolaire », c'est se garder une chance de se raccrocher à bref délai.

OUTILS PRATIQUES À MÉMORISER

On évitera de dire systématiquement	**et on dira le plus souvent**
Tu as échoué une fois de plus…	*Tu as commis une erreur. Essayons de la rechercher ensemble pour ne plus jamais la refaire.*
Tu fais exprès de rater juste pour nous faire enrager ?	*C'était difficile ? Qu'est-ce que tu n'as pas compris ?*
Tu ne sais jamais tes leçons ! Toujours aussi nul en maths ?	*Et si on essayait de faire différemment ?*

0 - 9 CROIRE QU'IL PEUT RÉUSSIR

Pour qu'un enfant démotivé croie en sa capacité à réussir, il doit sentir que ses parents et son entourage y croient eux-mêmes.

Comme nous l'avons vu, il existe pour un enfant quatre sources principales de jugements significatifs sur lesquels il va construire sa personnalité et son estime de soi : les parents, les enseignants, les enfants de sa classe et les amis proches.

C'est sans doute l'une des phases les plus déterminantes de notre action qui demande un réel travail sur nous-mêmes. De sceptiques que nous sommes de nature et parce que la vie ne nous a pas appris à être autrement, nous devons faire avec nos enfants le pari de la confiance. En eux.

Car **la confiance, comme la peur, est contagieuse**. L'optimisme aussi. Qui n'a jamais fait l'expérience heureuse et ô combien valorisante – au bureau, en famille, en société… – de se trouver en face de quelqu'un qui croit véritablement en nous, qui a confiance dans notre capacité à donner le meilleur de nous-mêmes ? Alors l'impossible devient possible. C'est cette démarche qu'il nous faut entreprendre.

Mais croire ne suffit pas. C'est une condition nécessaire mais vraiment pas suffisante. Il faut montrer qu'on croit ! Concrètement. Avec des mots, avec des gestes, avec des attitudes qui ne sont pas calquées comme un costume de théâtre qu'on revêtirait, mais bien vécues authentiquement et venant du plus profond de notre amour pour eux. L'enfant ne peut pas deviner que l'on croit en lui. Il faut le lui prouver. De même qu'il n'y a pas d'amour, il n'y a que des preuves d'amour, avec la confiance, il n'y a que des preuves de confiance. Qu'a-t-on à faire avec quelqu'un qui nous aimerait mais le tairait ? Là encore la parole ancrée sur une conviction est fondatrice.

Développer cette nouvelle croyance suppose un changement de conviction intime, une inversion radicale de notre manière d'être.

Souvent il nous arrive d'être déçus par des résultats médiocres ou par des réactions stéréotypées, ces mêmes excuses qui nous sont servies jusqu'à plus faim (« *de toutes façons je n'aime pas la biologie… je suis nul en maths… le prof ne m'aime pas… tout le monde a eu une mauvaise note* »). Pas évident alors de donner sa confiance… malgré tout. Et pourtant, ce changement de regard peut être décisif pour l'instauration d'un climat de confiance entre nous et nos enfants. Et surtout elle lui permettra, d'une part, d'appréhender un mauvais résultat comme un obstacle passager et, d'autre part, d'envisager que le meilleur est encore à venir.

Outils pratiques à mémoriser

On évitera de dire systématiquement	et on dira le plus souvent
Encore une mauvaise note…	*Qu'est-ce que tu ressens devant ce résultat ?*
Après un 12, tu reviens avec un 6 !	*Tu as pu avoir un 12, rappelle-toi ce que tu as fait pour l'obtenir. Qu'est-ce que tu n'as pas fait cette fois qui explique ce résultat ?*
Tu n'es pas capable de t'accrocher. Tu n'y arriveras donc jamais ?	*Comment faire pour y arriver ?*
Avec des notes comme celle-là, tu vas redoubler.	*Je suis inquiet !*

0 - 10 Ne pas juger hâtivement

Comme nous le souhaitons pour nous, il existe un écueil à éviter et un parti pris systématique à adopter : ne pas juger hâtivement, et avoir un préjugé favorable.

Le préjugé favorable, c'est ne pas interpréter de façon systématiquement négative les comportements de nos enfants. C'est au contraire avoir sans cesse présent à l'esprit l'hypothèse la plus favorable. Sans pour autant verser dans l'angélisme. Souvenons-nous qu'une simple perception déformée d'un comportement par manque d'information, c'est déjà une interprétation. Et l'interprétation, neuf fois sur dix sera négative tant ***nous sommes experts à voir ce qui ne fonctionne pas***. Il nous faut, autant que faire se peut, éviter le plus possible de donner un sens – notre sens – à un comportement de notre enfant sans avoir écouté longuement au préalable. Sommes-nous bien sûrs que ce comportement que nous estimons inacceptable sur le moment est réel et non pas le fruit de notre imagination, de notre filtre négatif ? Cela nous demande un réel effort sur nous-mêmes, effort qui consiste à ne pas juger de façon réactive à la lumière d'un passé que nous ne connaissons que trop bien. Juger, mais alors sans a priori.

On rangera au fond d'un vieux placard nos « collections » de preuves irréfutables : *« c'est toujours pareil avec lui, il me parle toujours mal, il n'est jamais à son travail, j'en étais sûr, je te l'avais bien dit... »*

Croire que notre enfant peut changer et réussir, c'est éviter de le juger.

De même qu'on ne rendra pas un verdict sans avoir laissé la parole à la défense, de même on écoutera notre enfant avec un a priori systématiquement favorable. Mieux, on cherchera à repérer les moindres pistes de progression, les petits gestes différents de l'habitude et qu'on apprécie particulièrement, une attention, un sourire, un merci. Et dire à quel point on est heureux de ce petit changement, fût-il à peine perceptible. L'avoir remarqué, c'est déjà avoir donné son attention et accepté de changer.

Combien de fois, alors que notre enfant vient de nous annoncer une mauvaise note, ne le retrouvons-nous en train de ne rien faire, de rêvasser, de bayer aux corneilles, de s'abrutir devant la télévision ou de dépenser une énergie peu commune devant son jeu vidéo ? Que pense-t-on immédiatement de lui ? Quels sont les premiers mots qui nous viennent à l'esprit, à la bouche ?

Il y a fort à parier, et c'est bien compréhensible, que nos mots seront des reproches, des ordres ou des paroles humiliantes.

Immédiatement nous jugeons notre enfant « coupable ».

Coupable de ne pas travailler assez, coupable de ne pas s'intéresser à son travail, coupable de se reposer alors que nous..., coupable d'avoir rapporté une mauvaise note à la maison.

S'il est coupable, alors nous sommes ses juges. Et réciproquement. Ne nous reste plus alors qu'à prononcer le verdict. **Nous agissons souvent comme si notre enfant avait commis une faute, d'autant moins pardonnable selon notre humeur de l'instant.** Pour nous, c'est inacceptable. Et sans doute avons-nous raison, puisque c'est notre ressenti du moment. Et si on nous demandait de justifier sur le moment notre colère, nous trouverions des tonnes d'arguments aussi implacables et définitifs les uns que les autres et qui démontreraient que la raison est bien de notre côté.

La belle affaire ! En quoi notre colère, nos reproches, nos paroles définitives vont-elles changer quelque chose à la mauvaise note à l'origine de notre émoi ? Nous n'agissons pas, nous réagissons. Spontanée, immédiate, réactive, notre attitude est tout sauf pédagogique. Nous aurons raison un point c'est tout. Comme le disait Coluche, en quoi cela va-t-il *« faire avancer le schmilblic »* ?

Sans même nous en apercevoir, et parce que nous sommes en colère, nous venons de nous heurter aux six premiers obstacles de la communication, ces attitudes qui, au lieu de la favoriser, brisent la relation[1]. En effet, et parce que nous sommes en « zone rouge », c'est-à-dire en pleine inacceptation, nous donnons des ordres et commandons, avertissons et menaçons, moralisons, conseillons et imposons nos solutions, argumentons et persuadons, jugeons, critiquons, blâmons.

On peut parier que même si notre enfant répond à l'une de ces injonctions, il le fera dans la crainte ou par rapport à nous. En aucun cas parce qu'il a compris qu'il était utile pour lui de rattraper son retard et de préparer les jours qui viennent. Il agira sans envie, sans plaisir. Par réaction à notre propre réaction. Sa crainte paralysera sa capacité à comprendre.

La solution, et elle est unique, consiste à **prendre du recul avec l'immédiateté de l'événement et à installer une certaine distance avec notre ressenti**. Tenter de mettre sa propre inquiétude en sourdine quelques instants pour laisser la parole à l'enfant.

Le fait que notre enfant n'établisse pas de lien direct entre la note qu'il nous annonce et son comportement peut s'expliquer de différentes façons. D'abord, il s'est déroulé un long

1. Thomas G. Gordon, *Parents efficaces*, Ed. Marabout.

moment, plusieurs jours vraisemblablement, entre le moment de l'interrogation ou du devoir sur table et la note qui nous est présentée après correction par l'enseignant. Et plus de temps encore lorsqu'il s'agit d'une bulletin mensuel, voire trimestriel. La sanction, si sanction il devait être question, ne concernerait qu'un acte présent. Intervenir a posteriori est source d'erreur et de mauvaise interprétation. Et même d'injustice. C'est du moins ainsi que pourrait être ressentie notre intervention à tout le moins en décalage et sans véritable rapport de cause à effet.

Parce qu'on sera parvenu à mettre un peu de distance et retenir notre pulsion réactive, parfois juste, souvent erronée mais toujours disproportionnée, nous disposerons d'un peu de temps pour interroger – pas sur le mode inquisiteur – notre enfant et comprendre les raison de sa contre-performance. En offrant un espace de parole nous obtiendrons des informations sur ce qui s'est réellement passé et, partant, aider notre enfant à trouver ses propres solutions.

Eviter de juger hâtivement c'est avoir raison avec Henri de Gourmont qui dit que « *juger est abominable : la sentence qui affirme est mensonge* » et avec Henri de Régnier : « *juger est quelquefois un plaisir, comprendre en est toujours un* ».

Outils pratiques à mémoriser

On évitera de dire systématiquement	et on dira le plus souvent
Non seulement tes notes sont exécrables mais tu restes vautré à ne rien faire !	*Qu'est-ce qui t'a empêché de réussir ? Qu'est-ce qui t'arrête ?*
Tu ferais mieux de rattraper ton retard.	*Qu'est-ce qui t'était demandé et que tu n'as pas compris ? Comment faire pour que tu progresses ? As-tu besoin de mon aide ou de celle de ton père (mère) ?*

0 - 11 Décoder les mots de mon enfant

Si nous voulons que notre enfant progresse, si nous avons la conviction qu'il peut y parvenir et qu'il saura s'en donner les moyens, il convient de ne pas nous arrêter à la barrière des mots et d'aller traquer derrière la forme des mots leur véritable sens. C'est franchir le miroir déformant des mots pour entendre et comprendre leur signification.

Comme nous, et sans doute plus que nous encore, les enfants et les adolescents ont une prédilection pour la généralisation. A les entendre le monde est soit blanc soit noir. Aucune trace de gris à leur palette alors que nous nous savons, nous avons appris – c'est le privilège de l'âge et la leçon des erreurs passées – qu'il existe des milliers de nuances.

Ainsi à la mesure de quelques erreurs passées – plusieurs mauvaises notes dans une même matière par exemple – notre enfant en tirera la seule conclusion que sa jeunesse lui impose : l'échec inéluctable et définitif.

Il en va de même avec un professeur. Dès son premier cours – et souvent même avant si sa réputation l'a précédé – il sera catalogué sympa ou peau de vache (le vocabulaire de nos enfants est plus direct et bien moins imagé), nul ou génial. Certains enseignants n'oublient pas qu'« il faut se méfier de la première impression, c'est souvent la bonne » et en jouent pour marquer, dès la première heure, l'ensemble de la classe.

Quand un adolescent nous dit, péremptoire et sûr de lui, qu'il n'aime pas les mathématiques (ou toute autre matière), ce qu'il nous dit réellement c'est qu'il n'aime pas échouer systématiquement en mathématique. Ce n'est pas la matière qu'il n'apprécie pas, c'est lui ne réussissant pas. Et le seul moyen qu'il connaisse pour s'excuser et amoindrir la douleur qu'il ressent, c'est de s'affirmer « non matheux ». Il existe une grande différence entre ne pas aimer une matière et ne pas apprécier les échecs répétitifs. De la seconde assertion on peut en tirer une conséquence porteuse d'espoir : il aimerait cette matière s'il réussissait plus souvent. Et on découvre que la matière ne fait rien à l'affaire. Et on découvre que si ses notes s'amélioraient, il s'impliquerait davantage et donc réussirait.

Avoir de bons résultats à l'école est donc l'un des moyens les plus sûrs d'aimer l'école. Encore faut-il que les notes soient le fruit d'un apprentissage, d'une progression et non une divine surprise.

Pour décoder le sens des mots de nos enfants, une seule solution s'offre à nous : l'écoute. Quand notre enfant nous dit qu'il n'aime pas tel ou tel professeur, il ne faut pas hésiter à lui demander ce qui lui déplaît en lui exactement. Son attitude, son physique, ses remarques acides, son ironie, sa façon d'expliquer.... Ou bien qu'est-ce qui, par exemple en français, le paralyse et le prive de bons résultats (la dictée – et si oui, pourquoi ? – l'expression écrite, la mémorisation d'un poème, prendre la parole en public, le jugement ou les ricanements de ses pairs, son étiquette de « nul en français »...).

Ce qui peut passer pour du temps perdu est en fait du temps gagné.

C'est parce qu'on a entendu et compris le manque de notre enfant qu'on peut tenter de le combler. Avec lui. Et non pas à sa place.

Outils pratiques à mémoriser

On évitera de dire systématiquement	et on dira le plus souvent
Tu n'as pas la bosse des maths.	*Qu'est-ce qui te gêne dans cette matière ? Qu'est-ce qu'on pourrait faire pour que ce soit différent ? Tu trouves ça plus difficile qu'au premier trimestre (que l'année dernière) ? Est-ce qu'en reprenant des exercices plus faciles tu réussirais mieux ? Pourquoi ne pas refaire le devoir et le faire corriger ?…*
Evidemment, tu vas encore me dire que le prof est nul !	*Que t'a-t-il dit exactement ? Tu as l'impression qu'il t'en veut personnellement ? Qu'est-ce qui pourrait le faire changer d'avis sur toi ? Tu peux lui prouver qu'il se trompe et que tu peux réussir….*

ETAPE 0

Pour motiver mon enfant je décide que :

- **Je change mon regard sur lui.**
- **Je lui propose une image positive de l'école.**
- **Je lui fais confiance parce que les cancres et les nuls, ça n'existe pas.**
- **Je sais que mon enfant n'est ni « bon » ni « mauvais ».**
- **Je ne le juge pas sur ses comportements.**
- **Je l'aide à comprendre que le travail est une question d'habitude(s).**
- **Je n'utilise pas de comparaisons démotivantes.**
- **Je change mon vocabulaire, j'évite les mots définitifs.**
- **Je crois, je suis convaincu(e) qu'il peut réussir.**
- **Je ne juge pas hâtivement, je me donne le temps.**
- **Je décode les mots de mon enfant, je cherche le fond, pas la forme.**

ETAPE 1

« Des objectifs, toujours des objectifs »

AIDER SON ENFANT

À SE FIXER SES PROPRES OBJECTIFS

CRÉER ENSEMBLE

UN ENVIRONNEMENT FAVORABLE

ETAPE 1

« Des objectifs, toujours des objectifs »

AIDER SON ENFANT
À SE FIXER SES PROPRES OBJECTIFS

CRÉER ENSEMBLE
UN ENVIRONNEMENT FAVORABLE

1 - 1 Aider son enfant à se fixer ses propres objectifs

Une évidence : **avoir un but dans sa vie permet d'agir avec plus d'efficacité, plus de rapidité et d'atteindre l'objectif qu'on s'est fixé**. Mais pour cela encore faut-il être parvenu à identifier concrètement cet objectif. Car pour qu'un objectif devienne source de motivation, fondement sur lequel un enfant et un adolescent pourront construire les semaines et les mois à venir, encore doit-il répondre à certaines conditions.

Pour être motivant, un but doit impérativement être **réaliste, clair, atteignable et concret.** L'objectif doit être lisible. Par tous. Et surtout qu'il s'agisse de **SON** propre objectif.

1. L'objectif doit être réaliste

Notre mission de parents consiste à aider nos enfants à se fixer un objectif réaliste, c'est-à-dire qu'ils peuvent le réaliser par eux-mêmes pour en retirer la plus grande satisfaction possible. **Seule la victoire motive à la victoire**. Existe-t-il quelque chose au monde de plus démoralisant, de plus dévalorisant, de plus démotivant que de se fixer un objectif dont on sait soi-même, dont on devine, qu'il est manifestement et objectivement au-dessus de nos forces ? Demandez donc à quelqu'un de non sportif de courir le marathon sans aucune préparation, juste pour nous démontrer, nous prouver, qu'il est capable d'y arriver. Vous aurez de fortes chances de le retrouver sur le bord de la route, essoufflé et rubicond, après quelques centaines de mètres à peine, jurant qu'on ne l'y reprendrait plus.

Le dépassement de soi, s'il est une vertu, exige avant tout une juste appréhension de ses capacités. Et la sagesse populaire le sait bien qui nous dit qu'à trop vouloir demander on risque fort de ne rien obtenir. Combien de nos bonnes résolutions de début d'année n'ont même pas atteint la floraison des primevères parce qu'irréalistes et décidées dans un moment d'euphorie festive ? Avec nos enfants il en va de même :

Plus nous placerons la barre haut, plus nous pourrons être assurés qu'ils passeront… au-dessous.

Sans s'être donné la peine d'essayer.

A un enfant dont les résultats scolaires se situent aux alentours de la moyenne, voire en dessous, inutile d'attendre de lui qu'il figure dans le tiercé de tête … dès la fin du premier trimestre. Son échec programmé sonnerait le glas de la confiance qu'il aurait placée en nous.

Par abus d'optimisme nous aurions perdu et sa confiance et notre crédibilité.

Avoir un objectif irréaliste, c'est jouer à qui perd perd. C'est être sûr de perdre à tous les coups.

En revanche, en prenant le même exemple, mais cette fois pour un enfant ou un adolescent dont le niveau moyen se situe très largement au-dessus de la moyenne de la classe, viser à l'excellence dans une matière qu'il affectionne n'a rien d'irréaliste. Au contraire. Ce peut être un aiguillon qui le motive et qui le pousse à donner le meilleur de lui-même. C'est souvent le cas quand, dans une classe, deux enfants sortent du lot et font la course en tête. Le second vise la place du premier et le premier se donne tous les moyens de conserver sa primauté. Concurrence, rivalité, il existe dans ce cas-là une saine émulation, éminemment ludique, à condition qu'elle reste ce qu'elle est, une simple compétition entre un premier et un futur premier.

2. L'objectif doit être clair

Dès lors qu'il s'agit d'aider nos enfants à être motivés, à éprouver envie et désir, on quitte le monde virtuel des idées préconçues pour celui bien concret des faits réels, mesurables, quantifiables, palpables.

Plus l'objectif sera concret, plus il sera atteignable et plus il aura de chances d'être atteint.

C'est, par exemple en mathématiques, travailler pendant deux heures sur les fonctions. Plus l'objectif sera vague, imprécis, conceptuel, et moins l'enfant pourra en mesurer les effets concrets sur lui et sur son entourage. Etre « bon » en une matière ne signifie rien. Du moins rien de précis. En revanche, **choisir d'obtenir une meilleure note par rapport à une note moins bonne a un sens**. On peut dire que cet objectif a du sens. Il a une signification concrète et facilement mesurable. Et même si cet objectif n'était pas réalisé, ce ne serait que partie remise avec la possibilité d'une seconde chance et de faire mieux la prochaine fois.

Avoir un objectif clair et réaliste permet d'intégrer l'action dans un processus de réussite.

3. L'objectif doit être atteignable

Se fixer un objectif **atteignable** nous permet de solliciter les trésors d'intelligence dont nous sommes tous potentiellement – et très largement – pourvus. Avoir un but « raisonnable » permet aussi de mesurer à chaque instant son avancée et le peu d'effort qu'il nous reste à fournir. Comme ce coureur cycliste, à l'assaut d'un col, qui sait exactement combien de mètres il lui reste à grimper avant de se mettre en roue libre et de reprendre des forces. C'est parce qu'il sait que son effort n'est pas vain, qu'il a un terme, parce qu'il sait exactement à quel endroit il se trouve, qu'il puise en lui l'énergie nécessaire pour maintenir son effort. Les accompagnateurs du Tour de France n'ont d'autre vocation, outre les encouragements indispensables, que de renseigner minute par minute les cyclistes sur leur position et **la durée de l'effort demandé**. Soyons de ces accompagnateurs-là !

Les vertus d'un objectif clair et mesurable sont innombrables : sérénité par rapport à l'avenir, sentiment d'être sans cesse guidé et accompagné sur la route qu'on s'est librement fixée, vision dynamique de l'action à entreprendre ou à poursuivre, **une économie de temps et d'actions qui ne seraient pas centrées sur l'objectif**…

Nos enfants vont devoir entreprendre une véritable course de fond faite de toutes petites étapes, faciles à franchir. Une stratégie de « petits pas ». La meilleure façon de marcher n'est-elle pas de « *mettre un pied devant l'autre, et de recommencer* » ? Nulle part il n'est fait état de grandes enjambées, voire de grand écart. Et rappelons-nous cette phrase trentenaire qui salua la première présence d'un homme sur la Lune : *« c'est un petit pas pour l'homme, c'est un pas de géant pour l'humanité »*. Reste à imaginer de combien de « petits pas » le bond de Neil Armstrong fut précédé.

Il est un autre écueil à éviter dès lors qu'on parle d'objectif : c'est de se centrer sur l'école et les résultats scolaires... **exclusivement**. Si le développement des mécanismes d'apprentissage scolaire se révèle fondamental pour une vie en devenir, nous préconisons d'éviter de nous focaliser sur lui et sur lui seul. Ainsi nous utiliserons cette même rigueur à aider notre enfant à se fixer des objectifs réalistes, clairs et atteignables dans les domaines aussi variés que les compétences relationnelles avec ses amis, ses compétences sociales, sportives et d'une façon plus générale de tout ce qui présente un intérêt dans sa vie. Dans notre souci de faire de nos enfants des hommes et des femmes d'action nous élargirons avec eux la palette de leurs savoir-faire.

Notre vocation n'est pas de faire de nos enfants des fruits secs, de beaux objets stériles et inutiles.

Une autre erreur, selon nous, dès lors qu'il s'agit de fixer des objectifs de haut niveau, serait d'oublier la vie extrascolaire. Alliée à une hygiène de vie, elle participe à l'épanouissement de nos enfants.

La réalisation d'un objectif doit tenir compte de cinq éléments déterminants :

- **Le temps nécessaire à son obtention.** S'il veut être source de progression et de motivation, l'objectif nécessite un véritable effort. Il demande donc du temps. Se fixer un but immédiatement atteint priverait nos enfants de la satisfaction du temps passé à sa réalisation. Et, partant, n'aurait aucune valeur pour lui. De notre côté, nous briderons notre impatience afin de donner à nos enfants **le droit d'avoir du temps**.
- **La réflexion nécessaire.** La réalisation d'un objectif par nos enfants exige la mobilisation de leurs capacités de

travail et de réflexion intellectuelle. C'est parce qu'elle leur aura demandé d'explorer des voies jusqu'alors inconnues, que leur volonté générera de la confiance en eux et dans leurs capacités à réussir.

- **L'effort exigé.** L'effort, c'est l'action énergique des forces morales dont on dit qu'il fait plus que le mérite. Il agit comme un rayon laser qui ne peut manquer sa cible. C'est une mobilisation et une concentration d'énergie pure dont la finalité est le but à atteindre.

- **Les ressources nécessaires.** C'est parce que notre enfant se sera donné les moyens d'aller chercher par lui-même – et pour lui-même – les réponses aux questions qu'il se pose qu'il les mémorisera d'abord, qu'il se les appropriera ensuite. Confronté plus tard à un problème similaire, il trouvera spontanément les réponses.

- **La gratification obtenue.** Là encore notre rôle est déterminant. C'est à nous parents que revient de replacer le résultat dans son contexte. Si la gratification que nous lui accordons récompense une performance réelle, si elle sanctionne un effort concret et palpable, alors elle est précieuse. Si au contraire elle est disproportionnée ou dévalorisée, elle perd de son sens. Elle devient nuisible. Il en va de même pour l'autosatisfaction qui peut conduire notre enfant, une fois un premier obstacle franchi, à baisser les bras, à « se reposer sur ses lauriers ». Ils sont nombreux ces enfants qui, après avoir fourni un réel effort au second trimestre, considèrent leur mission achevée pour le reste de l'année. La désillusion à la suite du conseil de classe peut alors être fracassante. Il conviendra donc de se méfier d'un indice de satisfaction trop élevé et surtout limité. Si c'est le premier pas qui coûte, les suivants sont tout aussi indispensables. C'est d'un accompagnement régulier qu'ils ont besoin pour progresser réellement. Un « week-end » de motivation serait un coup d'épée dans l'eau.

OUTILS PRATIQUES À MÉMORISER

On évitera de dire systématiquement	et on dira le plus souvent
Ce trimestre-ci tu seras dans les trois premiers.	*Quelle place penses-tu pouvoir atteindre ?*
J'attends de toi que tu sois parmi les meilleurs. Tu le peux si tu le veux !	*Quelles sont les étapes à franchir ? Veux-tu qu'on essaye ?*
C'est bien le minimum que tu puisses faire !	*Comme tu dois être content de cette note !*
Les premiers d'aujourd'hui sont les gagnants de demain !	*A chacun son rythme. Qu'est-ce qui, concrètement, te permettrait de progresser ?*

1 - 2 COMMENT « GONFLER » SA MOTIVATION ?

Dès lors qu'on traite de la fixation d'un objectif pour motiver nos enfants, on ne peut pas faire l'impasse sur les travaux du sociologue américain Victor Vroom[1] et de ses disciples, même si ses théories sont aujourd'hui de plus en plus contestées. Selon lui, la motivation s'appuie sur trois éléments.

1. La Valeur accordée à un objectif déterminé

Les questions que je dois me poser sont les suivantes : « Est-ce que l'objectif que s'est fixé mon enfant représente quelque chose pour lui ? Est-ce qu'il souhaite l'atteindre ? Même si sa vie n'en dépend pas, est-ce que cet objectif est **important** pour lui ? »

Grâce aux réponses à ces questions on pourra mesurer l'un des facteurs de sa motivation. Il est bien évident que si l'objectif ne représente rien pour lui, pire, s'il n'en attend rien de positif, sa motivation sera pour le moins bancale, sinon inexistante. Ainsi, entre deux enfants d'une même classe dont le passage

1. Victor Vroom, *Work and Motivation*, New York, Wiley, 1964.

en classe supérieure représente pour l'un un objectif déterminant et primordial tandis que l'autre estime que cela ne « sert à rien » et qu'il est aussi bien là où il se trouve, le premier met toutes les chances de son côté tandis que le second se prive d'un facteur primordial de motivation. **Si le but à atteindre est important, s'il a du sens, de la valeur, il y a fort à parier que celui qui l'aura voulu se donnera les moyens d'y parvenir.** A l'inverse, partir sans but, c'est pratiquement être assuré de perdre.

2. La Croyance dans ses capacités à atteindre l'objectif

Pour être motivé, mon enfant doit croire qu'il est **capable** d'atteindre l'objectif qu'il s'est fixé. Les questions qu'il doit alors se poser sont : « Est-ce que je me sens capable d'atteindre ce but ? Est-ce que j'ai assez confiance en moi ou bien relève-t-il du rêve, de l'utopie ? Est-ce que je peux le réaliser ? » Encore une fois, celui de nos deux élèves qui par sa croyance, sa confiance dans ses capacités estime qu'il est possible pour lui de passer en classe supérieure, multiplie ses chances tandis que l'autre, parce qu'il sait que « de toute façon il va échouer », va effectivement échouer.

3. Les Moyens que l'on se donne pour réussir

Pour être motivé, mon enfant doit pouvoir se donner les moyens nécessaires à la réalisation de son objectif. Les questions sont : « Est-ce que j'ai à ma disposition les moyens de réussir ? **Est-ce que je peux mobiliser tous les moyens pour atteindre mon objectif ?** » Avec notre exemple cela donnera, pour l'un : « quels sont les moyens qualitatifs – qualité du travail à fournir, efforts de concentration, vérification des connaissances par écrit, auto-interrogations, corrections des devoirs... – et quantitatifs – temps de travail avant les révisions, relecture des cours, préparation des examens – que je veux mettre en œuvre ? » et pour l'autre « quelles sont les impasses que je peux faire sans grand risque, sur quel voisin vais-je pouvoir compter pour recopier un devoir, qui peut m'aider si je suis interrogé... ? »

A la lumière de ce qui vient d'être dit, on peut donc reformuler l'équation de Vroom : « **Mon enfant est motivé quand il a un objectif important pour lui, qu'il a confiance dans sa capacité à l'atteindre et qu'il s'en donne les moyens.** »

D'où le schéma suivant :

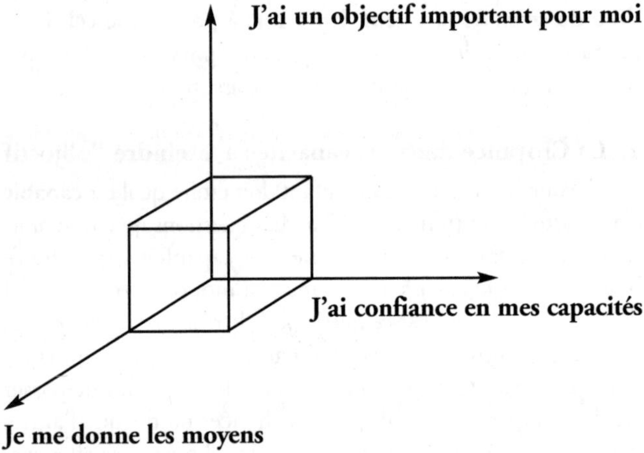

A l'inverse, la motivation tombe à plat si un seul élément manque.

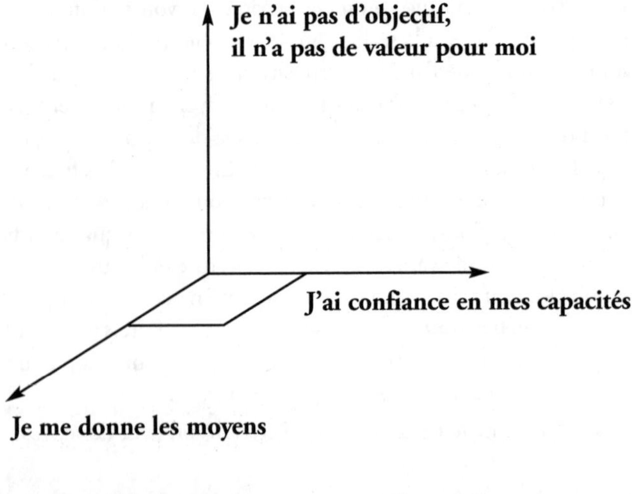

C'est ainsi qu'on pourra donner une définition de la motivation par son contraire :

« SANS OBJECTIF IMPORTANT, SANS CROIRE À MA CAPACITÉ DE RÉUSSIR ET EN NE ME DONNANT PAS *TOUS* LES MOYENS, MA MOTIVATION EST NULLE. »

Qu'un seul des trois éléments manque et la motivation retombe. Quelles que soient ses imperfections, la théorie de Victor Vroom présente pour nous parents l'avantage d'être facilement et aisément transposable. A court, moyen et long terme.

• **A court terme**. Exemple : **un devoir sur table** (DST).

Questions à poser à notre enfant et qui peuvent l'aider à se fixer un objectif et développer sa motivation :

– En quoi est-ce important pour toi d'avoir une bonne note ? Quelles raisons valables pourrais-tu te donner ? En quoi serais-tu heureux si tu progressais ? Pour ton carnet, pour ta moyenne mensuelle, pour ton trimestre, pour le passage…

– Est-ce que tu te sens capable ? Est-ce que tu as assez confiance en toi pour avoir une bonne note ? Est-ce que tu as déjà obtenu une bonne note dans cette matière auparavant ?

– Peux-tu t'en donner les moyens et, si oui, lesquels ? (nombre d'exercices supplémentaires, correction des devoirs, leçons à apprendre, travailler précisément sur ce sujet avec un copain, solliciter le professeur pour une précision…)

• **A moyen terme**. Exemple : **le passage en classe supérieure.**

Questions qui peuvent aider notre enfant à se fixer un objectif à moyen terme (au-delà de quelques semaines) et à développer et adapter sa motivation en fonction de ce dernier :

– Pourquoi serait-il important pour toi de passer en classe supérieure ? Garder tes amis, la reconnaissance de ton travail et de tes efforts, partir plus vite de la maison, être adulte, gagner un temps précieux, te lancer dans la vie professionnelle, faire ce dont tu as envie et non pas ce qu'on t'impose, assouvir une passion…

– Est-ce que tu t'en sens capable en ce moment ? Qu'est-ce qui t'aiderait à t'en croire capable ?

– Comment pourrais-tu t'en donner les moyens ? Comment faire concrètement pour passer en classe supérieure ? Quelle est ta recette personnelle de réussite ? Quelles sont les matières où tu peux progresser pour faire remonter facilement ta moyenne générale ? De quelles « armes » peux-tu disposer et si tu en manques, à qui les demander ?

• **A long terme**. Exemple : **devenir avocat.**

– Est-ce important pour toi ? Qu'est-ce qui te plaît dans cette profession ? La défense des autres… Raconte-moi comment tu ferais si tu étais avocat.

– Est-ce que tu te sens capable de devenir avocat ? *Est-ce que tu crois que si tu réussis ton DST, passes en classe supérieure, obtiens ton baccalauréat et vas en faculté tu pourras devenir un bon avocat ?*

– Quels sont les moyens que tu pourrais mobiliser pour y arriver ? Comment concrètement devenir un avocat ?

Une nouvelle évidence s'impose à nous qui renforce encore notre stratégie des « petits pas » : il est bien plus facile de progresser par étapes et d'inscrire chacune de nos actions dans un cadre plus large.

Une dimension qui dépasse notre rôle d'éducateur et dont nous pouvons nous inspirer pour notre propre motivation, familiale, professionnelle, relationnelle…

En conclusion, on pourra utiliser aussi le moyen mnémotechnique défini par John Withemore[1], qui devint consultant

1. John Whitemore, *Le Guide du coaching*, Ed. Maxima.

en entreprises après avoir pratiqué de nombreux sports de haute compétition au niveau international et développa en Europe la technique du coaching, selon lequel un « bon » objectif « **doit être SMART, PURE et FAIR** ».

Outils pratiques à mémoriser

Le « bon » objectif doit être ***SMART****, c'est-à-dire :*
S*pécifique*
M*esurable*
A*ccessible*
R*éaliste*
déterminé dans le **T***emps.*

Le « bon » objectif doit aussi être ***PURE*** *:*
P*ositivement formulé*
U*tile et pertinent*
R*espectueux de l'éthique*
E*ntièrement clair pour tous.*

Et enfin il doit être ***FAIR*** *:*
F*idèlement consigné par écrit*
A*ccepté par tous*
I*mpliquant un défi à relever*
R*espectueux de la Loi et de l'environnement.*

1 - 3 Se motiver avec des objectifs de vie

Se donner des objectifs de vie, c'est-à-dire sur le terme le plus long qui soit, peut être aussi très motivant. Il introduit une part de rêve, un grain de folie, il étend le champ des possibles et permet, par sa diversité, de rompre avec la monotonie scolaire pour se projeter dans l'avenir.

A ce titre, dans le cadre de nos séances de « MOTIVATION JEUNES », nous citons régulièrement l'exemple de John Goddard qui, à **15 ans**, a entrepris de rédiger sa « liste de vie ». A cet âge-là, il s'était fixé 127 buts à atteindre. A la fin de sa vie, à 75 ans, il en aura atteint… 108.

Ainsi avait-il divisé sa liste en huit catégories : explorer, étudier les cultures primitives, escalader, photographier, explorer le monde sous-marin, visiter, nager et accomplir.

Pour l'exploration il n'avait retenu que le Nil, l'Amazone, le Congo, le Colorado, le Yang-Tseu-Kiang, l'Orénoque et le Rio Coco (!). Pour les pays, son choix s'était fixé entre autres sur la Nouvelle-Calédonie, le Brésil, le Soudan, l'Australie, Bornéo, l'Ethiopie, l'Alaska… Avant sa mort il aura nagé dans les lacs Victoria, Supérieur, Tanganyika, Titicaca et Nicaragua.

Quant aux tâches à accomplir, il aura fait une carrière médicale, appris à piloter un avion, plongé en sous-marin, volé en ballon et en dirigeable, joué de la flûte et du violon, sauté en parachute, enseigné des cours à l'université, écrit des livres, appris le français, l'espagnol et l'arabe, lu la Bible intégralement, Shakespeare, Platon, Aristote, Dickens, Poe, Rousseau, Bacon, Hemingway, Conrad, Tolstoï, Emerson… fait le tour du monde en bateau (4 fois), traversé le Grand Canyon à pied, se sera marié et aura eu cinq enfants.

Au chapitre des regrets, il n'aura pas connu le XXIe siècle, n'aura jamais joué au cinéma le rôle de Tarzan, n'aura pas visité tous les pays du monde – il lui en a manqué trente – ne sera jamais allé au pôle Nord ni au pôle Sud et n'aura jamais gravi l'Everest !

Il existe derrière cette liste à la Prévert, ce catalogue d'actions, une dimension plus profonde : la volonté. Une volonté mobilisée vers des objectifs qu'on s'est fixé très tôt dans sa vie. Même l'objectif s'efface devant la mobilisation de l'énergie pour respecter une parole qu'on s'est donnée à soi-même. La volonté devient passion.

Il nous arrive de demander aux adolescents de commencer à établir eux-mêmes une liste d'objectifs de vie, « **la liste de leur vie** ». Après les premières surprises qui sont plus des désirs de possession (une voiture, une moto, un cadeau…) vient ce qui peut ressembler à de véritables aspirations, à des projets jamais formulés parce que réputés un peu fous voire carrément utopiques. Par exemple : faire le tour du monde à vélo, voler en deltaplane, jouer dans un film d'action…

Cet exercice peut, en famille, se révéler passionnant. Il fourmille d'informations. Pour peu qu'on y prête attention et qu'il ne soit pas seulement considéré comme un gadget, demander à un enfant ce qu'il aimerait faire concrètement dans sa vie nous renseigne sur ses désirs les plus immédiats d'abord, les plus profonds ensuite.

Parce qu'écrits, c'est-à-dire pensés et formulés, ces rêves peuvent devenir des objectifs. Surtout ils nous permettent d'entendre répondre à notre traditionnelle et lancinante question « qu'est-ce que tu veux faire plus tard ? », autre chose que le sempiternel « je ne sais pas ».

La liste que vous demanderez à vos enfants n'a pas besoin d'être aussi exhaustive et aussi précise que celle de John Goddard. Elle vous sera, elle leur sera d'une grande utilité et pourra se compléter mois après mois, année après année. Il est préférable que nous connaissions au moins dix objectifs de vie de nos enfants, en dehors de « avoir le bac » ou « avoir un métier ».

1 - 4 Se méfier de la motivation sélective

« Je n'aime pas les maths, mais j'aime bien la physique. » Ce genre de phrases nous les entendons souvent, trop souvent. Presque quotidiennement. Il s'agit là **d'une motivation sélective qui porte soit sur une matière, soit sur un groupe de matières**. A les en croire, nos enfants auraient décidé très tôt de ce qu'ils aimaient et de ce qu'ils n'aimaient pas. Ils peuvent trouver tous les arguments, souvent les plus pertinents, pour étayer cette croyance : une **hérédité familiale** (« même papa n'aimait pas les maths, il me l'a dit et tu étais témoin »), des **professeurs antipathiques** (« tout le monde pense comme moi, ça fait des années qu'il (elle) aurait du être viré(e) ») et parfois même une **absence de raison** (« c'est comme ça, je n'y peux rien, je suis comme je suis et on ne peut rien y faire »).

En fait, et nous le savons tous parfaitement bien, notre enfant ne décide pas d'aimer la physique et de détester les mathématiques. Il existe la plupart du temps une explication, en amont, de cette croyance : de mauvais résultats, une compréhension difficile, un enseignant trop cassant, un ressentiment affectif négatif…

Mais peu importe en vérité car là n'est pas le sujet.

Quelle que soit la raison initiale, nous pouvons aider nos enfants à prendre conscience qu'ils se situent dans une spirale infernale, « **une boucle de pensée** » négative. En effet, dans le « je n'aime pas » de notre enfant on entend très clairement « puisque je n'aime pas, je ne travaille pas ». Et la conclusion s'impose alors d'elle-même : sans travail, pas de bonnes notes, pas de progression et donc encore plus de raisons objectives de ne pas aimer par manque de réussite. C'est ce qu'on pourrait appeler **la preuve par l'échec**. Du reste, l'excuse est déjà prête : « même si je travaillais, j'aurais des mauvaises notes, la preuve ».

C'est ainsi que les jeunes se retrouvent enfermés malgré eux dans une conviction qui leur évite de se remettre en question. Et nous savons nous, par expérience, combien il peut être fastidieux, voire douloureux de remettre en cause nos croyances limitantes, tant le confort d'une conviction, même négative, nous évite bien des questions gênantes sur le pourquoi et le pour quoi. Pour nos enfants il en va de même : il est nettement plus confortable de ne pas travailler une matière, un groupe de matières, dans lequel le succès n'est pas garanti à l'avance et de privilégier une autre matière où la réussite est pratiquement assurée.

Comment changer cette motivation sélective ?

1. Faire prendre conscience de l'existence de cette « boucle de pensée », de cette spirale de l'échec qui ne peut que se renforcer jusqu'à l'inéluctable.
2. Convaincre **d'essayer une fois** de travailler la matière détestée en invoquant les conséquences à moyen terme (en mathématiques par exemple, l'importance du coefficient lors du baccalauréat et l'avantage à grappiller

ne serait-ce que quelques points, sans compter l'intérêt de valoriser la physique qu'il « aime » par les notions mathématiques de base que cette matière requiert).

3. Encourager et valoriser la toute première progression, véritable faille dans le mur monolithe de certitudes trop parfaites.

On pourra dire alors : « Je sais que c'est difficile pour toi de travailler les mathématiques, d'autant que tu dis que tu n'aimes pas ça. Mais faisons l'hypothèse que tu n'aimes pas les mathématiques simplement parce que tu as de mauvais résultats. Je suis convaincu que c'est là la véritable raison de ton dégoût des mathématiques. Penserais-tu la même chose si tu obtenais de bons résultats, ne serait-ce qu'une fois ? Je pense que tu peux y arriver et si tu veux, ensemble, nous allons préparer la petite interrogation qui vient. On verra bien ce qui va se passer. »

Et c'est bien là que nous réinvestissons notre rôle de parents, en protégeant notre enfant contre lui-même, contre ses croyances négatives et sélectives. Ce raisonnement simple, authentique, fondé sur l'estime et notre réelle conviction qu'il a en lui les ressources nécessaires à sa progression, tous les enfants peuvent l'entendre. Et le croire.

Faisons avec nos enfants le pari de la réussite et refusons la logique de l'échec et de l'abandon !

Outils pratiques à mémoriser

On évitera de dire systématiquement	et on dira le plus souvent
Il faut aimer les maths. C'est vital si tu veux avoir un job intéressant.	*Je sais bien que tu n'aimes les mathématiques. Et si tu obtenais une note en hausse ?*
Fais un effort pour comprendre !	*Pourquoi ne pas commencer par des exercices faciles ? Après on en essayera de plus difficiles.*

1 - 5 Se déculpabiliser de l'échec de son enfant

Nous ne nous le répéterons jamais assez : les résultats de nos enfants leur appartiennent. Et à eux seuls. **S'ils réussissent, c'est leur réussite, s'ils échouent, c'est leur échec.** Il nous faut nous déculpabiliser. De la même manière nous éviterons de nous approprier leurs résultats, surtout s'ils sont bons. **A nous de trouver la force de refuser ce piège** qui, au nom de l'intérêt et de l'amour que nous portons à nos enfants, **nous conditionne à penser pour eux, à agir pour eux.** Par souci de bien faire, nous risquons de les dépouiller de leur personnalité et de ce qui fait leur vie : la sanction d'un effort ou d'une absence d'effort que certains qualifient de « principe de la réalité ». Si nous sommes tous d'accord pour reconnaître que les résultats scolaires, les performances sportives, les prouesses artistiques sont le fruit d'un effort, d'un travail, d'une prise de conscience, alors laissons les lauriers à ceux qui en sont les auteurs. C'est-à-dire nos enfants.

On ne dira jamais assez le côté cocasse de parents se présentant mutuellement dans le couloir du collège avant une réunion avec les professeurs : « je suis en quatrième, nous sommes assis au fond de la classe, je suis celui qui est agité et se fait sortir de cours… ». D'une façon non consciente, certains d'entre nous, à certains moments, vivent par procuration : à travers leur enfant.

Il est légitime, il est humain que nous nous préoccupions de la scolarité de nos enfants, de même que nous veillerons sur leurs fréquentations, leur hygiène, leurs loisirs. Mais en aucun cas nous ne devons nous substituer à eux. Nous ne sommes que des transmetteurs. **Nos enfants, eux, sont les principaux acteurs d'une pièce qui ne concerne qu'eux**, celle de leur vie.

Bien qu'il nous en coûte, nous devons essayer de prendre une relative distance pour mieux leur permettre de progresser.

Si nos enfants sont par nature dans l'immédiateté et le court terme, à nous de les aider à prendre du recul, à relativiser.

Les aider à devenir plus adultes et un peu moins enfants.

Rien n'est plus anxiogène pour un enfant que la culpabilité affichée des parents devant un résultat, une note, une appréciation sur un carnet scolaire. L'inquiétude des parents, même non verbalisée, peut être ressentie par l'enfant comme une trahison des espoirs trop grands qu'on avait fondés sur lui.

Il nous faut transformer le verbe pronominal « s'inquiéter » et le vivre à la forme transitive : « s'en inquiéter ».

Au pélican de Musset qui se sacrifie pour nourrir ses enfants de ses propres entrailles on préférera la définition du rôle des parents du poète libanais :

De l'éducation des enfants

Vos enfants ne sont pas vos enfants. Ce sont les fils et les filles du désir de Vie.

Ils arrivent à travers vous mais non de vous. Et quoiqu'ils soient avec vous, ils ne vous appartiennent pas.

Vous pouvez leur donner votre amour mais non vos pensées, car ils ont leurs pensées propres.

Vous pouvez abriter leurs corps mais non leurs âmes, car leurs âmes habitent la demeure de demain que vous ne pouvez visiter même dans vos rêves.

Vous pouvez tenter d'être comme eux, mais n'essayez pas de les rendre comme vous.

Car la vie ne s'en retourne pas en arrière ni ne s'attarde avec hier.

Vous êtes les arcs qui projettent vos enfants comme des flèches vivantes. L'archer voit le but sur le sentier de l'infini et il se tend de toute son énergie pour que ses flèches puissent aller vite et loin.

Kahlil Gibran, *Le Prophète*, Ed. Albin Michel.

S'en inquiéter au lieu de s'inquiéter, c'est aussi être présent à tous les stades de la stratégie de réussite de notre enfant : avant, lors de la préparation, pendant, par des encouragements à donner le meilleur de soir soi-même et à faire de son mieux, et après, en tirant le maximum d'enseignements aussi bien des victoires que des déceptions.

1 - 6 Pousser à l'action concrète

Motiver son enfant, c'est l'inciter à passer à l'action. A l'action concrète. Pour un adolescent, on l'a vu, avoir un objectif est essentiel en ce qu'il donne un sens à son travail avec un résultat tangible, incontestable. Encore faut-il qu'il s'en donne les moyens. Et les moyens, c'est l'action. Motiver son enfant, ce n'est pas philosopher sur les bienfaits du travail, sa pertinence, son efficacité.

Motiver son enfant, c'est l'aider à agir.

Le travail, essentiellement scolaire, se mesure quantitativement d'abord. Qualitativement ensuite.

Travailler c'est faire un certain nombre d'exercices pour acquérir des automatismes, c'est réaliser, matière par matière, des fiches, des résumés, des condensés, des plans... Travailler c'est aussi établir un planning rigoureux qui se compte en heures de travail, en programmes de révisions, en leçons à apprendre, en devoirs à préparer. Travailler, c'est apprendre à faire une introduction, un développement, une conclusion. C'est dégager une ou deux idées forces qui structureront un plan ou un exposé.

Dans nos séances de motivation, quel que soit le niveau scolaire, nous insistons sur la notion pratique du travail fourni. **C'est à partir d'un questionnement concret, pratique et sans jugement que l'on pourra se rendre compte du travail effectué et expliquer le résultat obtenu comme une conséquence objective.**

Affirmer « j'ai travaillé une heure » n'est pas suffisant. Encore faut-il pouvoir identifier concrètement les actions réalisées. Travaillé quoi ? comment ? avec quel support ? Il nous arrive souvent de retrouver notre enfant, à demi allongé sur un canapé, un livre à la main quand la télévision n'est pas allumée dans un coin du salon. A notre question : « Que fais-tu ? », la réponse, immuable, tombe : « Je travaille. » A notre plus grand agacement, il faut le reconnaître.

Il s'agit là en fait de ce qu'on pourrait appeler une **« excuse de travail »**. Notre enfant se fait croire à lui-même qu'il travaille. Prépare-t-on un devoir de philosophie un livre de Kant dans une main, une boisson gazeuse dans l'autre, les pieds sur la table basse du salon ? On prépare un devoir de philosophie (de français, de mathématiques…) un crayon à la main devant une feuille sur laquelle on multiplie les plans, les exercices… Et nos enfants le savent bien. Ni eux ni nous ne sommes dupes.

Il ne s'agit pas pour autant de tomber dans l'inquisition systématique qui porte en elle les germes du doute sur la réalité du travail entrepris et qui juge, le plus souvent de façon négative. Pousser à l'action concrète, c'est pour nous parents acheter des livres de méthodologie basique et les lire avec nos enfants. Multiplier les questions simples, jouer à s'interroger, à se poser des colles. Pour ceux qui le peuvent, c'est choisir un jour par semaine où l'on ne parlera qu'anglais, et tant pis si nous sommes moins forts que nos enfants. Au contraire, nous corriger leur apportera une satisfaction indicible… et nous fera progresser.

Pousser à l'action concrète, c'est aussi être imaginatif. Inventer en famille des jeux où celui qui a gagné se verra dispensé d'une tâche ménagère fastidieuse.

Chacun d'entre nous, nous en sommes convaincus, peut *établir une liste de 10 attitudes concrètes que nous choisirons de « tenir » pendant les six prochains mois.*

Motiver, c'est aussi savoir s'adapter. Ne pas s'acharner plus que de raison sur une durée déterminée de travail. C'est au contraire montrer la conséquence et le plaisir d'un devoir effectué rapidement dans une matière faible afin d'en être débarrassé au profit d'une leçon plus valorisante, plus excitante.

De parents contrôleurs nous pouvons devenir des parents entraîneurs.

Un changement radical d'attitude qui nous demande il

est vrai des trésors de patience et d'imagination. Mais, de même que nos enfants s'entraînent à devenir des élèves performants, nous pouvons nous entraîner à devenir des parents motivateurs. Il est vrai qu'avec le temps, en grandissant, dans leur besoin d'autonomie, les jeunes renoncent à solliciter notre aide. Devons-nous, nous aussi, renoncer ? La moins mauvaise attitude consiste à rester « toujours prêt ».

Au cas où…

EVITER LES QUESTIONS DIRECTIVES

Il faut énoncer (les questions) d'un ton calme, neutre, bienveillant, n'impliquant aucune critique. Certains coaches médiocres se rabattent sur des questions directives, reconnaissant ainsi, de fait, qu'ils ne croient pas à ce qu'ils prétendent appliquer. L'élève le sent immédiatement, ce qui réduit d'autant la confiance qu'il a en son coach, et la valeur de son travail. Il vaut bien mieux que le coach dise à l'élève qu'il a une suggestion à lui proposer sans essayer de l'entraîner dans une certaine direction par des questions orientées ou d'autres moyens relevant de la manipulation. Evitons aussi toute question qui implique une critique. Par exemple : « Mais qu'est-ce qui vous a pris de faire ça ! ! ! ».

John Withemore, *Le Guide du coaching*, Ed. Maxima.

1 - 7 AVOIR UNE CONNAISSANCE PARFAITE DES RÉSULTATS DE SON ENFANT

Comme nous l'avons vu précédemment, un résultat ne s'apprécie que par rapport à un autre résultat. Et si possible au dernier résultat obtenu. En replaçant la note, bonne, moyenne ou exécrable dans un contexte plus large, on pourra valoriser la progression, relever un manque de travail ou une consigne mal comprise ou mal interprétée.

Pour être crédibles, nous ne devons pas subir les notes de nos enfants mais les anticiper. Avec eux. **Et pour cela avoir la connaissance la plus précise possible de l'ensemble des notes.** Encore une fois, notre objectif ne sera pas de contrôler ni de sanctionner mais bien de resituer la note dans une stratégie individuelle et familiale de progression.

Connaître le plus grand nombre possible de notes prouve à notre enfant que nous nous intéressons à lui, à son travail, à ses progrès. De même, en cas d'échec, nous pourrons avec lui adopter une nouvelle stratégie, travailler une matière plutôt qu'une autre, l'aider à combler une lacune. N'agissons-nous pas de même au bureau, à la maison ? Si notre travail n'intéresse personne, si notre hiérarchie ou notre environnement proche se moque comme d'une guigne de nos succès mais en revanche est toujours là pour sanctionner l'éventuel écart ou la malchance, tous les ingrédients sont réunis pour nous démotiver. Nous dégoûter. Nous ôter toute envie de continuer.

S'intéresser à l'autre, c'est lui administrer la preuve quotidienne qu'il existe, qu'il compte pour nous et que son travail n'est pas inutile, qu'il s'inscrit dans le cadre d'une dynamique.

Quels parents n'ont pas ressenti une véritable frustration devant une note à laquelle ils ne s'attendaient pas ? Frustration de rage, frustration d'impuissance. Ah, si nous avions pu être prévenus plus tôt ! Pourtant, le plus souvent, il ne tenait qu'à nous de nous tenir informés.

Les enfants, par nature, ne sont pas enclins à cacher leur résultats scolaires. C'est plus la peur de notre réaction qui les incite au silence. En dédramatisant l'insuccès, en valorisant et en félicitant la plus petite victoire, nous rétablirons le lien de confiance qui nous permettra d'être informés jour après jour.

Certes, le temps nous manque. Notamment pour les familles où les deux parents exercent des activités professionnelles qui les mobilisent au-delà du raisonnable.

A nous de trouver ce temps d'écoute et d'attention, quitte à se partager les rôles. Et pourquoi pas les matières ?

1 - 8 Changer et adapter sa stratégie

Notre tendance naturelle d'adulte nous pousse « **à faire toujours plus de la même chose** ». Bien souvent nous agissons comme si nous étions attachés à un mode unique de fonctionnement. Comme s'il n'existait qu'une seule façon d'agir. Un peu comme ce clou sur lequel on frappe, on frappe et on frappe encore jusqu'à ce qu'il pénètre dans le mur à l'endroit exact que nous avions déterminé, sans tenir compte ni de la nature du mur, ni de celle du clou. Plus on s'acharne, plus le clou résiste, jusqu'à se tordre, puis nous échappe en laissant sur le support vierge les traces de notre emportement. Et en plus on se tape sur les doigts.

Notre conviction, notre certitude absolue qu'il n'existe d'autre solution que frapper de plus en plus fort, nous aveugle. Elle nous empêche d'envisager d'agir autrement. Obnubilés à dominer ce qui nous résiste, *hypnotisés par ce duel entre nous et nous*, nous sommes devenus stupides. Et butés.

Dans notre aveuglement nous avons simplement « oublié » qu'une autre solution efficace et pertinente, la solution, était toute proche. Il suffit le plus souvent, pour reprendre la métaphore du clou et du mur, de changer de clou ou de se déplacer de quelques centimètres afin d'éviter la pierre qui se cache derrière la fine pellicule de plâtre. Notre intelligence est comme paralysée.

On citera cette autre métaphore souvent utilisée pour expliquer **la pensée systémique**, cette approche de l'organisation des rapports humains élaborée aux Etats-Unis depuis une trentaine d'année et qui invite à penser différemment, à sortir de notre schéma traditionnel de pensée, pour « inventer » une autre pensée.

LE MARCHAND DE TAPIS

« Il était une fois un marchand de tapis qui s'aperçut que sa plus belle pièce avait une bosse disgracieuse en son milieu. Il marcha dessus pour la faire disparaître. La bosse réapparut à un autre endroit. Il sauta dessus encore, et elle disparut de nouveau, avant de réapparaître ailleurs. Encore et encore, il marcha sur le tapis, au point de le déchirer. Jusqu'au moment où il leva le bord et vit un serpent mécontent en sortir. »

Conte oriental, extrait de *Tales of the Dervishes*, Dutton, 1970.

Nous citerons simplement les « onze lois de la pensée systémique »[1] car elles peuvent nous apporter, à nous parents, un éclairage nouveau sur notre mission d'éducateur.

LES ONZE LOIS DE LA PENSÉE SYSTÉMIQUE

1. *Les problèmes d'aujourd'hui viennent des solutions d'hier.*
2. *Plus vous poussez dans un sens, plus le système pousse dans l'autre.*
3. *Un peu de progrès précède beaucoup d'inconvénients (les premières initiatives sont séduisantes parce qu'elles paraissent efficaces à court terme mais peuvent se révéler nocives à moyen terme).*
4. *La solution de facilité vous ramène au problème de départ.*
5. *Le remède peut être pire que le mal.*
6. *Qui va lentement va plus vite.*
7. *Les rapports lointains des effets et de leurs causes.*
8. *De petits changements peuvent provoquer de grands résultats.*
9. *Vous pouvez avoir le beurre et l'argent du beurre, mais pas en même temps.*
10. *Un éléphant coupé en deux ne fait pas deux petits éléphants.*
11. *Nous sommes la cause de nos propres problèmes.*

Peter Senge et Alain Gauthier

1. Peter Senge, *La Cinquième Discipline*, Ed. First.

1 - 9 Identifier les différentes formes de démotivation

Nous le savons, il n'y a pas une motivation mais des motivations. Elles peuvent être personnelles ou **intrinsèques**, c'est-à-dire générées par l'attrait de l'activité pour elle-même – le plaisir de réussir, de se dominer, de se prouver qu'on est capable, d'atteindre un but individuel… – **ou extrinsèques**, à savoir qu'elles ont besoin d'un renforcement extérieur comme une récompense, une prime, de l'argent, une médaille…

De la même manière, il existe différentes formes de démotivation aussi bien dans un cadre professionnel que dans un cadre scolaire : laisser son esprit vagabonder, parler pendant un cours, ne pas faire ses devoirs, repousser à plus tard…

Et bien naturellement, ce qui démotivera un enfant en motivera un autre. Et réciproquement – ce qui motive un élève de 4e le démotivera en 5e. Il existe presque autant de motivation que d'individus. On le perçoit très nettement dans le cas des fratries. Ce qui peut motiver l'un – l'esprit de compétition, l'orgueil, la fierté… – laissera le second indifférent, voire totalement réfractaire.

C'est un phénomène que les enseignants et les pédagogues connaissent bien. Alors qu'ils utilisent les même mots et le même ton, que le cours est identique dans le fond et dans la forme, le tout dans une unicité de temps et de lieu, les perceptions par les élèves sont parfois radicalement différentes selon le type de personnalité à laquelle on s'adresse.

Prenons simplement l'exemple de la répétition, le fait de répéter et d'insister sur chacune des notions qu'on souhaite transmettre. Si elle est de nature à rassurer un enfant en manque de sécurité et qui a besoin que la consigne, le théorème, la leçon soit dits et redits, une répétition excessive risque bien de lasser, voire d'horripiler un autre enfant qui aura déjà compris, qui aura l'impression à juste titre de perdre son temps et que l'enseignant rabâche et ne le respecte pas. Qu'il en fait toujours trop pour les autres et pas assez pour lui. Et donc qu'il ne l'aime pas.

C'est pourquoi il est très précieux d'identifier très vite ce qui démotive notre enfant. La motivation est individuelle. On devrait dire, elle est « hyper-individuelle ». Elle répond néanmoins à quelques règles incontournables.

Seule une observation attentive, quotidienne et sans a priori, du comportement de nos enfants face à un mécanisme d'apprentissage ou à quelque chose qui lui résiste, nous renseignera.

Avant de motiver, détectons ce qui motive. **Et surtout ce qui démotive.** Cela nous évitera par la suite bien des malentendus et des conflits.

Outils pratiques à mémoriser

PRINCIPE :

Poser l'hypothèse qu'il y a toujours une vraie bonne raison à la démotivation

(Chercher à comprendre ce qui ne va pas, même si notre interprétation est erronée, sera toujours ressenti positivement par notre enfant)

On évitera de dire systématiquement	et on dira le plus souvent
Pour être aussi anxieux, tu dois me cacher quelque chose !	***Je*** *te trouve un peu agité en ce moment. Est-ce que quelqu'un (professeur, copain…) t'a embêté ? Veux-tu m'en parler maintenant ? Si tu veux en parler,* ***je serai disponible. Je suis là.***
Fais tes devoirs et éteins-moi cette musique.	*Tu as du mal à t'y mettre. C'est vrai que c'est dur après une longue journée. Comment fais-tu quand tu arrives à te mettre au travail ? Ecoutes-tu de la musique pendant 5 minutes ? Dois-tu avoir terminé ton goûter ou avoir regardé ton feuilleton préféré ?*

1 - 10 Savoir motiver par le « manque »

Un des principes fondamentaux de la pédagogie peut être défini comme « l'apprentissage par le manque ». La décision d'apprendre vient le plus souvent d'un besoin d'apprendre qu'on veut combler. Par exemple, c'est le fait chez l'élève de percevoir qu'il lui manque quelque chose pour résoudre un exercice. Pour trouver la solution du problème qui lui est posé et qu'il souhaite réussir, il acceptera d'apprendre son cours, lequel est justement conçu pour lui permettre de « vaincre » la difficulté que représente le problème. **Avant de chercher à transmettre un savoir à quelqu'un, il est nécessaire d'avoir créé en lui un état de réceptivité**, d'appétence. L'envie d'apprendre est bien le ressort de l'apprentissage. Reste toutefois à résoudre le problème des enfants en manque de désir, particulièrement dans le domaine scolaire. Sans pouvoir répondre à toutes les éventualités, nous pourrons tenter le minimum dans un premier temps.

Faire savoir à l'enfant qu'il se sentira certainement mieux en ayant acquis l'information. C'est sur ce désir qu'on fondera notre pédagogie. Les enseignants qui ont su nous passionner et dont nous gardons le souvenir des années après la fin de notre scolarité sont ceux qui auront su le mieux solliciter notre envie de savoir. Une sorte de soif inextinguible de comprendre. Une attitude ressemblant à celle qui nous fait lire page à page l'intrigue d'un roman policier tant nous souhaitons en connaître le dénouement mais sans nous rendre directement à l'épilogue par peur de ne rien comprendre.

Evidemment c'est le rôle des enseignants de créer chez nos enfants cette « soif d'apprendre ». Mais nous pouvons nous aussi y contribuer en donnant du sens. Le plus souvent le lien entre la matière enseignée et son utilité future est si indirect qu'il paraît presque impossible à établir. C'est le cas par exemple de l'algèbre. La plupart des enfants n'en perçoivent ni le sens ni l'utilité parce qu'ils raisonnent dans l'immédiateté. A première vue l'algèbre ne sert qu'à une seule chose : à résoudre les exercices… d'algèbre.

Pourtant nous savons que l'algèbre permet de développer chez l'enfant des capacités de logique dont il aura besoin toute sa vie.

A nous de participer à l'apprentissage de telle ou telle matière en la mettant en perspective avec leur vie d'adulte. A nous de créer chez nos enfants ce « manque » d'apprendre et donc de solliciter un « besoin» d'apprendre, ceci en puisant nos exemples concrets dans notre vie quotidienne (au bureau, à la maison, à la télévision…).

Montrer l'utilité et les bienfaits du capital savoir.

1 - 11 FAIRE DES BILANS JUSTES

Et si nous faisions avec notre enfant des bilans hebdomadaires en commençant *systématiquement* par ce qui est positif !

La qualité la plus répandue chez l'homme est de savoir détecter avec une grande clairvoyance et une parfaite lucidité ce qui va mal, ce qui ne fonctionne pas, ce qui empêche la machine de tourner. C'est presque devenu chez nous une seconde nature. Ainsi sommes-nous des spécialistes dès lors qu'il s'agit d'identifier ce qui ne va pas, les freins à toute action, à tout comportement. Aussi bien chez nous que chez les autres… avec, soyons honnêtes, une très nette prédisposition à repérer la poutre qui aveugle notre voisin. Au jeu du « je te l'avais bien dit », **nous sommes de vrais champions du monde**. Notre tendance spontanée nous incite à nous focaliser systématiquement sur ce qui est négatif. Et à l'amplifier. Quand au positif, il est exclu parce que légitime, normal et… « naturel ».

C'est « naturel » de bien agir, « naturel » de réussir un examen, « naturel » d'avoir de bonnes notes ! Tout ce qui est positif est minimisé tandis que tout ce qui est négatif est stigmatisé. Dans notre balance personnelle, le négatif pèse infiniment plus lourd que le positif.

Certes, signaler ce qui est perfectible possède des vertus

pédagogiques et participe à notre « métier » de parents, mais notre première mission consistera à rééquilibrer la balance.

Regardons-nous en train de lire un carnet de notes. Quelle est la proportion de parents qui commence par féliciter et se réjouir des notes en progression, des commentaires encourageants, de « la » bonne note ? Nettement moindre que celle de ceux qui se focalisent sur le zéro – déjà pointé, souligné et écrit en rouge par les soins d'enseignants diligents au cas où il nous aurait échappé –, recensent à voix haute et avec une mimique au mieux narquoise, au pire désobligeante, les notes en dessous de la moyenne, insistent sur l'avertissement de conduite et le « peut mieux faire s'il s'en donnait la peine ».

Au risque d'être accusé d'angélisme et de laxisme, nous préconisons de toujours commencer par ce qui est positif chez nos enfants. En quoi est-ce être laxiste que de reconnaître ce que notre enfant a fait de bien, de mieux ou même simplement de passable ? En quoi est-ce être laxiste que de féliciter un encouragement relevé par un enseignant ? En quoi est-ce être laxiste que de préconiser que le bon et le moins bon soient traités sur un pied d'égalité ?

Au tout répressif, nous préférons, et de loin, l'équitable. Entendre le raisonnement de certains parents (la vie est forcément injuste et nos enfants y seront un jour confrontés, donc il convient des les préparer très tôt à l'arbitraire) ne nous empêche pas de militer pour plus d'équité et de cohérence au quotidien. A les en croire, l'enseignement de l'injustice aurait une vertu salvatrice. Une vision somme toute réductrice.

Nous pouvons, quant à nous, décider, avec nos enfants, de faire un bilan objectif de leurs résultats scolaires, une fois par quinzaine par exemple. Ce bilan bihebdomadaire aurait pour but de définir, de préciser et d'objectiver aussi bien les réussites que les décrochages. Plutôt que de juger, nous chercherions à comprendre, avec nos enfants, le pourquoi de chaque note.

Certains enseignants nous faisaient remarquer qu'à l'école toute la scolarité de nos enfants était empreinte de jugements depuis les petites classes et que le conseil de classe pouvait apparaître bien souvent comme un tribunal… où la défense serait absente, malgré la présence de représentants d'élèves et de délégués de parents.

Pour motiver notre enfant et favoriser son envie naturelle de progresser, **ne nous transformons pas en procureurs**. Ni en avocats. Essayons simplement d'être le plus justes et objectifs possible.

Outils pratiques à mémoriser

On évitera de dire systématiquement	et on dira le plus souvent
Encore un 6 en maths !	***Je** suis très content de ta progression en espagnol.*
Tu as encore baissé !	***Je** trouve que ton prof de français a mis une bonne appréciation. Même si ta note a baissé, ne te décourage pas.*
De 5 à 7, je ne vois pas la différence !	***Je** suis fier que tu aies remonté ta moyenne car **je** sais que tu y as mis du courage.*

1 - 12 Créer un environnement de travail pour son enfant

Si nous ne sommes pas responsables des conditions de travail de nos enfants en classe, il nous appartient en revanche de tout mettre en œuvre pour faciliter et favoriser leur travail à la maison. Et en tout premier lieu en modifiant leur environnement personnel. Il variera en fonction des ressources de chaque famille, selon que l'enfant ou l'adolescent aura sa chambre à lui ou qu'il devra la partager avec ses frères et sœurs, selon que notre appartement sera modeste ou spacieux, lumineux ou sombre…

Il n'en reste pas moins qu'un environnement se construit et répond à quelques principes immuables. Et tout d'abord à son existence même, celle d'**un lieu personnel et personnalisé où l'enfant peut être isolé du reste de la famille.** Un espace segmenté, un « territoire », qui n'appartient qu'à notre enfant et dont il est le seul responsable. Les transformations corporelles auxquelles les adolescents sont soumis durant la puberté – ce moment où « tout bouge et tout se met en place » au sens propre comme au sens figuré – les rendent plus pudiques, plus secrets. C'est pourquoi la chambre revêt une telle importance pour eux. En ce qu'elle sert de cocon, de carapace, elle est ce territoire où toute intrusion sera vécue comme une violation de domicile. Ce n'est pas une pièce comme les autres, c'est un refuge, une tanière où l'adolescent se sent libre de faire et recevoir qui il veut, à l'abri du regard des adultes.

A condition de le respecter comme un sanctuaire, l'état de sa chambre, selon qu'il est ordonné ou hermétiquement clos et en désordre, nous renseignera plus sûrement qu'un long discours sur son état intérieur. C'est un révélateur et un signal d'alarme pour nous, parents.

En ce qui concerne le lieu de travail, peu importe si sa chambre est trop exiguë, on lui aménagera au besoin un coin du salon qui lui sera exclusivement réservé… à certaines heures de la journée. Avec interdiction formelle de le déranger sous le prétexte de vérifier. **L'important est qu'il puisse s'approprier un endroit « travail » et que cet espace soit clairement identifié**. C'est ainsi qu'on évitera systématiquement la présence d'une télévision, de jeux vidéo et, d'une façon plus générale, de toute autre tentation sonore qui pourrait le distraire. Que faire de la musique ? Doit-on la prescrire ou au contraire l'encourager parce que stimulante ? Les avis sont partagés : **pour les uns la musique est un fantastique vecteur d'apprentissage, pour les autres elle peut se révéler perturbante et empêcher la concentration**. C'est au bon sens de répondre ; on s'adaptera, selon le type de musique et le niveau sonore demandé. Il conviendra d'établir une distinction entre le support musical et la perturbation, dès lors qu'il y a des paroles qui attirent l'attention.

C'est à nous de créer avec notre enfant, en lui demandant de s'impliquer personnellement – signalisation nominale, panneau à l'entrée, permission d'entrer réglementée... – dans l'organisation de **son** propre lieu de travail qui répond à trois caractéristiques : symboliser le travail et donner l'envie d'y rester ; favoriser et augmenter la concentration ; être fonctionnel et pratique.

Le bureau symbolise le travail ; il donne envie d'y rester (même si commencer à travailler reste souvent difficile !).

Autant le désordre, le fouillis et l'amoncellement d'objets disparates découragent, autant un lieu ordonné, clair et dégagé donne envie de s'y installer, d'y rester même. Si ce n'est le plus longtemps possible, du moins le temps nécessaire à l'exécution d'une tâche. C'est la raison pour laquelle, une fois le travail achevé, on incitera notre enfant à ranger son bureau afin qu'il le retrouve dans le même état la prochaine fois.

Trop souvent les « range ta chambre » et autre « nettoie ton bureau » sont devenus des leitmotivs de la vie quotidienne, des mises en garde minantes et usantes pour nous parents et parfaitement inefficaces puisque nos enfants ne paraissent pas les entendre. Comme si nos mots glissaient sur eux sans pouvoir s'accrocher. Enervés nous en arrivons parfois aux solutions extrêmes, la plus répandue étant de tout jeter par terre car « au moins comme ça, tu seras obligé de ranger ». **Sur le moment nous sommes apaisés** (en apparence seulement). Mieux vaudrait cependant trouver dans un premier temps les mots qui l'aident à comprendre en quoi le fait d'avoir un bureau ordonné et dégagé lui permettra de mieux travailler – et moins longtemps – et, dans un deuxième temps, que le désir d'un espace harmonieux peut devenir un besoin.

Gardons-nous de vouloir, au nom de l'ordre et de la propreté minimale (ce n'est pas la vraie raison !), de trop empiéter sur ce territoire que nous avons accepté de lui concéder en toute liberté. Nous éviterons scrupuleusement d'agir comme certains parents qui, sous prétexte de rangement, masquent mal leur désir non conscient d'en savoir plus sur leur enfant. De même, nous éviterons autant que possible, la tentation fût-elle grande – sous le couvert de la protection de notre enfant, contre la drogue par exemple – de fouiller sa chambre de fond en comble pendant son absence.

Rester vigilant, oui, se transformer en détective, non.

Un bureau dégagé favorise la concentration.

Pour favoriser et développer sa concentration, de nouveau trois lois fondamentales et de simple bon sens :

- Pas d'occasion de distraction à portée de main ou de regard.
- Pas de spectacle en face de soi et le mur pour seul miroir.
- Pas de bruit (cf. plus haut).

Un bureau est fonctionnel et pratique.

On ne travaille pas efficacement sur un coin de table. La table de travail sera de grande taille (au besoin on utilisera une planche et des tréteaux), tous les livres sont à portée de main et tout le matériel de travail (stylos, règles, crayons, calculatrice, équerres…) sont toujours au même endroit afin d'éviter de les chercher et donc de se déconcentrer.

Nous pouvons décider, toujours avec l'accord de notre enfant, que son bureau sera vierge de magazines, disques, cassettes, objets personnels n'ayant aucun lien avec le travail… en clair, de tout ce qui pourrait accrocher son regard et faire vaciller son attention. **Si, quand il travaille, il n'existe rien d'autre sur son bureau que ce qui lui est nécessaire, alors sa concentration sera maximale et pourra se maintenir au plus haut niveau.** Mais pour peu qu'une tentation s'offre à lui, il aura le plus grand mal à y résister. Une évidence valable pour nous tous. De même qu'on travaille vite et mieux sur un bureau dégagé, exempt de tout élément perturbateur, de même qu'on est concentré et que notre esprit n'est pas dérangé par une télévision ou une radio allumée, **le bureau de notre enfant doit être CONDITIONNELLEMENT associé au travail.**

Cet environnement suscite notre vigilance. Si nous ne sommes ni responsables ni coupables de l'échec de nos enfants, il y va **de notre responsabilité de parents de lui avoir offert ou non les conditions lui permettant de réussir**.

Dans le même ordre d'idées, **nous respecterons le travail de nos enfants**. Au besoin par la contrainte. On veillera à ce que rien ni personne ne vienne le perturber (frère ou sœur, musique, télévision dans le salon, discussions qu'il pourrait entendre…).

Silence, on travaille !

OUTILS PRATIQUES À MÉMORISER

MODIFIER L'ENVIRONNEMENT *(par Linda Adams)*

Les huit techniques importantes pour aménager et modifier son milieu de façon à satisfaire ses besoins et ainsi prévenir les conflits éventuels avec sa famille et ses proches :

- ***Enrichir :*** *ajouter des objets ou des activités pour rendre son environnement plus intéressant, plus pratique, plus stimulant.*
- ***Agrandir :*** *accroître l'accès, augmenter la disponibilité de l'espace et la fonctionnalité des matériels.*
- ***Dégarnir :*** *supprimer des accessoires, des objets ou des activités. Quand l'environnement est trop stimulant, on peut se sentir submergé par ces demandes et devenir irritable et anxieux. (Ex : ne pas répondre au téléphone, réduire les activités extérieures, baisser le volume de la musique, se détendre…)*
- ***Restreindre :*** *contrôler ou limiter l'accès au lieu de travail (une porte fermée, des objets précieux hors de portée, de vue…).*
- ***Simplifier :*** *rendre son environnement de travail pratique et fonctionnel (une étagère pour les livres qui seront toujours rangés dans le même ordre, des dossiers par matières en traquant les feuilles volantes, des blocs-notes et des cahiers toujours disponibles et identiques, des boîtes d'archivage marquées pour stocker les documents dont on n'a pas besoin pour le moment…).*
- ***Organiser :*** *modifier la place des choses pour les rendre plus accessibles et facilement identifiables (disposer le mobilier de façon à favoriser l'intimité, une chaise de travail de bonne taille pour que le bureau arrive au nombril afin de reposer son dos, s'entraîner à faire table rase de son bureau – avant de se mettre au travail et à la fin des devoirs, disposer de deux trousses avec un matériel identique afin de ne pas chercher constamment un stylo ou un compas – dilution de l'attention …).*
- ***Systématiser :*** *structurer son environnement de manière méthodique afin de disposer d'une efficacité optimale.*
- ***Prévoir :*** *établir un programme de ses futures activités, faire des réserves (ne jamais manquer de papier, de cahiers et de stylos, tenir un agenda de travail avec les heures estimées pour telle ou telle leçon ou révision, prévenir son entourage qu'on est indisponible pendant des moments fixes et anticipés…).*

1 - 13 Afficher des textes motivants

Si la parole s'envole, les écrits restent. Tous les outils que nous proposons tiennent pour une large part de la verbalisation, c'est-à-dire de l'expression, par des mots, de concepts motivants.

L'une des difficultés rencontrées consiste à les apprendre, à les apprendre encore et à les oublier, jusqu'à ce qu'ils deviennent des automatismes et qu'ait disparu l'impression d'une leçon bien apprise. La culture, dit-on, c'est ce qui reste quand on a tout oublié. Nous devons donc nous imprégner de ces conseils, puis les oublier avant de pouvoir les retransmettre après intégration et assimilation.

Autre difficulté que nous rencontrons tous : il nous faut répéter, répéter et répéter encore des mots pratiquement identiques.

Fort heureusement, nous disposons de surfaces vierges qui peuvent facilement se transformer en un dazibao, c'est-à-dire un mur parlant sur lequel sont affichés des textes motivants qui élèvent l'âme, et qui peuvent trouver leur place entre un poster de boys band en vogue et trois photos d'acteurs et d'actrices mythiques. Pourquoi se priver de cet outil de communication qu'on pourrait justifier en prenant une des phrases symboliques de la contestation étudiante de mai 1968 :

« **Rendons la parole aux murs !** »

Devant le plan de travail de notre enfant, n'hésitons pas à afficher, voire à encadrer, quelques maximes qui, si elles ne sont pas lues systématiquement, seront toujours présentes. L'adolescent les enregistrera non consciemment dès que son regard s'échappera de ses devoirs, soit toutes les vingt minutes environ.

Mieux, et cette fois à l'usage de toute la famille, nous pouvons afficher des maximes motivantes dans les lieux d'aisance. Père, mère, frères et sœurs et amis pourront, dans ces endroits de solitude, méditer et mémoriser ce qui est à portée de regard.

Nous avons sélectionné quelques exemples. Il en existe des centaines d'autres, plus pertinents, plus ou moins bien adaptés aux valeurs dont nous sommes porteurs. A chacun, dans les lectures qu'il fera, dans les conférences et débats auxquels il assistera de se constituer sa propre anthologie. Des citations, des histoires, des contes à partager en famille.

Textes à afficher

1. Qu'est-ce que la jeunesse ?

Etre jeune

La jeunesse n'est pas une période de la vie, c'est un état d'esprit, un effet de la volonté, une qualité de l'imagination, une intensité émotive, une victoire du courage sur la timidité, du goût de l'aventure sur l'amour du confort.

On devient vieux parce qu'on a déserté son idéal. Les années rident la peau, renoncer à son idéal ride l'âme.

Les préoccupations, les doutes, les craintes et les désespoirs sont les ennemis qui, lentement, nous font pencher vers la terre et devenir poussière avant la mort.

Jeune est celui qui s'étonne et s'émerveille. Il demande comme l'enfant insatiable : et après ? Il défie les événements et trouve de la joie au jeu de la vie.

Vous êtes aussi jeunes que votre confiance en vous-mêmes. Aussi jeunes que votre espoir, aussi vieux que vos abattements.

Vous resterez jeunes tant que vous resterez réceptifs. Réceptifs à ce qui est beau, bon et grand. Réceptifs aux messages de la nature, de l'homme et de l'infini.

Si un jour votre cœur devait être mordu par la poussière et rongé par le cynisme, puisse Dieu avoir pitié de votre âme de vieillard.

Général Mac Arthur, 1945

Textes à afficher

2. Mon fils / Ma fille

Si tu peux rester calme, alors qu'autour de toi,
Tous ont perdu la tête et crient que c'est ta faute,
Si tu peux croire en toi quand tous doutent de toi
Et rester indulgent à leur manque de foi,
Si tu peux espérer sans jamais te lasser,
Si devant le mensonge tu peux ne pas mentir,
Si te sachant haï, tu sais ne pas haïr,
Et avoir cependant ni l'air trop vertueux ni le parler trop sage,
Si tu peux faire un tas de ce que tu as acquis,
Le jouer d'un seul coup aux dés,
D'un seul coup et le perdre et tout recommencer par le commencement,
Sans jamais à personne souffler mot de ta perte,
Si tu peux obliger ton cœur, tes nerfs, tes muscles,
A te servir encore alors qu'ils sont usés,
Et qu'il ne reste en toi que ta seule volonté,
Qui leur dit : « Tenez bon »
Alors à toi la terre et tout ce qu'elle renferme ; Et tu sera un HOMME mon fils.

Si tu peux voir détruit l'ouvrage de ta vie et sans dire un seul mot te mettre à rebâtir,
Ou perdre en un seul coup le gain de cent parties, sans un geste et sans un soupir,
Si tu peut aimer sans être fou d'amour, si tu peux être fort sans cesser d'être tendre,
Et te sentant haï, ne pas haïr à ton tour, et pourtant lutter et te défendre,
Si tu peux supporter d'entendre tes paroles travesties par des gueux pour exciter des sots,
Et d'entendre mentir sur toi leurs bouches folles sans mentir toi-même d'un mot ;
Si tu peux rester digne en étant populaire, si tu peux rester peuple en conseillant les rois,

Si tu peux aimer tous tes amis en frère, sans qu'aucun d'eux soit tout pour toi,
Si tu peux méditer, observer et connaître, sans jamais devenir sceptique ou destructeur
Rêver, mais sans laisser ton rêve être ton maître, penser sans n'être qu'un penseur,
Si tu peux être dur sans jamais être en rage, si tu peux être brave et jamais imprudent,
Si tu sais être bon, si tu sais être sage, sans être moral ni pédant,
Si tu peux rencontrer triomphe après défaite et recevoir ces deux menteurs d'un même front,
Si tu peux conserver ton courage et ta tête quand tous les autres les perdront,
Alors les Rois, les Dieux, la Chance et la victoire seront à tout jamais tes esclaves nourris,
Et, ce qui vaut mieux que les Rois et la Gloire,
TU SERAS UN HOMME MON FILS

Rudyard Kipling - *If*

---

3. Le courage

« *Vous ne pouvez pas forcer le caractère et le courage en décourageant l'initiative et l'indépendance.* »

« *Vous ne pouvez pas aider les hommes continuellement en faisant pour eux ce qu'ils pourraient faire et devraient faire eux-mêmes.* »

Abraham Lincoln,
Déclaration au Congrès, 1860

Textes à afficher

4. Initiative et création

Jusqu'à ce qu'on s'engage vraiment, il y a une hésitation, un risque de reculade et toujours une certaine inefficacité.

En ce qui touche tout acte d'initiative et de création, il existe une vérité élémentaire qui, si on l'ignore, tue dans l'œuf d'innombrables rêves et des projets magnifiques : à l'instant même où on décide vraiment, la Providence entre dans la danse.

Toutes sortes d'incidents imprévisibles découlent de votre décision et provoquent en votre faveur toutes sortes d'imprévus, de rencontres et d'aides potentielles tels que nul homme n'aurait jamais pu rêver en croiser sur sa route.

W.N. Murray,
Scottish Himalayan Expedition

5. La force est en nous

Une vielle légende hindoue raconte qu'il y eut un temps où tous les hommes étaient des dieux. Mais ils abusèrent tellement de leur divinité que Brahmâ, le maître des dieux, décida de leur ôter le pouvoir divin et de le cacher à un endroit où il leur serait impossible de le retrouver. Le grand problème fut donc de lui trouver une cachette.

Lorsque les dieux mineurs furent convoqués à un conseil pour résoudre ce problème, ils proposèrent ceci : « Enterrons la divinité de l'homme dans la terre. » Mais Brahmâ répondit : « Non, cela ne suffit pas, car l'homme creusera et la trouvera. »

Alors les dieux répliquèrent : « Dans ce cas, jetons la divinité dans le plus profond des océans. »

Mais Brahmâ répondit à nouveau : « Non, car tôt ou tard,

l'homme explorera les profondeurs de tous les océans, et il est certain qu'un jour, il la trouvera et la remontera à la surface. »

Alors les dieux mineurs dirent : « Nous ne savons pas où la cacher car il ne semble pas exister sur terre ou dans la mer d'endroit que l'homme ne puisse atteindre un jour. »

Alors Brahmâ dit : « Voici ce que nous ferons de la divinité de l'homme : nous la cacherons au plus profond de lui-même, car c'est le seul endroit où il ne pensera jamais à chercher. »

Depuis ce temps-là, conclut la légende, l'homme a fait le tour de la terre, il a exploré, escaladé, plongé et creusé à la recherche de quelque chose qui se trouve en lui.

1 - 14 Favoriser la vie extrascolaire

De même qu'au début de cet ouvrage nous avons évoqué notre « métier de parents », nos enfants exercent, à leur façon, un véritable « métier ».

Le **« métier de collégien »** ou le **« métier de lycéen »** a pourtant ceci de différent qu'**il est obligatoire.** Ce « métier » leur est imposé et il est le même pour tous. Autant nous avons choisi, pour la plupart d'entre nous, d'être parents, d'exercer telle ou telle profession selon nos aptitudes, nos compétences ou notre goût, autant eux n'ont rien choisi du tout. Et surtout pas d'aller à l'école, au collège, au lycée. **Sans compter que dans ce métier-là, le chômage n'existe pas.**

Autre particularité du « métier d'élève », **il n'existe qu'une seule façon de l'exercer pour des millions de personnes différentes**. Un même programme pour tous, avec un nombre d'étapes identiques pour tous (classes), avec les mêmes passages obligés et les mêmes examens. Notre système éducatif, au nom de vertus généreuses que personne ne conteste, repose sur l'égalitarisme et prône l'égalité des chances pour tous. En cela, il est humaniste, démocratique et républicain.

Il présente toutefois une grande singularité par rapport

aux systèmes éducatifs de nos voisins : son unitarisme symbolisé par « le tronc commun ». De la sixième à la troisième, tous, oui, tous les enfants suivent le même programme, acquièrent les mêmes connaissances, ont le même nombre d'heures de cours par matière et sont jugés sur des critères identiques.

Cette notion égalitariste perdure même si, de réforme en réforme, se met en place un nouveau système plus individualisé.

Il y a une vie après l'école, il y a une vie à côté de l'école. Autrement dit, il y a la vie, et dans la vie de nos enfants, il y a l'école. A nous de le démontrer.

Proposer à son enfant des activités qui, à la différence de la scolarité, ne sont pas imposées, c'est en effet lui permettre de choisir, d'exprimer un désir, de se faire d'autres amis dans un autre environnement, de se construire un autre projet. Personnel et donc motivant. Toute activité extrascolaire, qu'elle soit culturelle, intellectuelle, manuelle, sportive… ouvre un nouveau champ de compétence à notre enfant. Elle lui permet de se réaliser et éventuellement d'identifier un véritable projet de vie.

L'école ne sera alors plus vécue uniquement comme une contrainte mais comme un lieu d'apprentissage exceptionnel possible, utile pour un projet. En inscrivant la « phase scolaire » dans un contexte plus large, on permettra à notre enfant de comprendre que dans chaque activité, dans n'importe quelle activité, il est préférable de planifier, de répéter, de s'entraîner et que pour réussir il faut être performant. Et pour être performant, être motivé. Nous pourrons utiliser des comparaisons simples et parlantes pour nos enfants entre la vie scolaire et la vie extrascolaire. Ainsi, pour réussir un bon service au tennis, ne convient-il pas de répéter les mêmes gestes et de s'entraîner des centaines de fois pour que les automatismes se mettent en place ? Quid alors des calculs de fonctions en mathématiques ? C'est en reproduisant la même logique sous des formes légèrement différentes des dizaines de fois qu'elles perdront de leur inaccessibilité pour devenir des camarades de jeux.

C'est souvent parce que la scolarité paraît coupée de la

réalité et qu'elle semble « ne servir à rien pour plus tard » qu'elle est vécue comme une exigence vide de sens. A nous, en soutenant, voire en sollicitant, un engagement dans une activité ludique, de permettre à nos enfants d'apprendre à vivre la scolarité comme une opportunité.

1 - 15 Soutenir la motivation par l'alimentation

Les compétences scolaires de nos enfants sont étroitement liées à leur hygiène de vie en général, à leur alimentation en particulier. Toutes les recherches médicales démontrent, preuves à l'appui, que **l'apport alimentaire est un facteur déterminant** pour l'assimilation de l'information par notre enfant. Il conditionne sa capacité à percevoir avec justesse, il assure et maintient son attention, favorise et active sa mémoire. La Fontaine n'apprend-t-il pas à nos enfants que *« ventre affamé n'a pas d'oreilles »* ?

Cinq besoins fondamentaux ont été mis en évidence par Abraham Maslow sous la forme d'une pyramide qui porte son nom, du plus basique au plus élaboré : Survie, Sécurité, appartenance Sociale, estime de Soi, Se réaliser. La nourriture appartient au premier, celui qui conditionne tous les autres, la survie.

Nous sommes toujours frappés lors de nos séances de « MOTIVATION JEUNES », lorsque nous interrogeons les enfants et les adolescents sur leur hygiène alimentaire, sur leur manque d'appétit, le matin notamment. Près de deux enfants sur trois partent pour l'école le ventre vide. C'est tout juste s'ils ont pris le temps d'avaler… « un verre de Coca » ! A nos questions, la réponse est presque toujours identique : « je n'ai pas le temps, je n'ai pas faim ».

Il est aujourd'hui établi qu'un enfant qui n'a pas pris de petit-déjeuner, c'est-à-dire qui n'a rien ingurgité depuis la veille, **ne peut physiquement rien entendre entre 11 heures et 12 heures 30. Et encore moins comprendre.**

Là encore, il y va de notre responsabilité de parents. C'est à nous à veiller à ce que nos enfants se nourrissent et qu'ils se nourrissent bien. Il est capital que notre enfant parte, comme une voiture, avec assez de carburant pour toute la matinée. Mais comment faire s'il refuse ? Comment le contraindre ? Réponse : surtout en évitant de le contraindre mais en le motivant !

Comme le travail et comme la réussite, l'alimentation est affaire d'entraînement. Puisque certains enfants ont perdu cette habitude, à nous de la leur réapprendre… par le plaisir. C'est ainsi qu'on pourra, au début, lui demander ce qui lui ferait vraiment envie, quitte à y mettre le prix – un pain au chocolat frais, un croissant… – et à s'y prendre dès la veille. Lorsqu'il aura réappris le mécanisme du petit déjeuner et le plaisir qu'il procure, le premier repas de la journée ne sera plus une épreuve. Il sera redevenu un automatisme. Ne pas faire l'impasse non plus sur les jus de fruits frais qui « dopent ».

Si notre enfant n'a pas faim le matin nous mettrons dans son sac ou son cartable des tablettes de céréales, de la pâte d'amande… ou l'argent nécessaire pour qu'il s'achète une barre chocolatée à la récréation.

En outre, il ne faut pas oublier les produits « dopants » faciles à transporter et à grignoter et qui permettent d'éviter le coup de barre et le coup de bambou : *les fruits secs* (raisins, abricots, figues…) et les fruits oléagineux (amandes, noisettes, noix…).

Outils pratiques à mémoriser

On évitera de dire systématiquement	et on dira le plus souvent
J'exige que tu prennes ton petit déjeuner !	*Bien déjeuner le matin est capital. Je l'ai encore lu la semaine dernière (ou vu un reportage à la télévision sur l'alimentation). Je propose que nous fassions tous un effort. Que proposes-tu ? Qu'est-ce qui te ferait vraiment plaisir? (Utiliser les publicités télévisées sur les nouveaux produits frais énergétiques.) Et si on essayait ?*
Tu ne vas pas partir le ventre vide !	*Je crois que tu as perdu l'habitude de prendre un petit déjeuner consistant. Nous aussi, par manque de temps et parce que le matin, on court toujours après le temps. Et si nous décidions de prendre ce temps qui nous fait défaut. En plus, on pourrait échanger quelques mots sur la journée qui s'annonce.*

1 - 16 Jouer avec ses enfants

« Au lieu de jouer avec tes jeux vidéos, tu ferais mieux de lire ! », « Comment peut-on jouer à des jeux si stupides et qui n'apportent rien ? », « A ton âge, je lisais (ou « j'aurais dû lire)... »

Et si, pour une fois, au lieu de juger, on essayait de jouer avec eux ? Nous installer à côté de nos enfants et partager pendant un court moment la même activité. La leur. Et pourquoi pas un jeu vidéo? Et cela malgré notre répugnance qui rime avec ignorance. De même qu'on admet qu'il n'y a pas d'amour mais des preuves d'amour, il n'y a pas d'attention mais des preuves d'attention qu'on porte à nos enfants. Et surtout dans leurs jeux que, la plupart du temps, nous leur avons achetés pour justement leur faire plaisir.

Sans pour autant nous déplacer en rollers, jouer de la crosse dans les rues, taper dans des ballons ou atteindre systématiquement le niveau quatre de tous les jeux électroniques, nous pouvons faire un petit pas en direction de nos enfants, de ce qui les passionne et mobilise à ce point leur attention.

C'est ce qu'on appelle en programmation neurolinguistique (PNL) « entrer dans la vision du monde de l'autre ».

En consentant à ce qui nous paraît comme un effort insurmontable, nous ne risquons qu'une chose : apprendre. Et surtout nous donnons l'occasion à notre enfant de nous enseigner quelque chose tout en lui démontrant que ce qui est important pour lui ne nous laisse pas indifférent. L'accompagner dans ses jeux, ses passions, ses désirs, c'est partager un peu de sa vie. C'est aussi chercher à comprendre son mode de fonctionnement, ses valeurs, ce qui l'intéresse véritablement.

C'est ainsi que dans l'une de nos séances, un père particulièrement réfractaire aux jeux électroniques a pu découvrir la grande capacité de persévérance et de concentration de son fils. En jouant avec lui, il a découvert une qualité de plus de son enfant. Cette révélation lui a permis de le complimenter sincèrement et de s'apercevoir que son fils, qu'il rangeait jusqu'alors dans la catégorie des futiles, pouvait, de temps en temps, et pour peu que son intérêt soit sollicité, marquer la même concentration pour quelques matières scolaires. En entrant dans le monde de son enfant, il a réappris à le connaître et il a trouvé des preuves qu'il pouvait être fier de lui. Le regard du père sur son fils et le regard du fils sur son père ont changé.

Ce renversement des rôles nous permettra de valoriser chez lui son désir de partager, de protéger et d'enseigner. D'élève, il devient maître, celui qui sait en face de celui qui ne sait pas. Il peut enfin nous apprendre quelque chose ! Et nous risquons fort, en le regardant, de nous reconnaître nous-mêmes.

Alors, parents, à vos manettes !

Outils pratiques à mémoriser

On évitera de dire systématiquement	et on dira le plus souvent
Arrête de jouer à ces jeux débiles !	*Est-ce que tu pourrais m'apprendre comment cela fonctionne ? Tu sais que je ne suis pas doué, mais je suis convaincu que si tu acceptais de m'initier, je deviendrais meilleur.*
A force de faire du roller dans les rues, tu vas finir par avoir un accident.	*Quand j'avais ton âge, j'aimais bien faire du patin. Malheureusement, je crois qu'aujourd'hui je me casserais la figure. Un dimanche tu pourrais essayer de m'apprendre, mais dans un endroit pas trop dangereux. Une chose est sûre, vous allez tous pouvoir rigoler. Mais pour vous je veux bien braver le ridicule.*
Encore un cadeau de plus !	*J'ai finalement acheté les cerfs-volants que vous vouliez. J'ai toujours voulu en faire depuis que je suis petit. Mais mes parents trouvaient cela inutile. Et si vous nous appreniez à votre mère et à moi ?*
Arrête de passer ton temps sur Internet. Tu vas t'abîmer les yeux et en plus cela nous coûte une fortune.	*Dis donc, tu es drôlement fort sur Internet. Penses-tu que je pourrais moi aussi envoyer des messages ? J'ai besoin de renseignements sur ce sujet. Comment m'y prendre ?*

ETAPE 1

Pour motiver mon enfant je décide que :

- **Je l'aide à se fixer ses propres objectifs réalistes et atteignables.**
- **Je l'aide à déterminer la valeur, sa confiance et ses moyens.**
- **Je prends garde à ce que ses objectifs soient concrets.**
- **Je suis attentif et n'accepte pas des discours de motivation sélective.**
- **Je ne suis pas responsable des résultats (échecs) de mon enfant.**
- **Je sais que le plus important est qu'il agisse.**
- **Je connais parfaitement ses résultats pour mieux le comprendre.**
- **Je tente de l'aider à changer sa stratégie.**
- **J'identifie les formes de démotivation de mon enfant.**
- **Je motive par le manque.**
- **Je fais avec lui des bilans objectifs et justes.**
- **Je crée avec lui son environnement de travail.**
- **J'affiche des textes motivants.**
- **Je favorise sa vie extrascolaire et l'utilise pour le motiver à l'école.**
- **Je soutiens sa motivation par une alimentation adéquate.**
- **Je joue avec lui pour mieux le connaître et mieux le motiver.**

ETAPE 2

« En route vers les victoires »

ENCOURAGER LES PROGRESSIONS

VALORISER LA PERFORMANCE

ETAPE 2

« En route vers les victoires »

ENCOURAGER LES PROGRESSIONS

VALORISER LA PERFORMANCE

2 - 1 Croire dans sa capacité de progression

Comme nous, et vraisemblablement plus que nous, nos enfants s'interrogent. Sans nous le dire – ce serait trop simple – ils nous questionnent, nous testent et nous mettent au défi de répondre à des questions non formulées.

Avant tout, ils désirent être rassurés parce qu'ils ont peur. Et se rassurer eux-mêmes parce qu'ils doutent.

Derrière l'adolescent qui nous affirme, péremptoire, que l'école n'est pas faite pour lui, on retrouve presque toujours notre petit enfant qui nous appelle et nous demande : « dis, est-ce que tu crois vraiment que je peux réussir ? ». Question qui recèle une autre question : « dis-moi, **toi qui me connais**, que je suis capable et que je vais y arriver ! ». C'est l'une des principales questions que se posent nos enfant. Autrement formulée, cette question est : « as-tu confiance dans ma capacité à grandir ? ». A devenir un homme, une femme.

Nous proposons d'anticiper cette interrogation, cette « question de confiance » et de la repérer, quelle que soit sa forme, de la plus anodine à la plus virulente. C'est de notre capacité à identifier, à détecter cet appel implicite que dépendront en grande partie la pertinence et l'efficacité de notre réponse.

Et comment répondre à une question de confiance autrement qu'en accordant sa confiance ? La confiance, nous le verrons plus en détail au cours de l'Etape 5, est un fantastique démultiplicateur de capacités et donc de réussite.

Plus nous serons nous-mêmes persuadés que notre enfant peut progresser, plus il progressera.

Notre conviction, notre certitude, notre croyance, tout doit concourir vers cette unique vérité : **notre enfant est capable de progresser**. C'est ouvrir avant lui et pour lui le champ du possible qui fonde toute action.

Nous nous trouvons sans doute là devant l'une des clefs de la motivation. Si nous ne devions retenir qu'un seul outil parmi la centaine que nous proposons dans ce livre pour motiver nos enfants, ce serait sans doute celui-là. En effet, sans cette confiance qui fonde la relation parents/enfant, notre enfant se trouvera en face d'un risque de démotivation chronique.

En outre, **il est possible qu'il ne trouve personne d'autre que nous pour croire en lui**.

Le temps n'est plus où l'instituteur et le curé du village, les deux pôles du savoir de la France rurale, repéraient, qui au sein de sa classe, qui sous le préau du patronage, un enfant qui sortait du lot et auquel on accordait une bourse ou l'entrée au petit séminaire. En cela, et parce qu'ils se substituaient à des parents ignorants de la chose scolaire, financièrement démunis pour assumer une scolarité coûteuse ou simplement trop occupés à assurer la survie de la famille, ils assumaient ce rôle qui nous est demandé aujourd'hui. C'est bien parce qu'ils étaient convaincus des capacités que l'enfant recelait en lui, qu'ils lui ouvraient les portes du savoir.

La plupart des enseignants ont conservé cette dimension projective et visionnaire de l'éducation et cherchent à détecter, en chaque enfant qui leur est confié, ce « diamant » qui est caché en lui. Ce qui fait qu'il peut se dépasser et trouver une orientation qui réponde à ses aptitudes et son inclination et non une orientation imposée en fonction de critères statistiques (remplissage indispensable de classes sous peine de fermetures rectorales, décisions ministérielles de filières à privilégier, disponibilité des enseignants par sections…).

Classes surchargées, multiplication des filières, fractionnement par matières, emplois du temps incompatibles, salles des professeurs désertées… il est désormais possible que des enseignants « passent à côté » de nos enfants. Sans le vouloir, ils ne lui accordent pas le soutien et la confiance individualisés qui leur permettraient de se transcender.

Nous pouvons aider les enseignants en devenant les supporters de nos enfants.

Sans devenir pour autant des inconditionnels aveugles, béats d'admiration, niant la réalité objective. Comme le conseillait Françoise Dolto, nous devons éviter de tomber dans « le piège de l'adulation ».

« **Avoir confiance dans la capacité de progression de son enfant** », c'est le contraire d'avoir des œillères. C'est le choix d'**une option positive**. Elle peut induire de réelles avancées. Encore conviendra-t-il de la moduler et de l'adapter en fonction de résultats concrets.

Pas question de troquer notre uniforme de « sceptique de nature » contre celui de « zélateur fanatique ».

Il existe un moyen de renforcer en nous cette croyance positive au quotidien, en repérant très tôt chez nos enfants les changements qui s'opèrent en eux. Les étapes qu'ils franchissent, les victoires.

Les « déclics de motivation »

Chaque jour, en classe, des « déclics de motivation » se produisent. Un professeur est parvenu à transmettre à son élève sa conviction qu'il possédait tous les outils nécessaires à la réalisation du problème qui lui était posé, que seule manquait la confiance. Lorsque notre enfant, après avoir tâtonné, s'être trompé et recommencé, comprend enfin, le « déclic de motivation », si court soit-il, apparaît comme une lumière fulgurante. Tout ce qui ne fonctionnait pas se met à fonctionner. Comme par enchantement. Les pièces éparses du puzzle s'assemblent, les engrenages s'articulent. Notre enfant vient de remporter une victoire sur lui-même. Il a pris conscience, par une réussite même infime, de sa progression d'abord, de sa capacité à progresser ensuite.

La pédagogie que nous proposons repose sur ce postulat : **tous les enfants peuvent réussir à condition que nous soyons nous-mêmes convaincus qu'ils peuvent réussir**. Reste à définir la réussite, laquelle ne passe pas nécessairement par la réussite scolaire.

Encore une fois, il s'agit là d'une approche pragmatique. Nous pouvons – nous devons – essayer d'appliquer ce postulat de confiance, ce préjugé favorable, cet éclairage résolument positif et optimiste sur la capacité de progresser de nos enfants. Que les déceptions, erreurs et échecs – inéluctables – ne dissoudront pas. Tout juste nous serviront-ils à adapter notre stratégie. Sans modifier notre certitude.

Un enfant motivé est un enfant qui sait que quelqu'un croit en lui. A nous d'être ce quelqu'un là !

Outils pratiques à mémoriser

On évitera de dire systématiquement	et on dira le plus souvent
Tu n'es vraiment pas doué. A croire que tu le fais exprès !	*J'ai confiance en ta capacité de progresser. Je sais que c'est difficile, mais je sais aussi que tu vas progresser petit à petit.*
Attention ! Si tu ne passes pas en 1re S, finies les études supérieures.	*N'aie pas peur. Il te reste deux mois et trois notes en mathématiques. Je suis convaincu que tu peux faire progresser tes résultats. Tu peux y arriver.*
Qu'est-ce qui m'a donné un fils/une fille pareil(le) ?	*De quoi as-tu besoin ? Comment t'aider ?*
Fais un effort !	*Qu'est-ce que tu a ressenti et fait quand tu as réussi ? Comment retrouver ce plaisir-là et cette méthode qui t'a permis de réussir ?*

2 - 2 Encourager les plus infimes progressions

Tout comme traquer systématiquement les bonnes notes de nos enfants et les raisons d'être légitimement et véritablement fiers d'eux, encourager les plus infimes progressions est l'une des clefs de la motivation, l'un des ressorts de la restauration d'une confiance qui, par manque d'engrais ou d'entraînement, s'est appauvrie au fil du temps. Moins nous avons confiance en notre enfant, moins il a confiance en nous. Cet outil, exclusivement fondé sur le bon sens, un outil somme toute assez simple et peu coûteux en énergie, produira un maximum d'effet dans un minimum de temps.

On pourrait résumer d'une façon simple : **ne pas regarder la route qui reste à faire mais celle qui a déjà été parcourue.**

Notre tendance naturelle nous porte à ne jamais être satisfait du présent en regard de l'avenir qui nous attend. Très souvent, pour nos enfants comme pour nous-mêmes, nous occultons, nous gommons, les efforts fournis pour se focaliser sur l'impossible réussite et les efforts incroyables qu'elle nécessite. Eperdus dans une fuite en avant qui jamais ne cesse, nous restons le nez sur le guidon dans l'attente du col à franchir et nous comptons pour presque rien le chemin qui sépare le début de l'action et le moment actuel. Comment retrouver alors l'énergie motivante, qui par comparaison, nous portera vers le sommet ? «Puisque je suis déjà arrivé là, je pourrais peut-être arriver plus haut.»

Regarder le chemin parcouru n'est pas une fin mais un moyen pour donner l'envie et le courage de continuer.

Ainsi n'est-il pas rare, alors que nous nous croyons devant un mur infranchissable, qu'un parent, un ami, un collègue de travail remette en perspective notre positionnement actuel par rapport à l'état dans lequel nous nous trouvions quelques semaines, quelques mois plus tôt. Cette prise de conscience, comme un déclic, nous permet de puiser en nous les ressources que nous croyions ne plus avoir.

Ce qui est vrai pour nous l'est encore plus pour nos enfants qui ont une tendance naturelle à se décourager plus vite. Par manque d'entraînement et par manque de confiance. Le courage est affaire de dosage. Plus l'objectif paraît lointain et inatteignable, plus nous risquons de nous décourager, c'est-à-dire ne plus croire en nos capacités à réussir. En revanche, une comparaison juste, réaliste et sans concession de ce que nous avons déjà fait, nous permet de reprendre force et de fournir le dernier effort pour la dernière ligne droite.

Les progressions de nos enfants peuvent porter sur les

résultats scolaires (notes, bulletins, carnets, examens...) et sur les comportements à la maison (insolence, indolence, égoïsme, communication...).

Attachons-nous dans un premier temps aux résultats scolaires.

La progression des résultats scolaires

Quand un enfant obtient un 4 sur 20 alors que sur le dernier bulletin il n'avait obtenu que 2, nous pouvons fort bien estimer que ce n'est pas suffisant, qu'il demeure très faible et nous anticipons que ce résultat insuffisant lui interdira l'accès à la classe supérieure. Encore une fois, c'est ce que nous nous racontons, avec notre « radio mentale » qui nous empêche de voir la fantastique progression de notre enfant. Oui, nous pouvons choisir que le 4/20 n'est rien en regard de ce que les professeurs attendent de lui. Et nous de lui. Nous pouvons choisir de ne pas être satisfaits. Inutile de disserter sur les réactions négatives qu'un tel comportement engendrera sur notre enfant : doute, confiance en soi réduite à néant, sentiment de toujours décevoir, injustice à l'égard des efforts réels non reconnus, l'inutilité du travail qui-de-toutes-façons-ne-sera-jamais-suffisant...

Mais nous pouvons aussi faire le pari inverse. Choisir de centrer toute notre attention sur cette progression. Il ne tient qu'à nous de penser et de dire que passer de 2 à 4, c'est pratiquement et concrètement avoir doublé sa note. Un peu comme si, entre deux examens, notre enfant était passé de 10 à 20. Avec en plus cette notion toujours présente en nous qu'il est bien plus difficile de passer de 2 à 4 que de 10 à 12 tant les notes basses comportent en elles le sentiment de ne pas pouvoir faire mieux. Autant le 10, c'est-à-dire cette sacro-sainte moyenne, est un point de départ valorisant, autant un 2, par la charge émotionnelle négative qu'il contient, est dévalorisant et synonyme de nullité.

A ce propos on relèvera que toutes les notes sont interprétées sur la base du 10, véritable note étalon de ce qui est bien, de ce qui est suffisant et de ce qui est mal. Comme nos enfants, nous sommes aveuglés par ce nombre à deux chiffres oubliant qu'il est une note comme les autres. En ne normativant systématiquement pas le 10, nous pourrons aider nos enfants, avec le temps, à le franchir et le dépasser.

Retirons au 10 sa valeur de couperet et acceptons que passer d'une moyenne de 2 au premier trimestre à 8 en fin de troisième trimestre est une très grande victoire.

Nous devons souligner toutes les progressions, ne jamais les laisser passer. Par risque de les oublier. Un point de moyenne en hausse, ce n'est peut-être pas suffisant, mais c'est une progression.

Certains professeurs ne s'y trompent pas. Au cours d'une de nos séances de motivation, un enfant nous a rapporté, éberlué, la remarque d'un de ses professeurs de français. Il avait été cité en exemple et félicité devant toute sa classe parce qu'il avait obtenu… 2,5 en dictée. Il faut dire que depuis le début de l'année sa meilleure note avait été 0, sans compter les points négatifs qu'on ne note pas sur le carnet mais qui apparaissent sur les corrections (de – 50 à – 10). L'attitude de ce professeur était motivante. En soulignant cette réussite, il rendait notre élève fier de sa progression. Et partant, désireux de tout mettre en œuvre pour qu'elle se reproduise dès la prochaine dictée. Pour la première fois, il était sorti des limbes abyssales des notes négatives pour franchir la barre de nullité irréfragable : celle du 0 pointé.

Célébrer les toutes petites victoires, rappelons-le, prouve à notre enfant que nous avons une très bonne connaissance de ses notes et des efforts mis en place pour les obtenir. **Ce n'est pas la note elle-même qui est importante, c'est la note replacée dans son contexte, une note par rapport à un avant et un après, une note par rapport à lui.**

Dans le même ordre d'idée nous pouvons faire appel à des réussites extrascolaires. Ainsi notre enfant plafonne-t-il en mathématiques et est persuadé que la progression est impossible. Pourtant, depuis trois ans qu'il a commencé ses cours de karaté, il est reconnu par son entraîneur et ses camarades comme quelqu'un de performant et même de prometteur. Pourquoi ne pas se servir de cet exemple en « modélisant » sa réussite sportive ? Des questions sous la forme de *« rappelle-toi quand tu as commencé le karaté, tu croyais ne jamais y arriver, tu as même voulu abandonner. Tu te disais « c'est trop dur, ils sont plus forts que moi et je serai toujours battu. Qu'en est-il aujourd'hui ? Qu'est-ce que tu t'es dit, qu'est-ce que tu as fait concrètement pour devenir l'un des meilleurs ? Tu es allé régulièrement à l'entraînement* ***même quand il pleuvait****, tu as commencé par une victoire tous les cinq combats, tu t'es dit que les autres n'étaient pas si forts que ça… »*

La progression du comportement en classe

Les notes, nous le savons, ne sont pas le seul critère d'évaluation des progressions. Les mauvaises notes sont presque toujours le fruit de comportements inadaptés, d'un manque d'écoute en classe et donc de dissipation.

Quand nous regardons un carnet scolaire, nous nous centrons sur la colonne des notes, des moyennes et des résultats de la classe. Selon que notre enfant sera un peu au-dessus ou en dessous de la moyenne, nous modulerons notre réaction. Nous oublions très souvent de regarder la colonne gauche, des comportements. Pour peu que nous ayons affaire à des enseignants consciencieux, intelligents et pédagogues, et qui n'utilisent pas abusivement cet espace de parole par des remarques grinçantes, voire une ironie hors de propos, cette colonne de comportements est riche d'enseignements. En effet, derrière le traditionnel « peut mieux faire », nous pouvons y voir la confiance du professeur dans les capacités de notre enfant à progresser, derrière le « des efforts au second trimestre, mais attention », des encouragements pour l'effort déjà fourni et l'attention portée aux derniers mois, derrière le « bravo ! continuez ! » une fantastique occasion de féliciter et de complimenter notre enfant.

De même la disparition de remarques du professeur sur le carnet de correspondance pour tel ou tel oubli de livre ou de cahier ou pour devoir non fait, la disparition des colles pour retard ou leçons non sues, sont autant de signes d'une progression du comportement en salle de classe et dans l'établissement scolaire. Il faut aussi relever cette progression, la complimenter et en faire l'occasion d'un message d'appréciation : *« j'ai remarqué que tu travaillais plus et étais moins dispersé »*, *« cette semaine tu m'as vraiment impressionné(e), je ne m'attendais pas à ce que en fasses autant »*, *« pas un seul mot sur ton carnet, j'apprécie vraiment ton changement de comportement »*, etc.

La progression du comportement à la maison

L'attitude à la maison, le comportement avec ses frères et sœurs, l'intérêt porté à la vie en commun, le partage des tâches ménagères, le sourire et la gentillesse, autant de changements qui méritent d'être remarqués, verbalisés et félicités. La séparation entre le comportement en classe et le comportement en famille est une illusion. Il est patent que si le comportement de notre enfant est déplaisant à la maison, il sera jugé comme tel en classe. Le comportement n'étant que le signe apparent d'un état d'être ou de mal-être, tout changement, toute progression seront aussi un signe.

Là encore, nous pourrons utiliser les messages d'appréciation comme : *« tu as mis la table sans que je te le demande, je suis content et j'ai pu me reposer »*, *« tu as été très gentil avec ton frère et vous vous êtes moins battus, j'ai vraiment apprécié que vous vous entendiez si bien »*, *« comme ça me fait plaisir quand tu souris, j'ai l'impression que tu es heureux et ça me réchauffe le cœur »*, etc.

On peut aussi relever des progressions et féliciter dans divers registres :

- **le développement intellectuel ;**
- **la façon d'étudier ;**
- **la méthodologie ;**
- **la perspicacité ;**
- **le talent de rédaction ;**
- **l'habileté à poser des questions pertinentes ;**
- **sa façon de faire des commentaires réfléchis et de mener une conversation[10].**

---

1. Jan L. Dargatz, *52 Façons d'aider votre enfant à mieux réussir à l'école*, Ed. Un monde différent.

En résumé, en choisissant d'observer avec lucidité, objectivité et pertinence les changements réels de comportement de notre enfant, en faisant le pari qu'il progresse et qu'une mutation positive s'opère en lui, en lui renouvelant notre confiance et notre attention par des messages d'appréciation, nous devenons nous-mêmes acteurs de son changement.

Outils pratiques à mémoriser

On évitera de dire systématiquement	et on dira le plus souvent
De 2 à 4, décidément tu te confines dans la nullité !	*2 à 4, c'est super ! Tu as doublé ta moyenne. Je suis convaincu que tu peux continuer sur ce très bon départ.*
L'examen devait être facile !	*Tu as forcément mis quelque chose en place pour réussir. Comment as-tu fait ?*
C'est pas mal, mais ce n'est pas suffisant.	*Tu as progressé, tu dois être heureux. Je le suis aussi.*
Ton bureau est un peu mieux rangé, mais ta chambre reste un vrai capharnaüm.	*J'ai apprécié que tu aies rangé ton bureau. Tu dois y être mieux pour travailler. Quand tu auras le temps, et si tu veux que je t'aide, on aménagera ta chambre.*
Qu'est-ce qui se passe aujourd'hui ? Tu ne t'es pas disputé avec ta sœur. Tu es malade ?	*Comme je suis content que vous vous disputiez moins. C'est reposant et on peut se parler.*
Tu passes de 2 au 1er trimestre à 8 au 3e. C'est le moins que tu puisses faire et de toute façon ce n'est pas suffisant.	*Je suis très fier de ta progression. Tant pis si tes professeurs te recalent à cause de ça. Moi, je suis sûr que l'année prochaine tu progresseras encore. Bravo !*

2 - 3 Oser le courage de dire non

Par facilité, par lassitude, parce que nous ne possédons pas le mode d'emploi de ces enfants qui sont appelés à devenir des hommes, nous nous laissons porter par la vague du moment. A certains instants, selon l'humeur du moment, selon la journée que nous venons de passer et en fait sans vraiment savoir pourquoi, nous disons non. Ou bien oui. Souvent, à une même question, à un même comportement, à une même attitude, nous disons une fois oui et le lendemain nous disons non. Sans cohérence, sans véritable implication. C'est parce que « c'est ainsi et pas autrement ». Parce que nous le disons et que rien ne peut ni ne saura nous faire changer d'avis.

Mais il arrive aussi que nous disions oui à une demande de nos enfants alors que nous voudrions au fond de nous la refuser. Fréquemment cette envie de dire non, non exprimée, entraîne chez nous une relative anxiété. Comme une peur de ne pas être aimé. Alors on acquiesce pour démontrer qu'on est aimable, agréable, coopératif. En un mot : qu'on est des parents « sympas », des parents « modernes ». Mais naît en nous un sentiment d'impuissance, de laxisme et d'être « dépassé par les événements ». Combien de fois n'avons-nous pas reculé, cédé en face d'une demande qu'on ressentait en nous comme parfaitement inacceptable ?

Arrêtons-nous un instant et observons tout ce qu'il y a d'incohérent dans un refus non justifié ou une acceptation donnée à contrecœur, privés d'explication et donc privés de sens pour celui ou celle qui les reçoit. Et que dire d'une réponse tantôt négative tantôt positive face à un même comportement sinon qu'elle introduira le doute et donnera à notre enfant la tentation de tout entreprendre pour que notre non devienne oui, puisque nous avons auparavant accepté ce que nous refusons aujourd'hui.

Nous savons tous que les enfants sont sensibles, plus que nous, au sentiment d'injustice. C'est même la première valeur qu'ils sont le plus prompts à afficher et qui les fait le plus cruellement souffrir. Des adultes, ils peuvent supporter beaucoup, hormis l'injustice. Et ce qui est ressenti comme injuste vient essentiellement d'un déficit d'explication. Rien ne leur est plus insupportable qu'une vérité assénée au nom de vertus suprêmes. Une vérité non justifiée, sans un mot qui lui donnerait logique, cohérence et sens. Aussi pour le bien de nos enfants faut-il que **notre non soit non et que notre oui soit oui !**

La personnalité de notre enfant se construit notamment sur nos refus. Comme des limites que l'on pose, ce sont de vrais repères, des points d'ancrage sur lesquels il construira peu à peu l'échafaudage de sa personnalité. Les non qui sont autant de limites infranchissables, malgré l'effet parfois désagréable au moment où ils sont proférés, deviendront les garde-fous, les guides, qui aideront nos enfants à construire leur propre image du monde.

Ces limites, nos enfants chercheront tout naturellement à les repousser et à tester notre solidité et la force de nos convictions. **Tout comme nous, parents, l'avons fait avant eux**.

Encore faut-il avoir déterminé le champ d'application de notre non. Selon qu'il portera sur des valeurs ou des besoins, selon qu'il sera négociable ou décidément non négociable, il aura une portée différente. Mais quel que soit le cas, notre refus exige de s'impliquer personnellement. **Il doit être justifié, expliqué, répété et identique**. C'est en effet à nous, et souvent au père, qu'il incombe d'expliquer le sens de la loi, le sens de la règle.

S'impliquer personnellement, c'est dire : « **Je te dis non, moi je sais pourquoi et je te dis pourquoi, et je peux te l'expliquer encore si tu n'as pas compris.** »

Comme nous l'avons vu plus haut, selon qu'il s'agira d'un conflit de besoin ou d'un conflit de valeur, notre réponse sera modulable, plus ou moins négociable. A la différence du besoin qui est clairement et facilement identifiable parce qu'il repose sur quelque chose de concret, la valeur est un concept. C'est une construction humaine qui permet de régir la place de l'homme au sein de sa communauté, puis des communautés entre elles.

Est une valeur ce qui nous fera dire : « à 15 ans, je ne veux pas que tu sortes seule le soir et rentres à six heures du matin », « le tabac est nocif, je ne veux pas qu'on fume à la maison », « rien n'est plus odieux que le mensonge, c'est une trahison », « je hais le racisme et toute intolérance quelles que soient sa forme et son expression »… On comprend bien que devant de telles situations, fussent-elles le fruit d'une construction de l'esprit, les parents sortent le carton rouge « non négociable ».

Encore **faudra-t-il en expliquer le sens, pourquoi, pour nous, personnellement, c'est important, et pourquoi nous avons fait le choix délibéré de refuser, quoi qu'il en coûte, même si notre enfant choisit de moins nous aimer**.

De même, nous nous attacherons à expliquer les conséquences concrètes sur nous.

Ce type de refus, parce qu'il est argumenté, parce qu'il nous implique émotionnellement, sera le plus souvent bien compris et admis par notre enfant. Le plus souvent, il connaît notre mode de fonctionnement et les valeurs que nous portons en nous et que nous souhaitons lui transmettre.

En revanche, aux conflits de besoins, notre non est modulable. Il peut devenir oui, pour peu qu'on trouve avec notre enfant une solution négociable et qui nous satisfasse mutuellement. Une solution « gagnant-gagnant ». Là encore, place aux verbes, aux mots.

En reprenant l'exemple de l'adolescente qui souhaite sortir et rentrer tard, nous pouvons lui expliquer pourquoi nous disons non. Le motif réel de notre refus réside dans le fait qu'elle rentre seule la nuit, que les rues ne sont pas sûres et que nous avons peur qu'il lui arrive quelque chose de grave. Mais notre non peut devenir oui, si par exemple la jeune fille trouve elle-même une solution qui apaise notre peur, comme se faire raccompagner par des adolescents que nous connaissons et dans lesquels nous avons confiance, comme aller la chercher à une heure précise, quitte à nous relever la nuit, comme trouver un papa qui fera le «ramassage des jeunes» et les reconduira chacun chez eux, à charge de revanche... Des solutions « gagnant-gagnant », c'est-à-dire acceptables par les deux parties avec un minimum de contrainte pour chacun, il y en a au moins cinq ou six pour chaque situation.

De la confrontation des solutions viendra celle qu'on n'imaginait pas et qui pourtant était si simple. Et ne nous étonnons pas si ce sont nos enfants qui trouvent la solution la plus acceptable. Ils nous connaissent bien, savent jusqu'à quel point nous pouvons accepter et ont furieusement envie que leur besoin soit satisfait.

La résolution de conflit gagnant - gagnant

par Thomas Gordon

1. *Définir le problème*
2. *Enumérer les solutions possibles*
3. *Evaluer ces solutions*
4. *Choisir la solution acceptable par tous*
5. *Appliquer la solution*
6. *Evaluer les résultats obtenus*

« Toi et moi avons un conflit de besoins. Je respecte tes besoins, mais je dois également te demander de respecter les miens. Je ne ferai pas usage de mon pouvoir envers toi pour gagner et te faire perdre, mais je ne peux pas céder et te laisser gagner à mes dépens, car je perdrais. Engageons-nous donc à chercher ensemble une solution qui satisfasse à la fois tes besoins et les miens ; de cette façon personne ne perdra. »

in *Parents efficaces*, Ed. Marabout

Outils pratiques à mémoriser

On évitera de dire systématiquement	et on dira le plus souvent
Non, c'est comme ça et pas autrement !	*Ma réponse est non, mais c'est important pour moi que tu comprennes pourquoi. Si je t'autorisais, voilà les conséquences concrètes que cela aurait pour moi.*
Tu veux regarder la télévision le soir. Je suis contre mais fais comme tu veux.	*Non, j'interdis la télévision entre 6 et 8 heures le soir pour te permettre de faire tes devoirs car j'ai remarqué que tu ne les faisais pas depuis le 1er trimestre.*
Je t'ai déjà dit non !	*Je t'ai déjà expliqué pourquoi je ne le souhaitais pas. Est-ce que je n'ai pas été assez clair et as-tu besoin que je t'explique à nouveau ?*
Eteins la télévision et travaille !	*Je suis désolé de te dire non mais je t'assure que tu pourras la regarder un autre jour quand tu auras moins de travail.*

---

2 - 4 Donner et se donner du temps

« Patience, patience, patience de l'azur,
chaque atome de silence est la chance d'un fruit mûr. »
Paul Valéry

La motivation n'est pas science. La motivation est patience !

Tout comme la réussite scolaire n'a rien à faire avec la magie (voir ci-après), motiver notre enfant et le conduire pas à pas sur le chemin de l'affirmation de soi et de la réalisation de ses désirs demande du temps, de la patience et beaucoup d'énergie. S'il existait une recette infaillible, cela se saurait.

Malheureusement, la machine à réussir immédiatement reste à inventer. Comme le disait Lacan à propos de la patience : « parce que c'est mon patient, je serai patient » !

Nous devons inscrire nos actions de motivation dans le temps, par exemple celui d'une année scolaire et se dire par exemple : « cette année, je décide d'aider mon enfant à progresser ». Attendre des résultats définitifs dès la fin du premier trimestre serait utopique et parfaitement irréaliste. De plus, cela engendrerait chez nous déception et découragement, un ressentiment d'échec que notre enfant percevrait immédiatement comme notre incapacité à agir. Si pour notre enfant la progression scolaire et le changement des comportements exigent un entraînement intensif tenant compte de la durée, il en va de même pour nous.

Nous pouvons faire le choix de décider que le temps est contre nous ou avec nous. S'il est contre nous, alors c'est une lutte effrénée, c'est se battre à contre-courant et c'est, à mi-course, déserter en rase campagne.

Au contraire, **nous pouvons choisir que le temps est avec nous.**

Sans lui, rien n'est possible. C'est un allié et il va nous aider à mettre en place une stratégie à moyen terme, voire à long terme.

Comme pour les passionnés de football, nous choisirons d'être les supporters d'une équipe uniquement composée de notre enfant. Que font les supporters en début de saison ? Ils s'abonnent pour les 36 matches à venir. Toute l'année, ils croient en leur équipe et font le pari qu'ils vont figurer parmi les six premiers afin de se qualifier pour une coupe européenne. Dès la première défaite, ils ne rendent pas leur abonnement et n'en demandent pas le remboursement immédiat. Ils savent bien que leur équipe va connaître des périodes creuses, des moments de doute, des blessures de joueurs, des passages à vide. Cela ne les empêche pas de maintenir leur confiance, de participer à tous les déplacements et d'encourager leurs idoles, surtout quand tout va mal et que le succès semble inaccessible. Dès le début de la saison, le supporter sait qu'il « en prend pour six mois au moins ».

Pourquoi ne pas devenir des parents-supporters ?

Le parent-supporter a placé sa confiance dans son enfant et sa capacité à progresser. Il sait qu'il faut « donner du temps au temps », que « patience et longueur de temps font plus que force ni que rage » (La Fontaine), que « la patience, c'est l'art d'espérer » (Vauvenargues) et, avec Elsa Triolet, que « si j'avais devant moi l'éternité ce n'est pas la résignation, c'est la patience que je prêcherais ».

Il en va de même avec ce livre. Celui-ci n'a aucune valeur pédagogique si l'on se contente de le lire sans l'expérimenter. Sans valeur non plus si l'on essaye un ou deux outils rien qu'une fois pour « voir si ça marche », et si l'on s'arrête faute de résultats immédiats. Mieux vaut expérimenter, et expérimenter encore et « cent fois sur le métier remettre son ouvrage ». La sagesse populaire est une mine : avant nous, et mieux que nous, confrontée à des situations similaires, elle a su dégager l'important et l'urgent et nous le transmettre par des maximes où le bon sens prévalait sur la conceptualisation.

Un parent motivateur sait qu'il ne sait pas et qu'il lui faut aussi apprendre et apprendre encore.

S'informer, comparer tout ce qui existe et lire des ouvrages qui enrichiront sa culture (voir bibliographie en fin de volume). C'est en étant à la fois simple et modeste, persévérant et sincère, authentique et conscient de ses lacunes, qu'il saura transmettre le meilleur de lui-même. A son profit comme à celui de son enfant.

Outils pratiques à mémoriser

On évitera de dire systématiquement	et on dira le plus souvent
Je ne comprends pas pourquoi tu as toujours des résultats médiocres !	*Je suis convaincu que cela va prendre du temps. Ne te décourage pas. Tu vas devoir t'accrocher pour passer l'obstacle. Je suis là.*
Encore une fois tu te décourages trop vite !	*C'est normal de se décourager de temps en temps quand on n'obtient pas immédiatement ce que l'on souhaite. On va prendre son temps. Le temps est avec nous, pas contre nous !*

2 - 5 Devenir des parents-entraîneurs

Si le « métier de parents » est une occupation non lucrative à part entière, celui de « parents-entraîneurs » l'est tout autant. Avec, comme on l'a souligné plus haut, des trésors de patience et de constance, sans aller toutefois jusqu'au sacrifice. Comme le coach d'une équipe sportive, il nous faut accepter parfois d'être mal aimés. Consentir à ce que nos enfants nous haïssent de temps en temps, avec des mots souvent durs, d'autant plus difficiles à entendre qu'ils émanent de ceux qui nous sont le plus chers. Nous devons puiser en nous la force de résister à leur pression, fût-elle tendre, sentimentale et terriblement efficace.

Insensibles, non, déterminés, oui.

Pour ceux qui ont eu la chance de voir « Les yeux dans les bleus », ce reportage réalisé et diffusé par Canal + juste après le Mondial de football, nous devons tenter de nous inspirer du comportement d'Aimé Jacquet. Sans concession, sans état d'âme, avec cette conviction chevillée au corps que nos enfants peuvent se surpasser, donner le meilleur d'eux-mêmes et atteindre la victoire s'ils le veulent. Les coups de gueule ne sont pas exempts de la relation. Ils en constituent même le sel dès lors qu'il s'agit de « réveiller » une équipe sur le point de s'endormir avec la satisfaction du devoir accompli alors que la route vers l'impossible victoire n'est pas encore atteinte.

Nous pouvons être actifs et non passifs. Devenir des acteurs de motivation et non des observateurs. Nous pouvons faire le choix de regarder notre enfant échouer ou progresser. Au contraire, nous pouvons choisir de participer activement à leur progression et d'anticiper pour eux et avec eux, les écueils. Pour cela nous disposons d'une arme absolue : répéter. Répéter et répéter encore, répéter toujours. Sans crier ni perdre le sens de la mesure. Nos conseils doivent devenir autant de points d'ancrage sur lesquels la progression pourra se ressourcer.

Comme un entraîneur sportif, nous savons qu'une course de fond ne se gagne pas en un jour et qu'à courir immédiatement 15 000 mètres, sans préparation, notre enfant va se retrouver à quelques mètres du départ littéralement asphyxié, manquant d'air, au bord de l'évanouissement. Le simple bon sens nous dicte qu'à la course à pied, mieux vaut commencer par courir 100 mètres, puis passer à 200 lorsque les muscles se sont endurcis et la cage thoracique développée. Ce n'est qu'après de longues semaines de préparation et d'entraînement qu'on pourra « s'essayer » sur une longue distance. En matière scolaire comme en comportement, il en va exactement de même. Les exercices deviennent des automatismes. On ne peut pas attendre tout et tout de suite. C'est ce qui différencie l'enfant de l'adulte. L'enfant, lui, attend la satisfaction immédiate de ses désirs tandis que l'adulte sait que deux choses sont fondamentales pour atteindre un objectif : les petits pas et le temps.

Si en Analyse Transactionnelle (AT) le Parent est chargé de faire appliquer la règle, l'Adulte, lui, sait adapter la règle pour le bien commun. En motivation, c'est à la fois notre capacité à être parent et adulte qu'il conviendra de mobiliser.

Aussi fastidieux que cela puisse paraître, c'est à nous que revient de gérer les progressions de nos enfants comme un entraînement. Régulier et répétitif.

Sans complaisance mais avec une compassion impitoyable.

OUTILS PRATIQUES À MÉMORISER

On évitera de dire systématiquement	et on dira le plus souvent
Tu aurais dû réussir du premier coup.	*Ne te décourage pas. Recommence et recommence encore. Je comprends que tu sois déçu mais fais confiance à ton entraînement.*
Cette fois c'était facile. Pourquoi n'as-tu pas appliqué ce que tu avais révisé ?	*Rien d'étonnant à ce que ça ne marche pas du premier coup. Plus ton travail sera régulier, plus vite les résultats viendront. Un peu de patience.*

2 - 6 DÉMYTHIFIER LA RÉUSSITE

Dans la suite logique des outils précédents, c'est à nous qu'il revient de faire comprendre à nos enfants que **la réussite n'a rien de magique**.

Il est incontestable que dans leur imaginaire, conforté par la télévision et le cinéma, ces deux modes de transmission des savoirs que les adolescents affectionnent le plus, le mythe du héros positif occupe une place incontournable. Bien que manichéenne et réductrice, cette vision enrichit leur conviction que le miracle est toujours possible et même certain, que quelle que soit la situation de difficulté le héros l'emporte (non sans avoir frôlé de très près l'échec pour donner du piment à l'affaire) toujours à la fin. Ainsi un James Bond, acculé, retrouve-t-il au moment opportun le gadget dont il a justement besoin, échappe dix fois à la mort par une pirouette, par la maladresse de ses adversaires (normal, ce sont les méchants) ou grâce à son charme qui opère sur une James Bond girl qui ne demande qu'à trahir son camp pour rejoindre celui de l'agent 007.

Avec la trilogie Star Wars, il en va de même. Il s'agit toujours du même mythe du héros positif et total confronté à la face obscure de la force. Comme par enchantement Luke Skywalker et la princesse trouvent le vaisseau spatial qui leur permet d'échapper à la force maléfique de Dark Wador. Quelques centaines de morts plus loin, ils arrivent sains et saufs et sauvent une nouvelle fois la planète. A la télévision, toutes les séries, et notamment celles en provenance d'Outre-Atlantique, sont du même métal. Le héros est malmené, risque de tout perdre, et la vie et ceux qu'il aime, mais, par un retournement de situation qui tient du prodige, il triomphe. Tout ceci est parfait pour développer l'imaginaire de nos enfants.

En revanche, nos enfants, abreuvés de représentations du héros positif, ont souvent tendance à imaginer leur vie comme un film. Il s'identifient à ces processus magiques de réussite. Le point commun à tous ces héros est la chance. Et la chance, c'est l'autre, c'est l'imprévu, c'est la magie.

Difficile alors de les ramener aux contingences du quotidien en leur assénant que dans la vie, la chance existe bien, mais si rarement. Oui, on peut réussir un examen en ayant fait une impasse. Mais pour 5 % de chanceux, plus de 95 % tomberont justement sur le chapitre, la matière qu'ils n'ont pas révisés. Nier la chance est un non-sens, mais conditionner sa vie sur elle est une absurdité. Un peu comme si nos enfants se disaient : « pour gagner ma vie, je vais jouer au Loto ».

Dût-on apparaître comme des rabat-joie, des briseurs de rêves, nous devons patiemment inculquer à nos enfants que la chance est tellement volatile, éphémère et imprévisible qu'on ne saurait construire et risquer sa vie sur elle. La chance, elle se prépare, elle s'anticipe. Quand une miette de sandwich est tombée par hasard sur une culture élaborée par Flemming, ce qui lui a permis, après l'avoir « oubliée », d'inventer la pénicilline, la chance n'est intervenue que pour très peu. La poussière « magique » n'était qu'un petit coup de pouce à des années et des années de préparation et c'est parce que tout avait été mis en œuvre que le «(miracle a pu survenir, être remarqué, décodé et enfin développé pour le plus grand bien de l'humanité.

Avec le travail de nos enfants, c'est la même chose. La chance n'interviendra qu'à de rares moments, une fois que tout aura été fait pour l'accueillir. Et c'est parce que l'on est prêt que tout peut advenir.

Ce n'est pas dire pour autant que les héros de nos enfants sont inutiles. Bien au contraire, ils peuvent nous servir d'exemple. Ainsi on relèvera que James Bond est polyglotte et qu'Indiana Jones est professeur d'archéologie à l'université. Pourtant, à ces héros mythiques, on en préférera de plus concrets, plus proches de nous comme les sportifs de haut niveau, les footballeurs issus du milieu de l'immigration, tous les champions pour lesquels réussite se conjugue avec effort, renoncement et détermination. Quant à la magie, elle sera toujours la bienvenue… si elle vient un jour.

Outils pratiques à mémoriser

On évitera de dire systématiquement	**et on dira le plus souvent**
Tu n'as pas révisé. Espérons que tu auras de la chance pour cette fois.	*Plutôt que compter sur la chance, mets toutes les cartes dans ton jeu. Un miracle, ça n'arrive pas tous les jours, sinon ce ne serait pas un miracle.*
A force de ne pas réviser, tu vas finir par tout rater.	*Compter sur soi et sur son travail, n'est-ce pas la meilleure des garanties ? Veux-tu que je t'aide pour gagner du temps ?*

2 - 7 Valoriser le travail

Parents, nous sommes à la fois le modèle – même et surtout imparfait – et le référent de notre enfant. Pendant sa préadolesence il partage et s'identifie à notre vision du monde. Ce n'est que plus tard, avec la puberté, au moment de se construire sa propre personnalité, qu'il prendra en apparence ses distances et nous considérera comme un contre-modèle, en s'opposant, du moins le croit-il, à nous, à nos valeurs et à tout ce qui est censé représenter le monde des adultes dont il ignore encore le mode d'emploi.

Que le travail soit pour nous une contrainte plus subie que vécue, que nous rapportions chaque soir des difficultés et des chicaneries que nous avons eu à connaître dans la journée, que le travail n'ait pour nous qu'une valeur alimentaire, et notre enfant se dira que le monde du travail n'est vraiment pas fait pour lui. Pourquoi travailler, se donner de la peine si c'est pour être malheureux, énervé et acariâtre. A l'inverse, des parents trop absents parce qu'absorbés au-delà du raisonnable par la vie en dehors de la maison, des vacances écourtées, des week-ends avec des dossiers « urgents » à travailler pendant que les enfants s'ébattent seuls en dehors de notre regard de père et de mère, que leur éducation soit confiée à des parents de substitution (grands-parents, nourrices, jeune fille au pair, voisines….) et nous créerons chez eux la conclusion suivante, assimilée au fantasme du pire : « Ne jamais faire de ma vie ce qu'en ont fait mes parents ! Une fois adulte, je veux pouvoir consacrer du temps à ceux que j'aimerai sans être esclave d'un travail qui n'a de sens que par la rétribution en numéraire qu'il procure. »

C'est pourquoi il est utile et éminemment pédagogique de valoriser le travail. Lui donner un sens. Pour nous aider, on peut utiliser et adapter les 8 sens du travail mis en évidence en 1980 :

Le sens du travail

1. *Le travail permet d'appartenir à la société et d'y apporter une contribution.*
2. *Le travail donne l'occasion de créer des liens avec les autres.*
3. *Le travail est un moyen d'obtenir un statut valorisé dans une société et de gagner le respect des autres.*
4. *Le travail offre la possibilité de définir son identité sociale.*
5. *Le travail permet de structurer le temps, de rythmer les activités de la vie quotidienne.*
6. *Le travail permet de s'écarter de la solitude et des questions existentielles.*
7. *Le travail permet de s'accomplir en donnant l'occasion de relever des défis ou de poursuivre des idéaux.*
8. *Le travail permet de se consacrer à une cause importante et significative.*

Le travail répond à un besoin. L'absence de travail peut générer l'ennui. Travailler est parfois l'un des ingrédients de l'épanouissement personnel.

On peut aisément transcrire cette grille et l'adapter pour nos enfants quel que soit le niveau où il se trouve dans son cursus scolaire.

Ainsi pourra-t-on dire à notre enfant :

1. Etre collégien ou lycéen, c'est avoir une place bien à soi dans la société. Si l'école n'existait pas, tu serais seul, sans repères, sans passé, sans présent et sans avenir. Aller à l'école c'est disposer d'un statut au sein de la communauté des personnes qui vivent ensemble au même moment.

1bis. Etre collégien, c'est aussi avoir une place au sein de sa famille. Etre enfant (ou adolescent), c'est appartenir à une famille constituée. Sans enfant, la famille n'existerait pas. Les parents vivraient en couple mais ne seraient pas des parents. Seule la présence de l'enfant donne du sens à la famille. Il la crée.

2. Aller à l'école, c'est pouvoir rencontrer l'autre, celui qui est différent et si semblable à la fois, des filles, des garçons du même âge, différents de ses frères et de ses sœurs. L'école est tout à la fois un lieu de sécurité et un lieu de vie. On peut même rencontrer des professeurs qui nous marqueront à jamais.

3. Avoir le statut d'élève, c'est se positionner dans l'échelle scolaire et bénéficier de l'estime sociale. Ainsi on est en 4e, en 2de, en Terminale. On appartient à un groupe constitué, défini, mesurable et vérifiable.

4. Aller à l'école, c'est appartenir à un groupe et avoir une identité sociale propre.

5. L'école, rythme la vie quotidienne. Que ferait-on sans l'école ? A quoi passerait-on ses journées ? Le rythme scolaire est le rythme social. Sans école, les vacances n'existeraient pas. Aller à l'école, c'est aussi avoir une bonne raison de se lever le matin et de s'endormir le soir.

6. Sans école, le monde des enfants serait parfois un désert de solitude et d'ennui. Elle donne un sens à sa vie. Elle évite aussi de se poser des questions comme « Qui suis-je ? Qu'est-ce que ma vie ? Pour quoi faire ? »
7. Le travail scolaire permet de se lancer des défis à soi-même et de les surmonter. Il est un moyen d'acquérir sa propre image du monde, comme tant et tant de générations l'ont fait auparavant, il rend l'impossible possible et permet d'envisager en confiance les années qui viennent.
8. Le travail permet aussi de mettre en place des projets de vie, de construire des projets pour la vie.

A chacun de trouver sa propre définition du travail et du sens qu'il contient. Pour soi. Et de trouver le sens que lui donne son enfant.

2 - 8 DEVENIR UN SPÉCIALISTE DES MÉTHODES DE TRAVAIL

« Les principes et la méthode sont supérieurs à la théorie, ils sont immuables et ne doivent jamais varier. »
Claude Bernard

Si nous voulons véritablement aider nos enfants, les aider à être motivés, nous ne pouvons pas nous contenter de paroles, fussent-elles les plus justes, les plus généreuses, les plus pertinentes. Les plus motivantes, même. Des paroles, des conseils qui ne produisent pas d'effet concret sont autant de graines qu'on jette sur la route et qui jamais ne feront naître de fruit. Autant il est indispensable d'être à l'écoute, d'être disponible, d'être présent, autant nous pouvons devenir des spécialistes en méthodologie. Si la motivation agit directement sur les performances, ces dernières sont liées à la compétence. Un élève peu motivé mais très compétent peut obtenir de très bons résultats.

La motivation n'est pas une fin en soi. A quoi servirait

d'être seulement motivé si cela ne se traduisait pas par un accroissement des connaissances, des manières de faire, et donc des compétences intrinsèques ? La motivation peut être vue comme un moyen. Un moyen pour faire quoi ? Pour être plus réceptif, plus ouvert, plus à l'écoute et plus déterminé. On peut fort bien être motivé, mais si l'on ne se donne pas les moyens de réussir, c'est-à-dire si l'on n'augmente pas son champ de compétence, la motivation reste conceptuelle et sans effet dans la durée... Il ne s'agit alors que de velléités, le « grand » mal des adolescents.

Or, la compétence, élément aussi essentiel que la motivation, dépend pour beaucoup des méthodes de travail. **Au lieu de travailler plus, nous devons aider nos enfants à travailler mieux.** Un maximum d'effort dans un minimum de temps. Les méthodes de travail, la méthodologie, accroissent les compétences. Et la confiance en soi, bien évidemment. La confiance en soi multipliée par les capacités intrinsèques donnent l'indice de réalisation et de performance.

L'indice de performance

Prenons l'exemple de quatre enfants différents, aux capacités et à la confiance en soi variables. Dans le premier cas, un enfant, appelons-le Louis, a de grandes capacités et a confiance à la fois en elles et en lui. Etudions ensuite Marie qui possède les mêmes capacités que Louis mais souffre d'un grave déficit de confiance. Puis Edouard qui n'a pas de grandes capacités mais un optimisme et une confiance en lui chevillés au corps. Et enfin Justine qui n'a ni grandes capacités, ni confiance en elle.

Quels sont les indices de réalisation et de compétence pour ces quatre adolescents ?

Prénom	Confiance en soi (%)	X	Capacités (%)	Performances
Louis	80	X	80	**6 400**
Marie	20	X	80	**1 600**
Edouard	80	X	20	**1 600**
Justine	20	X	20	**400**

Quels sont les enseignements pratiques à tirer de ce tableau, fût-il caricatural ?

- La confiance en soi et la motivation sont bien un facteur de réussite.
- Pour obtenir des performances, il faut agir simultanément sur les deux composantes.
- De même que les capacités ne suffisent pas, la motivation ne produit qu'un quart du chemin.
- Toute action sur l'une ou l'autre des composantes change de façon considérable le résultat.
- Sans capacités et sans motivation les performances sont quasiment nulles.

Or, l'augmentation des capacités passe par des méthodes de travail. La méthodologie, cela s'apprend.

Le ministère de l'Education nationale a inscrit au programme des classes de collège des heures de méthodologie, comme il vient d'introduire cette année des heures de vie de la classe, des heures d'instruction civique, juridique et sociale. Louable initiative si peu à peu ces heures de méthodologie, sous la pression de programmes de plus en plus chargés, ne se transformaient pas au mieux en séances de rattrapage pour achever des cours inachevés par manque de temps, au pire en des séances d'études surveillées. Il n'empêche. Certains enseignants ont acquis une formation spécialisée en méthodologie.

Dans un premier temps, les parents que nous sommes peuvent solliciter de leurs enfants qu'ils leur transmettent toutes les informations dispensées sur les méthodes de travail requises par l'établissement en début d'année. De même est-il souhaitable d'assister aux réunions de parents où chaque enseignant explique ce qu'il attend de chaque enfant et du nôtre en particulier. Ne pas hésiter non plus à demander à rencontrer le responsable de niveau ou le directeur des études. Il possède, dans son bureau, des piles de documents méthodologiques qui ne demandent qu'à être consultés. D'une façon générale, il est bien rare que lorsqu'on s'adresse à un enseignant, non pour le critiquer mais pour apprendre de lui quelque chose, ce dernier nous repousse. Et quand bien même il le ferait, il suffirait de s'adresser à l'un de ses supérieurs.

Pour peu qu'on s'intéresse réellement à lui, chaque enseignant, dont c'est rappelons-le une vocation, se fera un plaisir, une joie, un honneur de **nous aider à aider nos enfants**.

Rien ne nous empêche non plus d'acheter un certain nombre d'ouvrages qui sont autant de recettes simples et claires pour nous assister, et d'en faire une synthèse particulièrement adaptée à notre enfant, à son mode de fonctionnement, à ses capacités et à la forme de son intelligence (visuelle, auditive, kinesthésique…).

Comme pour les services marketing des grandes entreprises, pourquoi se priver des avantages du « Bench Marking », une désignation assez barbare qui signifie : aller voir comment font les concurrents, en l'espèce les autres parents. Tous les moyens sont bons pour aider notre enfant et notamment l'expérience de nos alter ego qui ont de la chance ou la méthodologie qui convient aux collégiens et aux lycéens. Plutôt que d'être uniquement centrés sur nous et notre propre problème, pourquoi ne pas aller questionner d'autres parents. Tous, à l'exception des géniteurs de « premiers de la classe », sont confrontés à des problèmes identiques. Eux aussi se retrouvent le plus souvent désemparés, démunis, en recherche. En mettant de côté notre orgueil, nous pouvons faire des demandes précises. Les parents, les autres, se feront une joie de nous assommer de conseils et de « moi je ». Qu'importe, à nous de faire le tri, de ne retenir que ce qui nous paraît logique, simple et adapté au cas spécifique de notre enfant. C'est en participant aux réunions de classes (au moins deux fois par an), aux assemblées générales, aux conférences proposées par le chef d'établissement, que nous trouverons à côté de nous ceux qui détiennent l'information qui nous fait défaut.

Les livres, les enseignants, les parents, voilà trois des pistes qui peuvent nous être utiles pour faire de nous des **champions de méthodologie**. Et ce ne sont certainement pas les seules.

A titre d'exemple, vous trouverez, dans les pages suivantes, des méthodes de travail quotidien que nous proposons à « nos » enfants ainsi qu'une façon de bien démarrer la journée. Il existe bien d'autres outils pratiques que ceux que nous proposons, tout en gardant à l'esprit qu'une méthode personnelle et validée par notre enfant vaut mieux que cent recettes. A nos fourneaux !

OUTILS PRATIQUES À MÉMORISER

On évitera de dire systématiquement	et on dira le plus souvent
Tu fais ce que tu peux !	*Etre motivé, ce n'est que la première étape. La seconde consiste à améliorer tes méthodes de travail pour être plus efficace. Motivation et méthode, voilà les deux secrets de la performance.*
C'est bien, tu es motivé !	*C'est sur cette motivation que tu vas pouvoir créer ton socle de performance et obtenir les résultats que tu souhaites.*
Fais comme ton prof t'a dit.	*Quels sont les conseils de travail que tes professeurs t'ont donnés ? Moi, j'ai lu dans un livre sur la motivation qu'il valait toujours mieux commencer par travailler ses matières faibles – parce qu'elles demandent un maximum de concentration – avant d'aborder les matières fortes où tu n'as plus qu'à te laisser porter.*

LE CREDO DE L'ADOLECENT MOTIVÉ

CE QUE JE ME DIS

- **Je me récompense.**
- **Je ne me compare plus.**
- **Je suis unique.**
- **Je me remets en cause.**

CE QUE JE FAIS

AU COURS
- **J'écoute de plus en plus pendant les cours.**
- **Je bavarde de moins en moins.**
- **Je m'intéresse à toutes les matières.**

APRES LES COURS
- **Je relis mes notes.**
- **Je me mets au travail le plus rapidement possible.**
- **Je commence par travailler mes deux matières faibles.**
- **Je fais des fiches.**
- **Je réécris ce que je n'ai pas compris.**
- **Je mesure mon temps.**
- **Je comprends avant d'apprendre.**
- **Je fais des plans.**

CE QUE JE DIS

- **Je demande quand je ne comprends pas.**
- **Je dis NON à ceux qui veulent m'empêcher de travailler.**
- **Je résiste à la tentation tant que je n'ai pas terminé.**
- **Je fais un compliment par jour.**
- **Je souris.**

2 - 9 Choisir des critiques constructives

« Abandonnez la petite et facile critique des défauts pour la grande et difficile critique des beautés. »
Chateaubriand

Tout au long de l'année scolaire, notre enfant est jugé. Il est bon, moyen, nul, c'est selon, mais les professeurs, qui ont en charge et la transmission des savoirs et l'évaluation, se comportent en juges. Le plus souvent, ils le déplorent mais c'est ainsi que le système fonctionne. Pour l'instant et dans une large majorité. Ils sont là pour dire ce qui est bien et ce qui est mal, même si certains d'entre eux, les plus pédagogues, relèvent le mieux et le moins bien et délivrent encouragements et mises en garde. Quant au conseil de classe en fin d'année, c'est un tribunal, de l'aveu même des enseignants et des chefs d'établissement. Oui, chaque jour, chaque enseignant est appelé à prononcer un jugement à l'aune du 10/20, véritable sésame.

De même que nous sommes des spécialistes pour donner tort aux autres – c'est tellement plus commode que de dire objectivement ce que l'on pense vraiment – de même le système éducatif privilégie d'insister sur ce qui est mauvais et sur tout ce qui manque encore pour réussir. Intention louable si elle s'accompagne de conseils, de propositions de remise à niveau, d'outils pratiques pour progresser.

Les enfants ressentent ces jugements comme autant d'agressions. Au lieu de les stimuler et de faire naître en eux le désir de dominer l'obstacle, elle les confine dans la certitude que quoi qu'ils fassent, ce ne sera jamais suffisant.

Des enfants que nous rencontrons en séances de motivation nous disent très souvent : « Ça ne sert à rien de nous descendre, ça nous démotive et on n'a plus envie de faire le moindre effort parce que ce professeur-là nous déteste et que rien n'est assez bien pour lui. » Autant nous leur apprenons à distinguer **l'intention positive** de chaque professeur qui ne vit pas sa vie en haïssant ses élèves et qui fait de son mieux – fût-ce maladroitement – pour transmettre ce qu'il sait, autant il est vrai que les mots peuvent revêtir une importance capitale. A propos du jugement, on a l'habitude de dire : « le tu tue ».

Ne transformons pas le sanctuaire qu'est la maison en Cour d'appel, une juridiction de second degré où le premier jugement est non seulement confirmé mais amplifié. Si nous devons faire des critiques, **que nos critiques soient constructives** avec une règle d'or : **toujours commencer par ce qui est positif avant d'aborder ce qui peut être amélioré**. Débuter une discussion par un message d'appréciation authentique et le plus en rapport avec la situation du moment permet de faire passer plus facilement et sans trop de réticences les critiques qui suivront. En gardant bien présent à l'esprit que plus elles sont concrètes, plus elles permettent de progresser, moins elles seront de jugement, plus productives elles seront.

Quelques rappels essentiels :

- **Ne jamais dire ce qui ne va pas en public**, devant les frères, les sœurs, les cousins, les grands-parents. Ce qui doit être dit ne regarde personne d'autre que notre enfant et lui seul. L'apostropher devant un auditoire revient à l'installer dans le box des accusés, avec nous comme avocat général. La vexation et l'humiliation ne sont pas source, dans la majeure partie des cas, de progression mais au contraire incitent à se refermer sur soi, à ne pas entendre et surtout à se venger en faisant diamétralement le contraire de ce qui est proposé.

- **Toujours donner un sens à ce qu'on dit :** « Je pense, j'estime, je ressens, que ton comportement t'empêche de progresser et je te propose d'envisager une autre manière de faire qui sera moins coûteuse en énergie et qui te permettra d'atteindre les objectifs que tu t'es fixés. »

- **Ne pas accuser.** Aux jugements et aux critiques générales (tu es nul, tu es fainéant, tu es un menteur, tu es un voleur…), préférer le concret. Le comportement n'est qu'un signal, il traduit un besoin non assouvi à un moment donné. Enfermer l'enfant dans un jugement global et définitif, c'est le convaincre que puisqu'il est ainsi, puisque c'est dans sa nature, il ne peut pas changer de comportement.

• **Exprimer directement et concrètement ce qui a manqué pour réussir.** Ainsi pourra-t-on dire : « Pour n'avoir obtenu que 2,5 en mathématiques, il me semble que tu n'as pas travaillé suffisamment, que tu t'es contenté de relire ton cours sans faire d'exercices. C'est la raison pour laquelle je pense que tu as obtenu cette note largement en dessous de tes capacités. »

• **Proposer systématiquement une solution.** Après une critique ou l'expression d'un manque (de travail, d'attention, de concentration…), proposer une solution concrète et applicable. Contraindre son enfant à revoir tout le programme d'histoire/géographie sous prétexte d'une note décevante à un devoir tient de l'utopie et risque fort de rester sans effet, sinon le dégoûter définitivement d'une matière dans laquelle il se sentait heureux jusqu'à présent. De même qu'on ne découvre pas dans sa maison un dégât, une anomalie, un défaut sans penser immédiatement à le réparer, de même devons-nous disposer à tout moment de tout un arsenal de propositions claires, facile à appliquer. Critiquer son enfant sans proposer ou sans qu'il ne propose de solution revient à lui refuser une seconde chance, le moyen de faire mieux la prochaine fois.

Critiquer positivement son enfant (son entourage familial, amical ou professionnel) demande un grand travail sur soi et une longue pratique. Comme pour nos enfants, le succès n'est pas une condition sine qua non ; comme disait Pierre de Coubertin, l'important c'est d'essayer.

OUTILS PRATIQUES À MÉMORISER

On évitera de dire systématiquement	et on dira le plus souvent
Tu as 2 en français, c'est désastreux ! Ta sœur (ton frère), lui…	*Je considère que c'est dommage. Je suis certain qu'une heure de révision supplémentaire et une page d'exercices t'auraient permis de faire beaucoup mieux.*
Tu n'es qu'un flemmard !	*J'aimerais qu'on comprenne ensemble les raisons et les conditions qui font que tu ne travailles pas plus d'une fois par semaine.*

2 - 10 SOUTENIR L'ABSENCE DE RÉSULTATS

Comme nous le verrons plus loin avec la motivation par palier (Outil 2-11), il est bien évident que la motivation, même après quelques résultats très significatifs dus à un changement de comportement et à une autre manière d'aborder le travail à la maison et l'écoute en classe, passe par des phases de baisse, de découragement et d'absence de résultats. Notre enfant nous questionnera alors : « J'ai fait tout ce que tu as dit, mais ça ne marche pas. La preuve, j'ai encore eu une mauvaise note alors que j'avais révisé et fais mes exercices. »

Nous sommes coincés entre deux tentation légitimes :

- lui donner raison parce que les preuves sont là, sous nos yeux et abandonner pour s'en remettre aux conseils avisés d'un répétiteur ou d'un étudiant qui fera ses devoirs à sa place (bonnes notes garanties pour le travail à la maison mais résultats décevants en devoirs sur table et examens) ;
- s'accrocher avec lui, comprendre l'échec momentané et l'encourager à poursuivre ses efforts malgré l'absence probante de résultats.

A cette absence passagère de résultats il existe plusieurs explications. La première, et là encore la sagesse populaire vient à notre secours : « Rome ne s'est pas faite en un jour ». Rien n'est magique et le temps doit opérer. Notre rôle de parents consiste alors à aider notre enfant à prendre de la distance par rapport à l'événement immédiat, à lui faire prendre conscience du contexte passé (de ses premières réussites en regard des semaines précédentes) et inventer avec lui un futur où ses efforts porteraient les fruits attendus. On dira par exemple : « Dans le passé, tu travaillais moins, tu t'es un peu rouillé ; tu as sans doute perdu l'habitude de travailler efficacement ; il faut au moins deux semaines pour que la machine se remette à fonctionner ; si tu arrêtes ces efforts maintenant, cela n'aura servi à rien et tu n'auras plus jamais envie d'en faire parce que tu crois que ça n'a pas marché. »

A ce moment crucial, rappelons-nous que nous sommes des « **parents-supporters** » et que nous nous sommes abonnés avec notre enfant pour une saison entière, c'est-à-dire une année scolaire dans sa totalité. Le temps, le temps, le temps.

Le seconde possibilité – et elle n'est pas à exclure –, c'est que le professeur n'ait pas remarqué les efforts fournis, qu'il reste attaché à la forme et non au fond, et que l'étiquette mentale qu'il a tatoué sur le front de notre enfant occulte sa lucidité. Même rare, cette hypothèse n'est pas absurde et, là encore, il faut se donner du temps, le temps pour que ce tatouage devienne une « décalcomanie » et qu'il s'estompe avec des résultats sans cesse en progression. Comme tout un chacun, l'enseignant a sa propre vision du monde, et notamment celle de ses élèves. Si cette vision devait persister, ne pas hésiter à lui en parler directement.

C'est bien le moins qu'on puisse attendre de « parents-supporters ».

Outils pratiques à mémoriser

On évitera de dire systématiquement	et on dira le plus souvent
Je ne comprends pas. Tu me dis que tu as travaillé et tes résultats sont toujours aussi faibles. Donc tu as mal travaillé !	*J'ai bien vu que tu avais fait des efforts et que tu avais travaillé. Les résultats ne sont pas encore là. Ne te décourage pas et poursuis tes efforts. Ton travail payera.*
Encore une fois tu as dû rêvasser pendant l'examen. Tu avais la tête ailleurs. La preuve, tes notes ne progressent pas. Je ne peux vraiment pas te faire confiance. Tu me déçois.	*Ensemble nous pouvons avoir confiance. Il y a toujours un décalage entre le travail et le succès. Il faut faire appel à ta patience.*

2 - 11 Traquer les bonnes notes

Nous avons noté qu'un des atouts importants de la motivation consistait à souligner les plus infimes progressions (voir page 126). En changeant notre regard, en misant systématiquement sur ce qui est positif et donc « modélisable », en croyant que nos enfants sont capables de réussir parce qu'il s'en donnent les moyens, nous devons traquer les bonnes notes, trouver des exemples précis d'**être légitimement fiers et ainsi disposer de preuves tangibles et matérielles sur la capacité de réussite**.

Tout comme nous avons évoqué les difficultés à repérer les changements chez l'autre, tant nous sommes dépendants de nos habitudes, de la même manière, si nous ne sommes pas vigilants, nous laissons passer des bonnes notes en ne voyant derrière elles qu'une demande de récompense faite par l'enfant. Focalisé sur cette demande un rien exaspérante, on risque d'oublier la signification réelle d'une bonne note, à savoir qu'**elle est le signe d'une évolution, tant dans le travail que dans le comportement.**

Au cours d'une de nos réunions de parents, un père, pourtant soucieux de bien faire, nous rapportait sa manière d'aborder les notes de ses enfants. Comme c'est souvent le cas, lorsqu'on demande à notre enfant de nous dire ses notes de la journée, il a tendance à commencer par les bonnes notes, les amplifier avant d'annoncer les moins bonnes avec un lot d'excuses toutes prêtes (« personne n'a réussi, le devoir était trop difficile, on nous a interrogés sur un point que nous n'avions pas étudié, il y a pire que moi... »). Or ce père, tellement habitué – on pourrait dire conditionné – ne s'intéressait pas aux bonnes notes qui lui paraissaient légitimes et attendait systématiquement les mauvaises notes : « Ça, ce sont tes bonnes notes, mais dis-moi les autres. » Cette attitude-là, si courante et si humaine, revient à traquer systématiquement les mauvaises notes. Et non les bonnes. Au lieu de se réjouir des premières, il attend son lot de déception.

Nous avons pu lui faire admettre qu'avoir un 15 et un 12 ne signifiait pas automatiquement qu'un 5 ou un 0 allaient suivre. Par le simple jeu de sa communication non verbale ses enfants pouvaient facilement déchiffrer son attente non exprimée : les mauvaises notes.

Cette attitude génère deux risques majeurs : **se priver des réussites et de leur exemplarité, encourager les enfants à cacher les mauvaises notes qui pourraient décevoir**, quitte à attendre le livret scolaire du mois suivant et que fleurissent des notes soulignées en rouge, celles jugées insuffisantes par les professeurs.

En ne fixant son attention que sur ce qui est mauvais, nous risquons de donner à penser que les bonnes notes sont le fruit du hasard et les mauvaises le résultat d'un manque de travail et/ou d'un mensonge.

Les enfants ne savent pas interpréter leurs notes. Surtout les bonnes. Au lieu de dire : *« j'avais bien révisé, j'étais prêt, je ne risquais pas grand-chose et en tout cas pas d'être surpris »*, nos enfants nous affirment, péremptoires, que *« c'était facile, qu'il a eu de la chance, que, comme par hasard, c'était justement l'exercice qu'il avait revu la veille…* ». Comme nous, ils peuvent être pudiques devant la réussite.

Un peu comme lorsqu'on nous fait un compliment sur une cravate ou un chemisier, la réponse la plus courante est une excuse et une justification : « ***Oh, tu sais, je ne l'ai pas achetée cher, on me l'a offerte ou elle était en solde*** *!* » quand on ne cherche pas telle ou telle mauvaise raison derrière ce message d'appréciation : « Qu'est-ce qu'il me veut, il va me demander quelque chose, qu'a-t-il derrière la tête ? »

Au lieu de déguster le compliment comme un bonbon, nous préférons, éducation oblige, écarter le compliment, le justifier, l'expliquer. **Alors qu'il serait si simple de l'accepter et de remercier.**

En faisant la traque à tout ce qui est positif, sans pour autant faire l'impasse sur ce qui l'est moins, nous nous offrons un outil de communication aux effets induits incalculables. En s'arrêtant sur une bonne note, nous pouvons questionner l'enfant : « *Comment t'es-tu senti ? Est-ce que ça te fait plaisir ? Qu'est-ce que tu as mis en place pour réussir ? Crois-tu que tu pourrais renouveler cet exploit dans une matière que tu aimes moins ou qui te paraît plus difficile ?* »

Changement de regard, changement de perception, cette fois encore nous pouvons choisir de nous centrer sur le positif plutôt que de stigmatiser ce qui est encore et toujours insuffisant. Les professeurs qui ont su nous passionner et rester aujourd'hui encore solidement ancrés dans notre mémoire (nous en connaissons tous au moins trois ou quatre), n'ont pas fait autrement. Au lieu de nous juger, ils ont essayé de nous comprendre et, par leurs encouragements, susciter en nous l'envie de leur faire plaisir pour gagner définitivement leur confiance et leur estime.

Rappel : une bonne note ne signifie pas qu'il y en a une mauvaise, l'attention à ce qui est positif permet de progresser dans tous les autres domaines.

Et si nous décidions de traquer, où qu'ils se trouvent, ces motifs d'être fiers de nos enfants !

Outils pratiques à mémoriser

On évitera de dire systématiquement	et on dira le plus souvent
J'ai eu 12 en espagnol. Tout ce travail ! pour presque rien !	*C'est bien. Rappelle-toi, la fois dernière, tu avais tout juste la moyenne. Tu as progressé. Comment t'y es-tu pris ?*
C'était facile. Tout le monde a réussi.	*En es-tu sûr ? La moyenne de classe est inférieure de 3 points à ta note. C'est donc que tu figures parmi les meilleurs.*

2 - 12 Progresser par paliers

Le processus d'apprentissage n'est pas linéaire. Du travail fourni ne résultent ni automatiquement ni systématiquement résultats et succès. Les mécanismes de l'apprentissage répondent toujours à une alternance de progressions et de stagnations. Parfois même de régressions. Il convient de le savoir, de ne pas le redouter et de l'intégrer comme un simple mécanisme de fonctionnement.

La progression n'est jamais exponentielle. Elle fonctionne par paliers successifs. Les phases de stagnation sont en réalité des phases d'intégration. **On pourrait même dire de maturation, de digestion**. Il faut le temps que les rouages se mettent en place, que ce qui a été appris échappe à la conceptualisation pour devenir un automatisme.

Si les modes d'apprentissage étaient linéaires, ils ne pourraient s'inscrire dans la durée : ils seraient trop coûteux en énergie et en motivation.

La motivation, elle aussi, a besoin de se reposer.

Il est capital pour nous de reconnaître ces périodes de plat, de ne pas en avoir peur et des les expliquer calmement à nos enfants afin qu'ils ne se désespèrent pas. Dans nos séances de motivation, les enfants nous interpellent pratiquement chaque semaine : « J'ai fait ce que tu as dit, j'ai travaillé deux heures de plus, et j'ai toujours la même note. Ton truc ne marche pas ! » A ce moment-là, nous avons recours à la comparaison avec le coureur cycliste (sans EPO bien naturellement). Dans toute course, si l'on veut pouvoir produire au moment opportun les efforts nécessaires, encore faut-il avoir pris le temps de reconstituer ses forces, et physiques et mentales. Si l'escalade devait durer la longueur d'une étape du Tour de France, soit entre 200 et 400 kilomètres, peu de cyclistes parviendraient au sommet, le bord de la route serait jonché de sportifs exténués, incapables de faire un mètre de plus.

A quelques exceptions près, les grands champions ne font pas la course en tête en solitaire. Après une échappée par exemple, le leader passe le relais à l'un de ses équipiers qui assumera l'effort tandis qu'il se contentera de rester dans sa roue. C'est aussi l'utilité de l'équipe.

Avec nos enfants, il en va de même. Si par magie – et nous avons vu à quel point elle n'existait pas dans ce domaine – notre fils ou notre fille restait des heures et des heures à sa table de travail, s'usant les yeux sur ses livres et ses copies, en moins de quinze jours il ou elle serait mûr(e) pour le repos forcé et la cure de sommeil. Sans oublier que les notes ne seraient pas forcément au rendez-vous.

LE SCHÉMA DE PROGRESSION

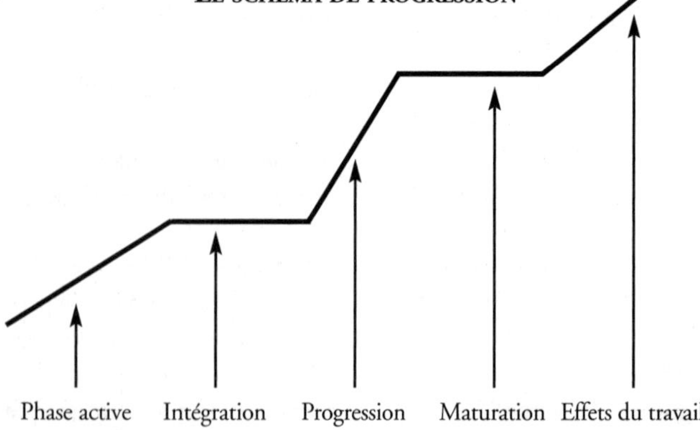

2 - 13 Dire que la motivation à 100 % n'existe pas

Personne au monde n'est motivé en permanence. La motivation, comme le bonheur, n'existe que par comparaison. Tout comme nous avons vu que les vacances n'auraient aucun sens sans la scolarité pour rythmer l'année. Les enfants nous interrogent souvent : « puisque vous donnez des cours de motivation, vous devez toujours être motivé ». A nous de leur expliquer que non, que c'est impossible et que par moments, avant le début d'une séance, l'envie nous manque ou que nous sommes préoccupés par des soucis qui n'ont aucun rapport avec eux. Si nous n'avons pas pris sur nous de passer par un sas personnel de décompression, il nous arrive d'être moins à l'écoute, moins disponible. Moins efficace en somme. C'est naturel, normal et légitime. Nul ne peut fonctionner à 100 % de ses capacités en permanence. L'affirmer serait mentir.

Notre système scolaire semble avoir fait de la démotivation ou du manque de motivation une sorte de maladie. Les enseignants qui, tout au long de la journée, se succèdent au collège, paraissent attendre la même motivation et l'envie d'apprendre de la part de leurs élèves. Ils paraissent éprouver des difficultés à maintenir l'attention des enfants, oubliant que les hasards de l'emploi du temps les font parfois passer après cinq autres professeurs, dans des matières qui exigent concentration et prises de notes.

Ce sont les mêmes enseignants que nous rencontrons en stages de formation pour devenir des « enscignants efficaces » et qui, particulièrement après le déjeuner et en fin de journée, ont du mal à ne pas s'assoupir ou laissent leur esprit vagabonder.

Le manque de motivation n'est pas une maladie. **Seule la démotivation chronique, c'est-à-dire rémanente et qui se prolonge, conduit à de sérieuses difficultés scolaires.** En revanche, une démotivation passagère peut se révéler extrêmement bénéfique en ce qu'elle permet aux jeunes de se remettre en question, de réfléchir sur la façon d'écouter et d'anticiper.

Au contraire, alterner motivation et démotivation, phases d'assimilation et périodes de maturation est une attitude « écologique » en ce qu'elle produit un maximum d'effet dans un minimum de temps et sans à-coups.

Précision : tout dépend du moment de l'année et du niveau de la scolarité. Bien évidemment, si notre enfant se trouve à deux semaines du Brevet ou du Baccalauréat, la démotivation passagère risque de lui ôter de sérieuses chances de succès. Il peut, par lassitude, oublier de réviser un chapitre entier et mettre en péril ses chances réelles de succès par une impasse de dernière minute. En vacances en revanche, la motivation ne saurait être un sentiment dominant. De même qu'il faut laisser le temps au temps, il y a un temps pour chaque chose et ce qui n'a pas été retenu pendant l'année ne saurait l'être en deux semaines intensives de pré-rentrée. Ces stages, nullement miraculeux, présentent l'unique avantage d'accélérer la mise en condition et d'éviter les premières semaines de doute et d'appréhension. Grâce à eux, nos enfants entrent de plain-pied dans la réalité du quotidien scolaire.

Outils pratiques à mémoriser

On évitera de dire systématiquement	et on dira le plus souvent
Poursuis tes efforts. Ne te relâche pas, sinon tout ce que tu auras fait n'aura servi à rien !	*C'est naturel de n'être pas toujours motivé et au mieux de sa forme. La patience est aussi une de tes qualités.*

ETAPE 2

Pour motiver mon enfant je décide que :

• Je suis sûr et certain que mon enfant peut progresser.
• Je remarque quand il progresse, ne serait-ce que d'un demi-point.
• Je sais lui dire non, même s'il me dit que cela le démotive.
• Je n'oublie pas que le temps est avec lui et pas contre lui.
• J'agis comme un « coach » avec mon enfant.
• Je lui fais comprendre que la réussite n'a rien de magique.
• Je n'oublie pas de souligner les bénéfices prodigieux du fait de travailler.
• Je m'intéresse aux méthodes de travail qui peuvent le faire réussir.
• Je m'interdis de le critiquer négativement en public.
• J'accepte le fait qu'il y aura des périodes sans résultats rapides.
• Je trouve toutes les bonnes occasions d'être fier de ses notes.
• Je n'oublie pas qu'on progresse par paliers.
• Je n'oublie pas qu'être démotivé est positif de temps en temps.

ETAPE 3

« Un autre regard »

DONNER OU TROUVER DU SENS

OFFRIR UNE VISION POSITIVE DE L'AVENIR

ETAPE 3

« Un autre regard »

DONNER OU TROUVER DU SENS

OFFRIR UNE VISION POSITIVE DE L'AVENIR

3 - 1	**Valoriser la situation de difficulté**
3 - 2	**Donner une vision positive du monde des adultes**
3 - 3	**Identifier les périodes charnières**
3 - 4	**Faire en sorte qu'il donne le meilleur**
3 - 5	**« Positiver » le monde**
3 - 6	**Identifier la phase présente**
3 - 7	**Repérer les causes directes**
3 - 8	**Economiser les efforts futurs**
3 - 9	**Valoriser la situation de 1er de classe**
3 - 10	**Changer de paradigme**
3 - 11	**Ne pas accepter les excuses-prétextes**
3 - 12	**D'« être orienté » à « s'orienter »**
3 - 13	**Valoriser l'école qui rend performant**

3 - 1 Valoriser la situation de difficulté

« J'aime qu'à mes desseins la fortune s'oppose
car la peine de vaincre en accroît le plaisir.
Pouvoir facilement obtenir quelque chose
m'est assez de sujet d'en perdre le désir. »
Jean Bertaut (1552-1611)

Notre but vise à transmettre à notre enfant la valeur du dépassement de soi. En faire une espèce d'automatisme en s'attaquant pour commencer aux situations de grandes difficultés. Comme le savent tous les professionnels de l'accompagnement individuel et du coaching, c'est ce que nous nous disons qui nous freine, cette petite voix qui dans notre tête nous parle et alimente notre radio mentale. C'est la peur de la difficulté qui nous arrête. Paralysés par l'obstacle, nos enfants, le plus souvent, échouent avant même d'avoir commencé. Autrement dit, **par peur de la peur**. Pourtant, on peut tout aussi bien considérer que plus une situation paraît insurmontable, plus elle aura de chance de se transformer en opportunité de faire de son mieux. De saint Augustin qui dit que **« ce n'est pas le chemin qui est difficile, c'est le difficile qui est le chemin »** jusqu'à Corneille qui fait dire à ses personnages « **à vaincre sans péril on triomphe sans gloire** », tous nos auteurs s'accordent à donner au dépassement de soi, conscient et accepté, une valeur qui donne un sens à la réussite.

Face à un adversaire – un devoir, une leçon ou un contrôle – deux attitudes s'offrent à nous. S'offrent à lui :

- Il est plus fort que moi, je n'arriverai jamais à le vaincre, c'est perdu d'avance, pourquoi se donner la peine de le combattre, à quoi sert de prendre le risque ?...
- Il est fort, c'est vrai. Et alors ? Je ne risque rien d'autre que de perdre mais au moins j'aurai essayé. Et qui sait, après tout, il n'est peut-être pas si fort que ça, je peux sans doute trouver une faille dans sa cuirasse et le faire

chuter… C'est motivant de tenter quelque chose de difficile !

Une fois encore, il est question simplement du regard que nous portons sur les choses, les événements, les situations. Comme nous, et vraisemblablement plus que nous, nos enfants s'interrogent.

En chaussant nos binoculaires positives, nous voyons l'adversaire perdre de son omnipotence et de son infaillibilité. Le vaincre stimule notre intelligence et sollicite en nous des connexions neuronales que nous n'aurions jamais établies autrement.

Comme nos enfants, nous pouvons choisir de relever le défi qui nous est lancé !

Il suffit de choisir de remplacer la notion de contrainte par celle de défi. Un défi qu'on se lance à soi-même.

Au lieu d'être tétanisé par ses matières faibles, soutenons notre enfant à se dire : « ***Chiche ! Ce mur qui obstrue ma route, je peux décider de le desceller pierre après pierre.*** » Tant il n'existe aucune porte inviolable ni de murs de prison infranchissables. Les ingénieurs de sécurité en administrent la preuve chaque jour, eux qui doivent sans cesse innover et inventer de nouvelles procédures plus sûres et plus dissuasives.

Comme en sport, un adversaire plus fort que soi oblige à se dépasser. Si nous sommes d'un niveau assez proche, nous pouvons sûrement espérer le vaincre. S'il est nettement plus fort que nous, **c'est sans doute notre seule occasion de pulvériser notre record personnel**…

Une victoire par rapport à nous-mêmes qui ne s'effacera jamais de nos mémoires et qui nous donnera l'envie de reproduire cet exploit et de l'améliorer.

La situation de difficulté (des résultats scolaires dans une matière qui plafonnent à 5 par exemple) **peut se révéler une formidable opportunité**. Pour tester sa volonté et développer des capacités.

Nous pouvons dire à notre enfant : « *Qu'est-ce que tu risques, avec un 5 tu peux juste réussir à faire pareil ou mieux, mais au moins tu auras essayé. Ce 5 est la barre basse du saut auquel tu te prépares.* »

Se lancer un défi à soi-même, c'est jouer à qui-gagne-gagne !

Deux hypothèses s'offrent alors à notre enfant :

- Il garde son 5/20. Ça n'a pas marché mais il n'a rien risqué, il n'a rien perdu. Il a tout juste travaillé au lieu de perdre son temps. Une certitude : avec le travail déjà acquis, ça marchera mieux la prochaine fois. Tout au plus peut-il nous répondre : « *Ton truc, ça ne marche pas !* » On puisera alors en nous la force nécessaire pour l'inciter à recommencer.
- Il obtient un 8, ou un 12/20 ! Alors s'impose à lui une seule image, celle du héros. C'était impossible et pourtant il a réussi. Tels Luke Skywalker (Star Wars) et Indiana Jones, il a gagné l'impossible combat contre la force noire. Ainsi perçoit-il en lui que **sans difficulté, il n'y aurait jamais eu de film**. Son regard sur lui-même va changer et probablement celui des autres (condisciples, enseignants, parents…) aussi. La prochaine barre ne sera plus à 5 ni à 8 : la phase suivante consistera à passer et à vaincre cette moyenne mythique dont il ne connaît la valeur que par procuration, ne l'ayant jamais vécue personnellement dans ses matières faibles.

Attention, ce défi que notre enfant se lance, c'est à lui qu'il le lance. A lui seul.

Il peut nous en informer s'il a assez de confiance en nos capacités d'écoute et de compréhension. En aucun cas nous ne devons nous en faire l'écho. Ne pas dire : « *cette semaine mon fils a décidé de dépasser la moyenne* ». Ni à nos amis, ni à nos parents. Et encore moins à ses camarades de classe. Ce défi doit rester un secret.

Ce combat, ce duel n'appartient qu'à lui.

Imaginons les émotions négatives qu'il ressentirait si, après avoir claironné son intention de vaincre, il stagnait. Ou pire, s'il échouait. A choisir, les parents feraient mieux de ne connaître le défi qu'a posteriori. Une fois la note rendue. Quelle qu'elle soit.

Dernier écueil à éviter : les sollicitations au courage façon : « *Un peu de nerf, bon sang, un homme c'est quelqu'un de courageux, regarde ton père (!), ne pas oser, c'est être un lâche…* »

Avec de pareilles phrases, c'est sûr, nous fonçons tête baissée dans le mur de l'incommunicabilité et du désamour.

Outils pratiques à mémoriser

On évitera de dire systématiquement	et on dira le plus souvent
Sois courageux. Fais un effort ! C'est une question de volonté, de courage !	*Tu n'as rien à perdre. Au contraire. Si ça ne marche pas, tu auras appris quelque chose qui pourra te resservir. Si ça marche, tu auras franchi l'obstacle qui était en travers de ton chemin.*
Pour la dictée, je comprends. Moi aussi j'étais nul(le) !	*Quel dommage que je n'aie pas fait l'effort quand il en était temps. Je le regrette encore aujourd'hui. Et si tu te lançais le défi de faire juste un peu moins de fautes que la dernière fois !*
C'est facile. Il suffit de le vouloir !	*Je sais bien que c'est difficile pour toi. Mais si c'est difficile, c'est peut-être une occasion pour te pousser à faire de ton mieux.*

3 - 2 Donner une vision positive du monde des adultes

« Le jeune homme est beau,
le vieillard est grand. »
Victor Hugo

L'Analyse Transactionnelle (AT) est un outil souvent utilisé dans les formations aux relations humaines et à la communication interpersonnelle. Elle distingue « trois manières d'être au monde », c'est-à-dire de se comporter : **le Parent, l'Adulte et l'Enfant**.

Les jeunes ont tendance à refuser d'entrer de plain-pied dans le monde de la réalité, celui de l'adulte. L'adulte, c'est le principe de la réalité. Autant le statut de parent revient à transmettre la Loi, autant être adulte c'est être libre avec la Loi, s'adapter à elle au nom de principes plus élevés (le respect, la démocratie, la vie sociale…). Très souvent, nos enfants préfèrent rester dans un état qu'ils connaissent bien, celui de l'enfance et de ses plaisirs, la satisfaction immédiate de ses besoins, la négation de l'anticipation. Cet état est confortable. Pour eux.

Pourtant à l'école, plus le niveau de scolarité augmente, plus l'enfant ou l'adolescent est confronté à l'exigence de devenir adulte.

Travailler est une fonction d'« adulte ». Elle demande d'anticiper, de se projeter dans l'avenir, de prendre des risques sans forcément attendre et obtenir de résultats immédiats, quantifiables, et dont les effets se produiront dans le futur.

L'un des moyens à notre disposition pour motiver notre enfant consiste à ***mettre en regard l'action présente – ou l'absence d'action présente – avec les conséquences futures***.

Nous viserons donc à lui transmettre autant que faire se peut cette notion fondamentale : *« quand je ne travaille pas le soir, j'ai 95 % de chances d'avoir une mauvaise note à ma prochaine interrogation écrite »* ou *« si je ne relis pas mon cours, je ne sais plus où on en est et si je suis interrogé je ne pourrai rien répondre* ».

L'enfant ne se préoccupe pas, ou très peu, de l'avenir. Il n'intègre pas la notion de temps et des conséquences futures. **Il conjugue sa vie au présent de l'indicatif**. Il a le plus grand mal à imaginer le conditionnel – sauf à recevoir des cadeaux à court terme. De même qu'il souhaite tout et tout de suite, il ne se préoccupe pas des conditions à mettre en place : **si je faisais ceci ou cela, alors j'obtiendrais tel ou tel résultat**.

Devenir adulte est un apprentissage à durée indéterminée. Certains, arrivés au terme de leur vie, n'y sont toujours pas parvenus. Ne parle-t-on pas alors de grands enfants ou de retomber en enfance ?

Avant d'y retomber, préparons donc nos enfants à sortir de l'enfance. Par paliers.

OUTILS PRATIQUES À MÉMORISER

On évitera de dire systématiquement	et on dira le plus souvent
Tu as de la chance d'être jeune ! Profites-en !	*Rien ne t'oblige à rester enfant à 100 %. En étant adulte, ne serait-ce qu'à 5 % de ton temps (faire tes devoirs et avancer ton travail de la semaine), il te reste encore 95 % de bonheur, de jeux et de temps libre.*
Quand donc te décideras-tu à grandir ?	*Etre adulte, c'est super. C'est pouvoir gérer son temps et ses contraintes. Etre maître de son temps, c'est décider de se garder des moments de liberté comme je choisis d'être avec toi en ce moment.*

3 - 3 Identifier les périodes charnières

A la différence de nous dont la carrière est faite – même en cas de perte d'emploi –, le logement assuré, la famille constituée – fut-elle décomposée et reconstituée –, nos enfant sont confrontés en l'espace d'une dizaine d'années – au grand maximum – à des périodes charnières qui sont autant de tournants, de caps, de risques et qui auront, pour partie, des conséquences sur leur propre avenir. Dans une vie d'adulte, à combien de ces moments cruciaux sommes-nous réellement confrontés ? Un tous les cinq ou dix ans environ : changement d'emploi, réorientation professionnelle, divorce ou séparation, perte d'un être cher, chômage, départ à la retraite… Et encore, certains d'entre nous auront-ils l'occasion de ne se trouver que face à une ou deux décisions importantes. De celles qui mobilisent toute notre énergie et tout notre savoir-faire. De celles qui nous mettent en danger.

Les périodes charnières, de l'enfance au statut d'étudiant, sont pratiquement aussi nombreuses que le nombre de niveaux scolaires. Soit une dizaine en tout. Et encore certaines phases sont-elles plus déterminantes que d'autres.

Le CP (l'acquisition de la lecture), l'entrée en 6ᵉ (l'adaptation au lycée), le dernier trimestre de la 4ᵉ (la pré-orientation), la fin de la 3ᵉ dont dépend le cursus général ou technique, l'entrée en seconde et le choix des filières, la 1ère (Bac français), la Terminale avec les baccalauréats (généraux, technologiques, professionnels), les classes supérieures, les préparations aux concours, l'entrée en faculté, les premiers stages d'emploi, le premier contrat de travail… En y regardant de plus près, on s'aperçoit qu'à part la 5ᵉ, notre enfant vit pratiquement chaque année une période charnière.

Et encore ces moments ne concernent-ils que sa vie scolaire ou professionnelle. On ne parle pas des phases de son adolescence, de sa sexualité et de la construction de sa personnalité ! C'est un autre registre.

Nous allons donc tenter d'identifier la période charnière présente dans laquelle se trouve notre enfant et veiller à replacer cette situation actuelle dans un espace de temps plus vaste, en tenant compte de la scolarité dans sa globalité.

Resituer la phase présente dans son contexte permet de relativiser le stress devant l'inconnu.

Comme pour les matches de tennis, certains points sont plus importants que d'autres. **Il existe des points**, des jeux, des balles **qu'il ne faut surtout pas rater sous peine de perdre le match et de laisser filer la victoire.** Les grands joueurs, les grands champions, savent tous qu'à un moment donné il est impératif d'être particulièrement concentré pour donner le meilleur de soi-même. Mais après ce « coup de chauffe » viennent des points qu'on peut laisser filer. Toujours au tennis, la balle de 40/30 du 4e jeu est cruciale. Vitale. En revanche, les deux points suivants, une fois le break fait et qu'un seul jeu sépare de la victoire, peuvent se vivre sur un mode mineur. Etre mené 30/0 au 5e jeu n'a rien de dramatique. On peut donc laisser filer, à condition de ne pas se laisser distancer.

Ces charnières-là, somme toute peu nombreuses et passagères, nécessitent une grande vigilance. Autrement dit, un bon « coup de collier » pour notre enfant et un certain recul pour nous afin de rester calme dans la tempête qu'il affronte. Paniquer avec lui ne serait guère efficace.

Dans une année scolaire « normale » sans enjeu, les périodes charnières sont généralement les trois premières semaines de la rentrée pour se cadrer sur un rythme de travail et les deux premiers mois du troisième trimestre. Les efforts produits le premier mois permettent de s'assurer une relative tranquillité pour la fin du trimestre et le début du second. A condition d'entretenir ce bon rythme tout au long de l'année.

Ensuite viendra le moment du passage en classe supérieure, la dernière ligne droite qu'il ne faut surtout pas manquer sous peine de redoubler.

Outils pratiques à mémoriser

On évitera de dire systématiquement	et on dira le plus souvent
Tu es débordé, moi aussi. Fais un effort !	*Tu vis une période difficile, je le vois bien. Accroche-toi, elle n'est pas éternelle. Dans moins de... jours tu pourras relâcher ton effort. Laisse-moi t'aider, si tu en éprouves le besoin. Je suis là.*

3 - 4 Faire en sorte qu'il donne le meilleur

Une entrée sur scène avant le lever du rideau, les premiers pas sur un gazon de football, une pelouse de rugby, une rencontre à Roland-Garros ou au Stade de France, ça se prépare ! Nul ne passe, comme ça, de l'ombre à la lumière par l'effet d'une baguette magique. Ce serait trop simple.

Avant d'entrer dans quelque arène que ce soit, nous devons nous mettre en condition optimale. Et encore une fois, c'est ce que nous nous disons qui fera la différence.

Par exemple, si notre enfant, avant un DST ou un contrôle, se dit : « *je n'ai pas assez travaillé, j'aurais dû travailler plus, je vais encore me planter* », alors oui, il part en général perdant. Il ne se met pas dans les meilleures conditions mentales, il doute de lui, il appréhende ce qui va arriver de manière négative. Hormis le cas assez rare où ce genre d'image mentale, en ce qu'elle créerait en lui un stress, ferait monter son taux d'adrénaline et activerait sa concentration, la plupart du temps cette vision négative diminue les chances réelles de succès.

A partir de ce même constat de carence, notre enfant peut tout aussi bien choisir de se dire autre chose : « *je vais me donner à fond, je vais faire en sorte de m'en sortir coûte que coûte et si je ne sais pas tout, il existe des passages du programme que je maîtrise parfaitement et qui me permettront de glaner un maximum de points* ». On l'a compris, c'est cette pensée active qui donnera le plus de résultats. Et l'enfant de se poser la question qui fait la différence : *« Comment utiliser au mieux ce que je sais, même si je ne sais pas tout ? »*

A ce moment crucial, **ce sont les automatismes qui doivent fonctionner**. Regardons un gardien de but qui entre sur le terrain pour disputer un match de championnat. Que font ses coéquipiers ? Lui tirent-ils des « boulets de canons » et visent-ils systématiquement la lucarne afin qu'il échoue ou au contraire lui adressent-ils des balles à ras de terre, facilement rattrapables et que le gardien arrêtera à 100 % ? La réponse est évidente : les joueurs ne cherchent pas à vaincre leur propre gardien de but. Au contraire, ils le stimulent par des tirs faciles qui n'ont d'autre objet que de remettre en place ses automatismes. Un tir dans la lucarne que le gardien ne rattraperait pas reviendrait à mettre ce dernier dans une situation de doute. Il y a fort à parier que, omnubilé par ce but encaissé, ce dernier resterait gravé en lui et le perturberait pendant toute la durée du match.

C'est la même chose pour un chanteur d'opéra ou un musicien de l'orchestre. Dans les minutes qui précèdent l'entrée en scène ou dans la fosse d'orchestre, il ne s'agit que de faire des gammes pour retrouver les automatismes et la confiance en soi. En aucun cas ces artistes ne jouent ou ne chantent le passage difficile, celui sur lequel ils butent le plus souvent. S'ils le faisaient, et s'ils échouaient dans les secondes qui précèdent la représentation, ils auraient 95 % de chances – ou plutôt de malchances – de refaire la même erreur au même moment.

Ainsi, et on retrouvera plus loin certaines de ces phrases, pour ne pas diminuer le capital confiance de notre enfant, si ténu soit-il, afin d'éviter de faire peser sur lui une pression si insupportable qu'elle risquerait de le paralyser, nous utiliserons des mots qui soutiennent, des mots qui accompagnent :

- **Fais de ton mieux.**
- **Donne le meilleur de toi-même.**
- **Fais ton maximum.**
- **Fais comme tu sais le faire.**

L'objectif, quels que soient les mots que nous choisirons, est double :

- redonner confiance,
- faire chuter sa température émotionnelle.

Ces quatre phrases, nous pourrons nous les dire à nous-mêmes, à nos collaborateurs, à nos collègues. Ne sont-ce pas les mots qu'on souhaiterait entendre chaque matin ou du moins devant chaque difficulté : un rapport à rendre, un dossier à faire pour hier, une commande urgente, un chiffre d'affaires à développer, un imprévu professionnel, une situation familiale pressante… ?

Outils pratiques à mémoriser

On évitera de dire systématiquement	et on dira le plus souvent
Si tu te plantes, tu l'auras mérité !	*Tu n'as peut-être pas assez travaillé. Ce n'est pas le moment d'avoir des regrets ou des remords. N'y penses plus. Fonce. Fais de ton mieux et engrange le maximum de points. Pour le reste il sera toujours temps d'en reparler.*
Tu n'as rien fait ! Tu mérites d'échouer.	*On ne peut pas être toujours prêt. Ce sont des choses qui arrivent. Maintenant il va falloir faire avec le peu que tu sais. Concentre-toi sur ce que tu veux faire. L'essentiel pour moi, c'est que tu fasses de ton mieux.*
Je te préviens. Tu as intérêt à réussir cet examen si tu ne veux pas décevoir encore une fois ton père !	*Quel que soit le résultat, donne-toi à fond. Libère-toi, ne penses à rien d'autre qu'à cet examen et la façon dont tu vas t'en sortir. Donne tout ce que tu peux.*

3 - 5 « Positiver » le monde

« Le meilleur reste à venir. »
P. Obispo, 1998

Tout comme il est insupportable de vouloir faire peser sur nous, parents, la responsabilité de l'échec scolaire de notre enfant au nom d'une prétendue « démission individuelle et collective des parents », il est tout aussi injuste de faire porter sur notre enfant une quelconque implication, voire une responsabilité dans les misères du monde.

A chaque âge, à chaque génération, ses responsabilités et ses préoccupations.

Car ce n'est pas de démission parentale qu'il s'agit, ni d'une responsabilité globale, universelle et collective. En fait, et depuis une trentaine d'années, nous assistons à un mélange des genres.

Elever notre enfant, ce n'est pas en faire aujourd'hui, sur l'heure, sur un simple claquement de doigts, un adulte.

Devenir adulte, nous le savons, s'inscrit dans la durée. Ce n'est pas en tirant sur une jeune pousse qu'on la fait grandir, c'est en l'arrosant, en lui donnant de l'engrais, en la regardant s'épanouir à son rythme. D'aucuns préconisent même de lui parler.

Certains pédagogues estiment que nos enfants ont déjà en eux tous les savoirs, que les enseignants n'ont rien à leur transmettre d'autre que l'aménagement et la compréhension de ces pré-acquis.

Selon nous, c'est non seulement stupide, mais dangereux !

Nos enfants sont certes des adultes en devenir. Mais *en devenir* seulement !

A quoi sert de « conscientiser » quand il n'est question que de transmettre des connaissances ? A quoi bon informer notre enfant des malheurs de la terre s'il ne dispose pas des outils de base pour étayer, construire et développer son raisonnement ? Comme l'apprentissage de la lecture, de l'écriture et de la mise en forme des mots. Comment développer en lui un regard citoyen s'il ne possède pas les rudiments et les mécanismes de base de la communication ?

« A chaque âge ses vertus », « à chaque temps suffit sa peine », « il y a un temps pour tout », « tout vient à point à qui sait attendre »… On pourrait multiplier les citations tirées de la sagesse populaire qu'en langage simple on appelle encore **le bon sens** – on peut l'entendre dans sa deuxième acception : **aller dans la bonne direction**.

Quel est l'intérêt pédagogique d'expliquer à un enfant de 6e la crise du chômage ? **Ce n'est pas son problème.** Pas encore. Et ce ne sera peut-être jamais un problème pour lui. En tout cas ce n'est pas le problème du moment. Et le prétexte d'en faire un enfant « informé », un enfant « responsable de ses actes », un enfant « principal acteur de la violence urbaine et scolaire » – (pardon, des incivilités au quotidien) n'est qu'une illusion.

Certains parents ont tellement fusionné avec leurs enfants – généralement par refus de vieillir et au nom d'une liberté qui leur aurait été prétendument refusée – qu'ils se conduisent en post-adolescents attardés tandis que leurs enfants eux, seraient, dès le collège, des pré-adultes.

Aujourd'hui, la grande mode est de faire lire en classe à nos enfants des textes issus de la presse quotidienne. Louable effort d'adaptation au monde actuel. Encore n'est-il pas utile de choisir systématiquement des faits divers ou des catastrophes naturelles pour éduquer leur intelligence. Pourquoi privilégier le tremblement de terre de Turquie (11 000 morts), les inondations au Mexique (400 morts, 200 000 disparus), les actes terroristes en Algérie (35 000 morts), et une guerre civile au Timor oriental juste quelques semaines après avoir étudié l'épuration ethnique serbe ? Puis l'épuration ethnique au Kossovo ?

N'en déplaise à certains médias qui, audience oblige, privilégient la mort, le sang et le drame (c'est tellement plus vendeur !), il existe d'autres informations qu'on pourrait classer dans la catégorie des « bonnes nouvelles » mais qu'on passe sous silence tant elles paraissent aller de soi.

Puisque l'école ne le fait pas, puisque la télévision, les

chansons et le cinéma – on en reparlera plus loin – savourent *le sordide*, à nous parents de leur donner une image positive du monde.

Non, tout ne va pas si mal que cela. Au contraire, les choses iraient en s'améliorant.

Ainsi, au lieu de s'attarder sur cinq morts dans un hôpital lyonnais pour cause de panne d'électricité – dont on apprend un an après qu'il n'existait entre les deux faits aucun lien de causalité –, nous préférerons parler à nos enfants des progrès de la médecine, des découvertes qui soulagent de la maladie et éloignent le spectre de la mort, des inventions formidables qui, en nous économisant force et travail, nous permettent de partager le temps de nos enfants.

Quant au sport, au lieu de se focaliser sur le dopage et l'EPO – certains journaux télévisés n'ont pas hésité à consacrer vingt minutes du sacro-saint Journal de 20 heures (soit les deux tiers du temps à évoquer ce sujet) – pourquoi ne pas valoriser l'exemple, la solidarité, l'exploit individuel, l'esprit d'équipe, les médailles, les victoires françaises ? Oui, la France a pu être championne du monde de football le 12 juillet 1998. Puisons donc dans cette victoire des exemples quotidiens pour soutenir nos enfants en prônant la stratégie, l'importance du mental positif, la confiance en soi, l'entraînement régulier… Ce n'est pas un hasard si Aimé Jacquet, un mois avant le début du championnat, a proscrit tous les journaux écrits.

Utopie, angélisme, irresponsabilité, on peut entendre d'ores et déjà et imaginer les ricanements qui fuseront après de telles banalités. Qu'importe. Notre choix consistera toujours à privilégier ce qui grandit le jeune, l'incite à se dépasser, à se transcender, ce qui lui redonne le goût du faire et du faire bien au détriment de ce qui le culpabilise et le rabaisse.

Autour de nous, dans notre premier cercle, recensons combien de bonnes nouvelles nous pouvons annoncer. Une naissance, une guérison d'un enfant ou d'un parent, des fiançailles, un mariage, des noces d'argent, des compliments donnés et reçus, une récompense, une médaille en sport, des petites victoires…

En élargissant au deuxième cercle et au troisième cercle, à celui des amis et de notre pays, là encore nous trouverons, pour peu que nous nous en donnions la peine, **des occasions de nous réjouir et de transmettre notre plaisir de vivre**.

Non, le monde ne va pas si mal que ça. Oui, il pourrait aller mieux. Alors, ensemble, faisons qu'il le devienne.

Et quand viendra l'heure de confronter nos enfants aux réalités qui les attendent, et parce qu'ils auront su puiser dans leur « vécu » concret et dans leur imaginaire, alors ils seront en mesure d'entendre, de comprendre, de déchiffrer et de s'adapter de façon autonome, responsable et pertinente.

Outils pratiques à mémoriser

On évitera de dire systématiquement	et on dira le plus souvent
Le monde du travail est une jungle. Seuls les meilleurs gagnent. Pour les autres, c'est le chômage garanti !	*Quand je compare avec ma propre scolarité, je trouve qu'il existe de plus en plus de possibilités, de débouchés, même si les règles du jeu ont changé.*
Tout va mal, le progrès technique tue l'emploi et les relations humaines.	*Appelle-moi à l'intercours avec ton téléphone portable. Ça me fera plaisir de t'entendre ! ! !*
La guerre en Bosnie, les raz-de-marée, la politique, il y a décidément quelque chose de pourri. Je ne sais pas comment vous allez pouvoir vous en sortir. Moi, je serai déjà mort. Mes pauvres enfants !	*Alors que personne n'y croyait, même pas nous, la France a pu être championne du monde. Les guerres ont toujours une fin puis vient le temps de reconstruire. Regarde la paix au Proche-Orient. C'est long et difficile, mais ça en vaut la peine.*

3 - 6 IDENTIFIER LA PHASE PRÉSENTE

Souvent, le nez « scotché » – expression de nos enfants souvent utilisée à propos de la télévision et des jeux vidéos, dérivée des comportements d'amour-amitié – sur l'événement, l'enfant ou l'adolescent éprouve une réelle difficulté à se replacer automatiquement dans un contexte plus large, plus général. Il a du mal à mettre en perspective le moment présent et les difficultés qu'il rencontre – pour lui insurmontables – avec le trimestre, l'année scolaire, le « cycle d'apprentissage », son stade d'évolution et de transition entre l'enfance, l'adolescence le pré-adulte et l'adulte.

Exemples :

Lors des premiers mois de la classe de sixième ou de la classe de seconde, il n'est pas rare que les notes diminuent. Au lieu de dramatiser, de pénaliser, de juger, nous essayerons de replacer ce moment dans un contexte plus large comme celui du changement de cycle, du changement éventuel d'établissement, de la difficulté de se faire de nouveaux amis… En bref, nous tiendrons compte de sa vision actuelle du monde, la fin de ses certitudes acquises dans le primaire où, il y a trois mois encore, il figurait parmi les « grands » avant de se retrouver aujourd'hui tout petit par rapport à d'autres plus grands que lui (ne parle-t-il pas d'un « grand » de 4e ?), sans parler des « géants » que sont pour lui les lycéens.

Son monde change, il n'y a rien d'absurde ni de dramatique à ce que son travail et ses résultats changent.

Idem pour les premiers mois de seconde. Au changement de cycle s'ajoutent des mutations d'ordre physique et émotionnel. Non seulement son monde change et évolue mais lui-même change et évolue. Période de doutes et d'envies non maîtrisées, l'adolescence est là qui se rappelle à lui et qui mobilise une bonne partie de ses réflexions sans compter le bouleversement scolaire qui va exiger de lui une orientation scolaire. Là encore, il serait illusoire, voire dangereux de conserver la même attitude.

Troisième et dernier exemple : la fin de la classe Terminale. A quelques mois du baccalauréat, examen qui va sanctionner toute une scolarité et le faire plonger de plain-pied dans l'Université, les IUT ou le monde professionnel, il n'est pas rare que l'adolescent en saisisse toute la portée. « Ticket d'entrée » nécessaire, indispensable mais insuffisant dans l'univers des études supérieures, les derniers mois de scolarité vont conditionner pour une large part sa vie future, du moins les quelques années qui viennent. L'importance primordiale du « carnet » pour « intégrer la bonne Prépa », la classe préparatoire, rabaisse l'obtention du baccalauréat à une formalité.

A l'aide de ses trois exemples, nous comprenons que notre rôle consiste à replacer le présent dans une perspective à moyen et long terme.

Nos mots, nos attitudes, ce que nous nous disons et exprimons non consciemment (cf. la communication non verbale) **seront déterminants pour soutenir et aider, ou au contraire amplifier le doute et accroître le stress.**

Et puisqu'il leur est difficile d'identifier le présent, aux parents de leur donner les informations qui leur font défaut, **sans se mettre à leur place, sans décider pour eux.**

3 - 7 Repérer les causes directes

La motivation, comme la démotivation, se vit en temps réel. Il importe donc que nous soyons informés en permanence de l'état émotionnel dans lequel se trouve l'enfant ou l'adolescent en face de nous. Versatile, passager, l'état présent des jeunes peut varier du tout au tout en quelques heures, en quelques jours. Une déception, une remarque ressentie comme blessante, et nos patients efforts semblent réduits à néant. Rien de dramatique en vérité… si nous parvenons à identifier le moment présent.

Selon qu'il sera en phase de confiance en lui ou, au contraire, en phase de doute, les mots que nous utiliserons, notre comportement, notre écoute, varieront.

C'est à nous de nous adapter si nous souhaitons toujours être efficients.

Au cours de nos séances de « Motivation Jeunes », pour aider les adolescents à se positionner, il nous arrive assez régulièrement de leur proposer les exercices suivants. Plutôt que de les interroger avec des questions fermées (questions auxquelles on ne répond que par oui, par non ou par l'une des composantes de l'alternative « tu veux du chocolat ou du café ? ») ou avec des questions ouvertes (réponses qui contiennent une part de développement et partant, d'informations utilisables par « reformulation » ou Ecoute Active — voir plus loin), nous leur demandons de visualiser mentalement les états suivants :

- **Identifier les situations de démotivation.**
- **Identifier les situations de motivation.**
- **Identifier les freins à votre motivation.**
- **Identifier les moteurs de votre motivation.**

Identifier les situations de démotivation

Exercice 1 :

(Le parent/l'animateur/l'enseignant) :

« Ferme les yeux et essaye de te représenter quelqu'un de démotivé. C'est un garçon (ou une fille) de ton âge, il est dans ta classe, il assiste à un cours dont la matière ne lui plaît pas et dans laquelle il a de mauvais résultats. A quels signes, grâce à quels indices, te rends-tu compte qu'il est démotivé, découragé, qu'il en a assez, qu'il ne croit plus en lui ? »

Réponses induites :

« Quelqu'un de démotivé n'écoute pas, il soupire, il est vautré sur sa table, il dessine ou il gribouille, il parle avec son voisin, il essaye d'appeler un copain à l'autre bout de la classe, il est dégoûté, il n'y croit pas, il pense que c'est foutu, que c'est trop tard, il se sent triste, il a l'impression d'être rejeté, il est énervé, il est agressif, il insulte le professeur à mi-voix… »

Identifier les situations de motivation

Exercice 2 : Exactement les mêmes questions qu'à l'exercice 1.

« *Imagine un élève de ta classe. Il assiste à un cours d'une matière qu'il aime et dans laquelle il a de super-notes. A quoi vois-tu qu'il est motivé, qu'il a envie de progresser, qu'il est intéressé, à quoi pense-t-il, que ressent-il ?* »

Réponses induites :

« Celui-là écoute, il regarde le professeur et le tableau, il lève le doigt pour répondre, il est souriant, il a l'air heureux, il s'intéresse à ce que dit le professeur, on voit qu'il a du plaisir à être là. »

Identifier les freins à votre motivation

Exercice 3 :

« *Au lieu de penser à quelqu'un d'autre, mets-toi en situation scolaire. Imagine que tu n'es pas motivé. Qu'est-ce qui t'en empêche ? Quelles sont les raisons précises pour lesquelles ce que tu fais ne t'intéresse pas ? A quoi penses-tu à ce moment-là ? Comment te sens-tu ?* »

Réponses induites :

« Je ne vais pas y arriver parce que je n'en ai pas envie, parce que je ne suis pas capable, parce que je n'en ai pas les moyens. Je n'ai pas eu le temps de préparer mon DST, de toutes façons je vais le rater. J'ai des choses bien plus importantes à penser en ce moment. Je suis préoccupé par autre chose. J'ai des problèmes avec mes parents, avec mes amis, avec mon (ou ma) petit(e) ami(e).... »

Les réponses fournies par les participants nous démontrent qu'il existe bien une stratégie personnelle de démotivation. Nous savons très bien nous démotiver et démotiver les autres. Puisqu'il existe une stratégie de démotivation, inversement, il existe une stratégie personnelle de motivation.

Identifier les moteurs de votre motivation

Exercice 4 :

« Cherche à identifier deux situations non scolaires dans lesquelles tu as réussi (sport, modélisme, console de jeu…). Cherche ensuite deux situations scolaires où tu as été content ou fier de toi. Qu'est-ce que tu t'es dit ? Qu'as-tu ressenti ? Pourquoi as-tu réussi ? Qu'est-ce qui fait que tu as réussi ? Qu'est-ce que tu as mis en place ? »

Réponses induites :

« Je savais que je pouvais y arriver. Je me suis fixé un défi : réussir alors qu'on m'avait dit que j'en étais incapable. J'ai voulu prouver à quelqu'un que je n'étais pas nul. J'ai voulu faire plaisir. J'ai voulu être fier de moi et qu'on soit fier de moi… »

C'est la définition même du « talent ». **Le « talent », c'est ce qui fait qu'on réussit ce qu'on tente**. C'est une démarche personnelle qui tient compte de notre unicité, de notre passé, de nos capacité et de nos croyances. Identifier son « talent » ou sa stratégie de motivation, c'est pouvoir s'en servir par la suite et la reproduire. Une fois que sont démontés les mécanismes de la réussite, ils sont réutilisables à volonté. Si on a conscience de ce qui nous motive et de ce qui nous démotive, c'est tout naturellement qu'on créera des circonstances positives et qu'on écartera les situations démotivantes.

3 - 8 ÉCONOMISER LES EFFORTS FUTURS

Une des raisons le plus souvent invoquées par les adolescents pour justifier leur manque de travail serait la fainéantise. Ils la définissent eux-mêmes comme la volonté d'éviter de faire des efforts.

Au lieu de la stigmatiser, de la traquer, si nous faisions de la fainéantise un outil de motivation ?

En changeant notre regard, en agissant à contre-pied et

à contre-emploi, en se servant de l'obstacle pour parvenir à l'objectif, nous pouvons miser justement sur le manque de volonté de l'adolescent pour l'aider à se mettre au travail. Maintenant.

Puisque les enfants et les adolescents sont « économes » de leurs efforts, présents et à venir, nous allons leur proposer de réaliser de véritables économies.

Le raisonnement **? Tout travail, même minime, effectué aujourd'hui dispense d'efforts ultérieurs** ou **Travailler maintenant, c'est se donner le droit de travailler moins plus tard.**

De même que les sportifs qui ne se sont pas entraînés pendant l'intersaison devront sans cesse courir après leur forme et leurs performances, un entraînement léger mais quotidien, le déverrouillage des automatismes permet, le moment venu, de mesurer ses efforts pour ne les concentrer que sur la performance.

Une leçon écoutée au cours, comprise et relue le soir même ou avant la prochaine leçon nécessitera nettement moins d'efforts et de temps que de la redécouvrir lors des examens de fin de trimestre.

Au lycée, un sujet compris en première demandera une simple relecture approfondie un an et demi plus tard au moment du baccalauréat. En revanche, une leçon non sue, non apprise, non décortiquée, non validée par une nouvelle correction exigera des heures et des heures de travail pour non pas une « remise à niveau » mais une « mise à niveau ». Le temps des révisions étant compté, il existe une forte probabilité pour que la leçon oubliée figure en bonne place dans le champs glorieux des « impasses », celui qui ne doit plus rien au travail et à la mémorisation, mais tout à la chance. Un rappel : la chance n'entre que pour 5 % dans la réussite. Autrement dit, 5 sujets sur 100. Dangereux, non ?

Comme miser sa vie entière sur un simple ticket de Loto.

Outils pratiques à mémoriser

On évitera de dire systématiquement	et on dira le plus souvent
Le travail est obligatoire. Toute sa vie, on travaille !	*L'effort demandé aujourd'hui te permettra d'en faire moins plus tard et de choisir. Tu seras plus libre et de tes choix et de ton temps.*

3 - 9 Valoriser la situation de 1er de classe

Contrairement à une idée reçue, largement répandue et admise par les parents et reproduite le plus souvent involontairement, **la situation de 1er de la classe n'est pas enviable**. Pour les enfants et les adolescents. Ni même celle du peloton de tête. Bien au contraire. Il s'agit là d'une situation paradoxale.

Nous encourageons nos enfants à figurer parmi les premiers (certains parents fixant la barre au-dessous de laquelle il n'est de réussite : celle du vainqueur) sans nous apercevoir combien il est inconfortable pour eux de s'imaginer dans cette situation. De même que pour nous, l'avis et le regard de l'autre comptent, de même sommes-nous habitués à nous fondre dans la masse tant la peur d'être différent nous paralyse, de même qu'être vainqueur est une notion qui comporte en elle une dimension de domination (« avoir écrasé bien des pieds », « des cadavres plein les tiroirs »…) et donc une réaction de jalousie et d'envie, de même le modèle de premier de classe n'est pas exempt de railleries et de mépris. Et à ce jeu du « mot qui tue », les enfants sont les plus forts.

Nous avons rencontré des enfants et des parents d'enfants dans cette situation. Unanimement, ils nous disent combien ce piédestal pèse.

Pour les enfants : « *J'en ai marre d'être toujours le premier. Ce n'est pas facile. Tout le monde m'en veut. Je voudrais tellement être comme les autres…* »

Pour les parents : « *Je suis fière mais je le sens mal dans sa peau. Il est trop sérieux. Je le pousse à s'amuser mais il reste enfermé dans son coin…* »

L'image du premier de classe ?

Pour les jeunes :

C'est un « fayot », un « lèche-cul », le « chouchou des profs », un « tocard »…Il ne s'intéresse qu'au travail scolaire, il n'est pas drôle, c'est un « fruit sec », il est toujours au premier rang, il ne fait jamais de bêtises, il ne sort jamais en boîte, c'est bien de sa faute s'il reste seul, on ne respire pas le même oxygène. Il réussit, et alors ? et à quel prix ? C'est un traître. Il est toujours du côté des profs. La preuve, dès que le prof s'absente, c'est lui qui est désigné. C'est un pion, un maton…

Il n'appartient pas à notre monde. Il a changé de camp !

Pour les enseignants :

C'est un élève sérieux. C'est un véritable plaisir de travailler avec lui. Quand je lui parle, j'ai l'impression de faire quelque chose de positif et de ne pas perdre mon temps, il accepte les consignes, il ne perturbe pas la classe, il « rame » dans le bon sens, c'est un modèle. Ah, si tous pouvaient prendre exemple sur lui !

Sans même s'en apercevoir, par des phrases involontaires et qui se veulent motivantes, l'enseignant « crucifie » à chaque fois un peu plus l'enfant. **Plus il le félicite, plus le regard des autres se noircit**. L'injustice est vécue dans l'instant. Au lieu de vouloir l'imiter, il est tellement plus confortable d'être « comme les autres ». Ni plus, ni moins !

L'image du dernier de classe ?

Paradoxalement, l'image du dernier de la classe (ou plutôt des derniers) est **enviable**. Elle est le pôle positif répondant au pôle négatif vécu par le premier de la classe.

Pour les jeunes :

Il est sympa, c'est un « déconneur », il est drôle, avec les filles ça marche, il a toujours le mot pour rire, il est débrouillard – d'accord, il n'a pas de bonne notes, mais au moins il profite de la vie – il se fait mettre à la porte mais avec lui, on « s'éclate »…

Par moments, je voudrais bien être à sa place. Il est avec nous !

Pour les enseignants :

C'est un cancre, son cas est désespéré, s'il ne perturbe pas trop la classe, il ne gêne pas. Même si je ne peux rien faire avec lui, il sort la classe de sa torpeur. Il est parfois cocasse…

Ce jeune est un rebelle et les rebelles ont une représentation positive. La scolarité n'est sans doute pas adaptée à sa forme d'intelligence mais il s'en sortira toujours. Au moins il est cohérent avec lui-même : il ne travaille pas, il n'a pas de résultats. Rien de plus logique. Rien de plus normal.

Dans un cas très particulier mais somme toute assez rare, l'image des derniers de classe se transforme en celle d'un héros mythique, celui qui a vraiment tout compris, et de la vie et de l'école : non seulement il n'a pas travaillé mais il a une note excellente. Il est vraiment *très intelligent.* Son exemple est dangereux en ce qu'il ridiculise la notion de travail et prouve que la chance existe.

L'image du « nul laborieux »

Entre ces deux extrémités, il existe un autre cas de figure dont la représentation sociale est détestable : celle de l'enfant qui a travaillé et qui n'a pas de bons résultats.

Pour les jeunes :

Pauvre type ! Il a voulu faire comme les premiers, il s'est acharné, et en plus il a raté. C'est un looser. Il a voulu changer de monde, il a essayé, il s'est planté, c'est bien fait pour lui. On ne va pas le plaindre…

Le paradoxe

Cette situation, comme on l'a vue, est paradoxale. Partout ailleurs qu'à l'école, et quelle que soit l'activité, l'image du premier est valorisée. C'est tellement vrai en sport.

Le premier est un champion. Les trois premiers décrochent des médailles. Ils montent sur le podium. La « Marseillaise » retentit à l'autre bout du monde tandis que, la main sur le cœur, des larmes de joie inondent le visage du vainqueur. Avec un peu de chance et selon son rang, le président de la République lui décernera le ruban bleu du Mérite ou le ruban rouge, la Légion d'honneur.

Il parle à la télévision, il donne des interviews, son portrait fait la une des journaux. On le sollicite, on lui demande son avis (même – surtout ? – s'il n'a rien à dire...), les filles crient son nom, il est photographié, « posterisé », son image est punaisée dans les chambres des filles et des garçons. C'est une idole. Les foules le reconnaissent dans la rue malgré ses lunettes noires, il n'a plus de nom mais un prénom, il roule dans des bolides, signe des autographes...

Le premier est devenu une idole nationale. Et si c'est une fille, dans quelques années son buste sera présent dans les mairies. Elle sera la nouvelle Marianne, jusqu'à ce qu'une autre, cinq ans après, vienne la remplacer.

Notre système éducatif a même, dans une pulsion libertaire, tenté de supprimer la notion de notes et de premiers de classe. Un monde sans note où les premiers seraient les derniers. Et réciproquement.

C'est ainsi que pendant une dizaine d'années les notes ont été remplacées par A, B, C, D ou E, qu'officiellement il n'existait plus de premier de classe et a fortiori plus de dernier. Une manipulation qui n'a trompé personne et surtout pas les élèves eux-mêmes. Quant aux enseignants, ils ont accompagné les 5 notations de référence de + et de –, ce qui revenait pratiquement au même, les « compositions » étant notées sur 15 points au lieu de 20.

Supprimer les références, dégager unilatéralement ce qui

> *« C'est un texte très ancien, l'arrêté du 5 juillet 1890 qui a prescrit que, dans les compositions, chaque copie aurait sa note chiffrée de 0 à 20. Il en résultait un classement linéaire. Or les études docimologiques qui se sont multipliées dans les vingt dernières années ne laissent aucun doute sur le caractère illusoire de la note et du classement obtenus. Le principe du classement lui-même a été contesté pour de fortes raisons. En vérité ce qui importe, ce sont les progrès de l'élève par rapport à lui-même et leur constatation n'exige pas nécessairement une note chiffrée. Elle l'exige d'autant moins que l'importance de la place est presque toujours surestimée. N'est-ce pas préférable, finalement, d'éliminer ces erreurs communes et dangereuses en renonçant tout à fait à traduire les résultats des exercices – dénommés ou non compositions – par des places que le maître annonce ?*
>
> *(…) On sera tout naturellement conduit à éliminer ces « places » proclamées qui provoquent chez tant d'élèves tantôt une anxiété aussi nuisible à leur équilibre général qu'à leur développement intellectuel, tantôt une indifférence plus ou moins résignée ou rétive, tantôt la dérision, parfois des vanités ridicules ou un esprit de rivalité quelque peu agressive ou mesquine et qui sont à l'origine de bien des conflits familiaux, accablants pour l'enfance, irritants pour l'adolescence (…) Il faut éviter de dramatiser. Or lorsque les notes attribuées par chaque maître figurent distinctement sur le bulletin de fin de trimestre, la dramatisation est inévitable.*
>
> Edgar Faure – Ministre de l'Education nationale
> Circulaire du 6 janvier 1969[1]

dérange, gommer les différences, c'est le contraire de ce que nous préconisons.

Dans notre logique « *changer notre regard* », nous pouvons – nous devons ? – nous servir sans hésiter de cet exemple positif que constitue le 1er de classe (ou les premiers) pour motiver notre enfant. S'il est arrivé le premier, c'est qu'il a travaillé. Il peut devenir un « modèle identificatoire ». La chance n'a rien à faire là-dedans.

Ainsi en va-t-il du premier de la classe. Dire et se dire que s'il a réussi, ce n'est pas parce qu'il est plus intelligent ou surdoué. Simplement, **il travaille moins mais il travaille plus efficacement**, sans « bachotage » ni « charrette » mais régulièrement, à son rythme, un peu mais tous les jours.

1. Extrait de *Le Scandale de l'Education nationale, op. cité.*

De même, les premiers ne sont-ils pas systématiquement boutonneux, solitaires, tristes à pleurer.

Nous pouvons trouver des exemples d'un ami de notre fils ou de notre fille qui non seulement a de bons résultats mais qui en plus est sympathique, charmeur, a du succès avec les filles/garçons, a le sens de la fête et de la rigolade.

En remettant en perspective, nous ferons comprendre à nos enfants que l'alternative « cool » ou premier de classe est faussée.

« Cool » et premier de classe, on peut être les deux à la fois !

Pour mieux comprendre, on se référera au tableau ci-dessous.

OUTILS PRATIQUES À MÉMORISER

On évitera de dire systématiquement	et on dira le plus souvent
Je suis comme toi, les premiers m'énervent. Je garde le souvenir des premiers de mon époque. Ils n'ont rien fait de leur vie.	*Etre parmi les premiers, c'est être tranquille. Tout le monde te fiche la paix. Tes profs, nous… Etre en tête, c'est passer huit heures de cours sans stress. Tu es porté par une vague. Pas ou peu d'efforts à fournir.*
Je ne te demande pas d'être premier ! Juste moyen !	*Etre parmi les premiers, c'est être cool. Regarde Franck. Il est bon et en plus il est sympa. Vous êtes amis. Il n'est pas différent de toi.*

ALTERNATIVE AU QUOTIDIEN			REPRÉSENTATION SOCIALE	MOTIVATION
	TRAVAILLER	RÉUSSIR	1er de la classe Boutonneux Fayot / chouchou	Champion
		ÉCHOUER	Pas intelligent Nul Pauvre type	Courageux
	NE PAS TRAVAILLER	RÉUSSIR	Très intelligent Héros Star	Chanceux Tricheur ?
		ÉCHOUER	Rebelle James Dean Sympathique	Cohérent

Le travail et sa représentation sociale.
Pourquoi il est mieux vu de ne pas travailler que de travailler

3 - 10 Changer de paradigme

En utilisant le terme de paradigme, nous rompons momentanément la promesse qui vous avait été faite en début d'ouvrage de n'utiliser que des mots simples, compréhensibles par tous, des mots concrets, des mots qui disent et qui parlent avec pour seule intention : « **Pourquoi faire compliqué quand on peut faire simple ?** »

Nous avons longuement hésité devant l'intitulé de cet outil. Le choix portait sur « **AIDER SON ENFANT À SE REMETTRE EN QUESTION** », « **RECADRER** », « **REMETTRE EN CAUSE LE "CONFORT" DE SON ENFANT** », « **FAIRE SORTIR SON ENFANT DE LA ROUTINE** »...

Nous avons préféré un mot qui peut paraître barbare : le PARADIGME. Composé comme un mélange de paradis et d'énigme, il n'a cependant rien à voir ni avec l'un, ni avec l'autre. Utilisé depuis une trentaine d'années dans les entreprises, ce mot, qui vient du grec *paradeigma*, qui signifie « modèle, patron, exemple », s'attache au trois concepts que sont **l'anticipation, l'innovation et l'excellence**.

Pour comprendre la notion de paradigme et mettre en place les outils nécessaires à la transformation, un seul livre fait référence en la matière, celui de Joel Arthur Barker[1]. D'un usage simple, cet ouvrage présente l'avantage d'expliquer en mots très simples et à l'aide d'exemples précis comment appréhender notre futur et comment l'optimiser.

On retiendra la définition du concept de paradigme par J.A. Barker :

« Un paradigme est un ensemble de règles et de règlements (écrits ou non) qui sert deux fonctions :

1. il établit ou définit des limites,

---

1. *LES PARADIGMES, à la découverte du futur*, J.A. Barker, Ed. Un Monde différent.

2. il vous dicte votre conduite à l'intérieur des limites afin d'atteindre la réussite. »

De façon encore plus réductive, on peut dire que le paradigme est une manière de penser qui nous enferme dans nos croyances (ou celles de la société) et nous empêche de voir de l'autre côté du miroir.

Penser autrement, penser différemment, remettre en cause ce qui est tenu pour certain, voilà le secret de l'innovation.

C'est parce que ce n'était pas possible que Galilée a mis en évidence la rotation de la terre (au prix d'un renoncement pour cause de survie) et qu'Einstein, l'iconoclaste, a ouvert le champ de la relativité.

Si un dessin vaut mieux qu'un long discours, en l'espèce nous citerons l'exemple retenu par J.A. Baker. L'histoire des montres suisses qui illustre pourquoi nous devons apprendre comment sonder l'avenir.

Dans le même moment, la montre à quartz, qui est un développement de la technologie électronique, permettait au Japon, et à Seiko en particulier, de détenir 33 % du marché mondial alors que quinze ans plus tôt il détenait moins de 1 % de ce même marché.

L'ironie de cette histoire c'est que la Suisse aurait pu éviter cette catastrophe économique et anticiper ce changement de paradigme : pour faire une bonne montre il faut un mécanisme avec des engrenages, des ressorts et des aiguilles. *Car ce sont les Suisses eux-mêmes qui ont inventé le mouvement électronique à quartz dans leur Institut de recherche de Neufchâtel, en Suisse.* Mais quand les chercheurs présentèrent cette idée révolutionnaire à leurs manufacturiers en 1967, elle fut rejetée. **Cette montre sans engrenages, ni ressorts, ni paliers ne pouvait pas être la montre de l'avenir.** Car les manufacturiers helvétiques étaient si sûrs d'eux qu'ils laissèrent les chercheurs présenter leurs travaux au Congrès mondial de l'horlogerie. Cette année-là, Seiko y jeta un coup d'œil.

Quel est le rapport avec nos enfants ? Avec nous-mêmes ? Il est évident.

> **La petite histoire de la montre à quartz**
>
> *En 1968, si quelqu'un avait posé la question suivante : « En 1990, quel pays dominera le monde de l'horlogerie ? » Vous vous seriez attendu à cette réponse : la Suisse.*
>
> *Pourquoi ? Parce que la Suisse dominait le monde de l'horlogerie depuis les soixante dernières années. La Suisse fabriquait les meilleures montre du monde (…) Et les Suisses amélioraient constamment leurs montres. Ils avaient inventé la grande aiguille et la trotteuse (…) Au plan de la recherche des montres étanches, ils étaient en avance sur la concurrence. Ils mirent sur le marché les meilleures montres à remontage automatique. Ils innovaient sans cesse (…)*
>
> *Vers 1968, ils avaient si bien travaillé qu'ils détenaient plus de 65 % des ventes de détail du marché mondial des montres et plus de 80 % des profits. Ils étaient de loin les chefs de file dans la fabrication des montres. Personne ne leur arrivait à la cheville.*
>
> *Pourtant vers 1980, leur marché est passé de 65 % à moins de 10 %. Leur énorme domination des profits a chuté à moins de 20 %.*
>
> *Que s'est-il passé ?*
>
> *Ils se sont heurtés à un changement de paradigme – un changement fondamental dans les règles de l'horlogerie. Le mouvement mécanique allait céder le pas à l'électronique. Tous ces petits détails dans lesquels les Suisses excellaient – engrenages, paliers et ressorts principaux – devinrent désuets face à la nouvelle technologie.*
>
> *Et alors en moins de 10 ans, l'avenir de l'horlogerie suisse, qui semblait si sûr, si rentable, si dominant, fut anéanti. Entre 1979 et 1981, sur 62 000 horlogers, 50 000 perdirent leur emploi. Et pour un pays aussi petit que la Suisse, ce fut une catastrophe.*
>
> Joel Arthur Baker[1]

Nous sommes tous enfermés dans des paradigmes ou des croyances limitantes. Des phrases comme « ***ça ne marchera jamais, c'est toujours pareil, on ne peut rien y faire, l'histoire prouve que…*** » sont à bannir de notre vocabulaire. Et particulièrement les adverbes **toujours et jamais**. Trop définitifs, ce sont des mots qui ferment.

A l'affirmation péremptoire, nous privilégierons le

1. *Op. cit.*

terme d'opinion ou d'hypothèse. Le fait d'être « mauvais » dans une matière n'est qu'une hypothèse. En aucun cas une certitude. Si c'en était une, rien ne changerait. Posons alors l'hypothèse que cela peut changer. Nous pouvons tous sortir de notre schéma de pensée, de nos paradigmes. En remettant en cause ce qui est acquis pour définitif, inéluctable et éternel, nous offrons à nos enfants, et à nous-mêmes, la possibilité d'anticiper, d'innover pour atteindre une excellence. Sa propre excellence.

Qui de nous n'a pas été victime un jour de ces croyances limitantes qui l'on empêché de faire ce qu'il souhaitait réaliser ? Exemple : faire pousser une vigne vierge dans Paris. Certains, nombreux, nous avaient averti : à cet endroit, la vigne ne poussera jamais ! Le lierre oui, la vigne non ! Au bout du troisième avis identique, on se fait à l'idée que c'est vrai. Eux, qui sont là depuis plus longtemps, qui sont des horticulteurs amateurs éclairés, ont sans doute raison. S'ils le disent…

Pourtant, après quinze années passées à s'échiner à planter la réputée « bonne » plante, le lierre, au bon endroit, après quinze années passées à contempler cette « bonne » plante qui ne veut pas pousser, on essaye, juste une fois, rien que pour voir (qu'est-ce qu'on risque ?) de planter la plante qui nous faisait envie quinze ans plus tôt. Et elle pousse ! Pour l'avoir personnellement vécue, cette anecdote laisse comme un goût d'amertume : le temps perdu !

Avec nos enfants, nous commencerons par identifier ce qu'ils se disent en se posant ces simples questions : *Est-ce une croyance ou bien est-ce la réalité ? Si c'est une réalité, sur quoi repose-t-elle ? Et si on posait l'hypothèse inverse ? Raconte-moi ce que tu penses et si on essayait de contourner ce blocage ?*

Outils pratiques à mémoriser

On évitera de dire systématiquement	et on dira le plus souvent
D'accord, tu n'es pas bon en espagnol !	*Non ! C'est la façon dont tu t'y prends qui n'est peut-être pas la bonne. Vraisemblablement tu n'as pas encore trouvé la meilleure façon de t'y prendre pour obtenir un résultat meilleur.*
Tu me dis que de toutes façons, tu ne pourras jamais t'améliorer. Je ne sais pas quoi te dire…	*C'est ton hypothèse. Comme tu crois savoir que tu échoueras, puisque que tu te dis nul, tu ne te donnes même pas la chance de te prouver le contraire.*

3 - 11 Ne pas accepter les excuses-prétextes

Comment faire passer à nos enfants le sens de leur responsabilité sur la quantité de travail qui génère un résultat concret ? Comment leur transmettre cette notion de « Responsable mais pas Coupable » quand celle-ci, employée dans l'affaire du sang contaminé comme une excuse et une déresponsabilisation, est devenue tabou ?

Pourtant, en l'espèce, c'est bien de cela qu'il est question. **Nos enfants ne sont pas coupables d'avoir échoué mais ils sont responsables de leur manque de travail.**

Nous pouvons aider notre enfant à se dire : ***« je ne suis pas nul, mais je suis responsable directement de mes résultats »***. La réussite n'ayant rien à voir avec la chance, elle n'est qu'une conséquence logique et directe d'un travail en amont.

Pour y parvenir, nous allons essayer de traquer les « excuses-prétextes ».

Celle qui arrive en tête, et de loin, se résume à ces formules ou quelques-unes du genre : **« Elle est folle cette prof !**

Elle note n'importe comment ! D'ailleurs tout le monde le dit ! »

Première chose à dire et à se dire : au même moment, au même instant, ils sont pratiquement un million d'élèves à dire exactement la même chose. Au mot près ! « Folle » n'est certainement pas le terme le plus usité. Un mot de trois lettres, unisexe et commençant par un c... arrive largement en tête suivi de ses variantes « naze, zarbi, relou, chiant... » On en passe, et des plus fleuries.

Deuxième chose : regarder la copie, si copie il y a. Méritait-elle un 6/20 ? Oui, effectivement la rédaction était intelligente, pertinente, bien tournée. En y regardant de plus près, en essayant de comprendre « la folie supposée » de cette enseignante, on découvre qu'il n'existe pas une seule ponctuation dans un texte de deux pages, que les phrases s'enchaînent sans majuscule, sans rythme. Et que peut faire – et que doit faire – un professeur de français sinon signaler par une mauvaise note ce défaut qui ôte au texte et son sel et son intérêt.

En refusant l'excuse, en en souriant, en étant orienté vers son enfant et non pas vers soi, on peut lui faire comprendre : « C'est dommage, un texte comme celui-là valait 15/20 ! Il manque juste cette ponctuation. Préoccupé par ton envie de trouver les mots justes et par le manque de temps, tu as commis un oubli, et tu n'as pas pris les deux minutes nécessaires à la relecture. » Grâce à votre bonne foi, votre intention positive de comprendre au lieu de juger, votre enfant se souviendra peut-être la prochaine fois qu'une ponctuation, même partielle, lui aurait permis d'atteindre une note justement méritée.

Les « excuses-prétextes » de nos enfants sont autant de tentatives de **se déresponsabiliser**. C'est la stratégie du bouc émissaire, le « *c'est pas ma faute* », « **c'est pas moi, c'est le prof** ».

On peut relever que le mot responsable est parfois mal perçu par certains adolescents parce qu'interprété comme **une injonction paradoxale**. Exemples d'injonctions paradoxales : *« Sois fort, sois grand, deviens adulte, prends-toi en main, ne sois pas timide, n'aie pas peur...* » Des phrases assénées avec une excellente intention mais qui produisent peu d'effet si ce n'est le contraire du but recherché. A un enfant timide, le conseil « ne sois pas timide » est une aberration en ce qu'il ne répond pas au besoin ou au mal-être de l'enfant. C'est le renvoyer encore plus loin dans sa timidité en la revêtant d'une notion de faute.

Pour éviter l'injonction paradoxale « sois responsable », on peut facilement la remplacer par « être partie prenante » ou « être responsable en partie ». Exemple : *« Pour ce devoir tu es responsable en partie du travail que tu as fourni, tu es partie prenante dans ce résultat. »*

Outils pratiques à mémoriser

On évitera de dire systématiquement	et on dira le plus souvent
Tu as raison, M. Untel est nul. Il est encore là, celui-là. Déjà à mon époque il était barbant. Tu n'as vraiment pas de chance ! Je te plains.	*Es-tu vraiment convaincu que c'est la faute du prof à 100 % ? Il y aura toujours des professeurs avec lesquels on aura plaisir à étudier, et d'autres moins. Ce n'est pas la peine d'autodétruire ton travail. Faisons avec ! Si le cours est mauvais, trouve un résumé, s'il ne te donne pas d'exercices, demande à des amis dans d'autres classes.*
Avec ce 15, tu as eu de la chance !	*Non ! Cela n'a rien à voir avec la chance. Tu as trouvé, peut-être sans t'en apercevoir, un truc, une astuce, une méthode de travail qui a fonctionné. Quand tu rates quelques chose, tu es en partie responsable. Quand tu réussis aussi. Je te propose qu'on regarde de plus près et qu'on identifie ce que tu as su faire pour arriver à ce résultat.*

3 - 12 D'« ÊTRE ORIENTÉ » À « S'ORIENTER »[1]

La plupart des jeunes en « décrochage scolaire » sont privés de choix. Or, le choix est l'une des composantes fondamentales de l'intelligence. Tandis que certains voient dans l'intelligence l'aptitude à créer des liens, des rapports entre les événements, pour d'autres, être intelligent, c'est être capable de choisir la solution la plus juste face à un événement et un moment donnés.

Choisir, c'est être libre !

De réforme en réforme, la chose scolaire est devenue un cloaque pratiquement inextricable où chaque phase s'accompagne d'une orientation, c'est-à-dire concrètement d'une privation de choix. Enfants et adultes, nous sommes victimes de choix qu'on nous impose, le plus souvent sans aucune explication ni aucune justification.

Si la multiplication des choix est un écueil, l'absence de choix est une impasse.

Sur quoi se basent les « orienteurs » que sont les enseignants, professeurs principaux, chefs d'établissement et autres psychologues au service de l'ensemble scolaire ? A 80 % sur des notes qu'ils ont eux-mêmes attribuées ! Ainsi l'avenir se décide-t-il en petit comité et les instances d'appel voulues conjointement par l'exécutif et le législateur ne sont-elles que leurre, attrape-parents, attrape-gogos. En effet, sur quoi se basent ces commissions d'appel ? Sur les notes. Toujours les notes et encore les notes d'une partition jouée par avance.

On peut – on devrait – contester ces pratiques. Mais le temps nous manque.

En fin de troisième, combien de bataillons d'élèves « moyens », aux résultats scolaires présumés « non suffisants », rejoignent-ils en maugréant l'armée de la filière technologique dont la valeur a été dépréciée parce que devenue « fourre-tout », « dépotoir », « classe générale de série B », de l'aveu même du

1. Brigitte Prot.

directeur de l'enseignement scolaire au ministère de l'Education nationale, Bernard Toulemonde, devant 500 chefs d'établissement ?

Bien que ce ne soit pas l'objet de cet ouvrage, il faudra sans doute qu'on explique aux parents et aux adolescents en quoi des notes moyennes justifient une orientation en filière technologique ou professionnelle alors même que ces filières demandent passion, motivation et un projet de vie, et pourquoi il existe une forme de causalité entre « mauvais résultats » et enseignement technologique. C'est insulter et mépriser au passage quelques millions de parents et d'élèves. Mais arrêtons-nous là !

Le mieux – le moins mal – qu'il nous reste à faire, c'est de **faire comprendre à notre enfant qu'au lieu de subir son orientation, il peut la choisir**. Mieux, **il peut**, par des résultats en hausse et par conséquent jugés suffisants par ses maîtres, **retarder le moment où il devra choisir**. En deux générations, le choix de carrière s'est décalé dans le temps. En 1975, en fin de Terminale, une bonne moitié des effectifs avait une vision à peu près claire de la filière qu'ils allaient emprunter. C'est désormais loin d'être le cas, surtout avec l'objectif bac à 80 % fixé par les pouvoirs publics.

Dans la série « responsable de ses notes, acteur de sa motivation, auteur de ses résultats… » (cf. les outils précédents), nous pourrons nous appuyer sur le désir d'autonomie légitime et bruyamment revendiqué de nos enfants pour leur transmettre l'importance de leur implication personnelle.

Est-il vraiment compatible avec l'autonomie désirée de laisser les autres – les enseignants en l'espèce – prendre des décisions à leur place dans des moments si importants ?

OUTILS PRATIQUES À MÉMORISER

On évitera de dire systématiquement	et on dira le plus souvent
Tu ne viendras pas te plaindre !	*Difficile de choisir ! Alors pourquoi laisser les autres choisir pour toi ? Que peux-tu faire, toi, pour éviter que tes profs choisissent à ta place ?*
Si tu finis en techno, c'est que tu l'auras voulu !	*Ton orientation se joue à quelques points. Qu'importe la filière que tu suivras, à condition qu'elle te satisfasse pleinement. C'est comme ça que le système fonctionne. En dessous de 8/20, c'est l'école qui choisit. Je préfère que ce soit toi qui fasse le choix. A partir de 10, c'est possible.*

3 - 13 VALORISER L'ÉCOLE QUI REND PERFORMANT

A quoi sert l'école ? C'est **la** question à laquelle nul ne peut échapper. Comment demander aux enfants de rester parfois huit heures par jour dans une salle de classe sans que cette contrainte ait un sens ? Alors même que, dans l'entreprise, l'heure est à la réduction du temps de travail (39 heures et bientôt 35), alors que les enseignants dépassent de peu les 20 par 38 semaines, quel est le sens pour les jeunes de travailler jusqu'à 50 heures par semaine, révisions, leçons et devoirs inclus ?

Pour la plupart des élèves, l'école sert à « devenir adulte ». Pourtant, nous l'avons vu, la perspective de devenir adulte n'est pas forcément réjouissante pour les jeunes. Doux euphémisme signifiant qu'elle est parfois répulsive.

Nous vous proposons, encore une fois, de changer de regard. Au lieu d'être vécue comme une contrainte, un point de passage obligé pour devenir adulte et sortir définitivement de l'enfance, l'école peut être assimilée à une machine qui rend performant, qui rend libre, qui développe l'esprit critique et le libre arbitre.

Dire et se dire : **l'école, c'est l'école de la vie !**

Perçue comme un espace de libertés à venir, l'école pourrait devenir lieu d'épanouissements. Mais là, et pendant des années encore, tant qu'un certain grand matin n'aura pas succédé à un grand soir, cette école-là relèvera du fantasme, de l'utopie.

Et pourtant…

Outils pratiques à mémoriser

On évitera de dire systématiquement	et on dira le plus souvent
L'école est obligatoire. C'est la loi. C'est un devoir, comme celui d'aller au bureau tous les matins.	*Que penses-tu de l'école ? Et si on imaginait qu'elle avait un sens pour l'avenir ? A quoi pourrait-elle être utile alors ?*
Grâce à l'école, tu seras adulte ! Enfin !	*En quoi te sens-tu plus libre ? Qu'est-ce qui dans ce que tu apprends pourra t'être utile, à toi, plus tard ?*

ETAPE 3

Pour motiver mon enfant je décide que :

- **Je l'aide à se lancer des défis personnels.**
- **Je lui apprends à conjuguer sa vie au futur et au conditionnel.**
- **Je le soutiens pendant les périodes charnières.**
- **Je n'exerce pas de pression. Au contraire, je favorise ses automatismes.**
- **Je « positive » parce que le monde peut être formidable.**
- **Je module en fonction de la phase qu'il traverse.**
- **Je suis vigilant sur ses causes de démotivation.**
- **J'anticipe avec lui les économies futures pour l'aider à travailler maintenant.**
- **Je dis que le premier de classe n'est pas forcément « boutonneux ».**
- **Je l'aide à penser autrement, à se remettre en cause.**
- **Je ne suis pas dupe des excuses et des prétextes.**
- **Je ne veux pas qu'on choisisse pour lui.**
- **Je milite pour une école qui rend libre.**

ETAPE 4

« La confiance »

EXCELLENCE ET RÉUSSITE

MOTIVER PAR LES CONSÉQUENCES

ETAPE 4

« La confiance »

EXCELLENCE ET RÉUSSITE

MOTIVER PAR LES CONSÉQUENCES

4 - 1 Savoir que nul n'est à l'abri de réussir

« Point n'est besoin d'espérer pour entreprendre,
ni de réussir pour persévérer. »
Guillaume d'Orange

L'échec, l'idée même de l'échec, nous tétanise. Parents et enfants, nous avons en nous un incommensurable besoin d'être rassurés. Souvent paralysés par cette peur de la peur, nous avançons courbés, regardant de droite et de gauche si aucun danger ne nous guette, prompts à faire marche arrière dès que se profile le premier obstacle, réel ou imaginaire. Avant même de le vivre, nous percevons l'échec comme une fatalité qui « va nous tomber dessus ». Sans savoir d'où, ni comment, ni pourquoi, comme les Gaulois d'Abraracourcix nous craignons que le ciel nous tombe sur la tête. Une force au-dessus de nous qui nous menace et nous empêche d'avancer.

En fait, il est bien possible que quelque chose nous tombe sur la tête. Mais si, au lieu d'être une tuile, c'était une solution à un problème posé, une réussite inattendue parce que mentalement occultée, un fait positif ?…

Là encore, il convient de changer de regard. Au lieu de se dire « qu'est-ce qui va bien pouvoir m'arriver » (connotation négative), pourquoi ne pas essayer de se dire « quelle bonne surprise m'attend aujourd'hui ». Sans être assimilée à la célèbre méthode Coué, celle-ci nous permet de nous préparer mentalement à accepter de recevoir un bienfait plutôt qu'un malheur, une réussite plutôt qu'un échec, une aide plutôt qu'un coup de poignard dans le dos !

Personne n'est à l'abri de réussir ! Voilà un slogan à graver dans nos têtes.

Ni les meilleurs, ni les pires d'entre nous. Sans tomber dans l'optimisme béat, nous pouvons habiller notre esprit avec des vêtements de fête.

Regardons-nous ouvrir une boîte à lettres ! Combien d'entre nous, avant même d'avoir identifié l'enveloppe, hésitent et se disent : « *Qu'est-ce que je vais encore recevoir aujourd'hui ? Une facture, un PV, les impôts, une relance, les huissiers, un mot du propriétaire…* » Nombre d'entre nous ressentent comme un pincement au cœur, une légère accélération du pouls qui ne retombera que devant des prospectus ou des réclames, voire une ou deux lettres anodines. Et in petto de se rassurer : « *Ouf ! ce n'était pas pour aujourd'hui.* »

C'est encore plus vrai quand le préposé vient sonner lui-même à notre porte. A la simple vue de son uniforme, on imagine le pire, une lettre recommandée, un avis d'imposition, une sommation… Si c'est un télégramme, notre mental enregistre, sans même que nous nous en rendions compte, qu'il s'agit **forcément** d'une catastrophe.

Pourquoi ne pas inverser notre regard ? Un télégramme, c'est une naissance ou une convocation pour une offre d'emploi. La lettre recommandée, c'est une arrivée d'argent qu'on n'attendait pas. La boîte à lettres, un « fourre-tout » de bonnes nouvelles : une lettre des enfants, une invitation, un faire-part, et **éventuellement** une facture.

C'est peut-être aujourd'hui que nous allons apprendre la nouvelle du siècle, celle que nous n'espérions plus et qui va changer les mois à venir. Là aussi, il ne s'agit que d'une illusion, d'une illusion active.

Et pourquoi pas avoir une attitude similaire dès que le temps est à l'orage ? Quand le temps se gâte, quand le froid nous guette, immédiatement nous nous replions sur nous en maudissant le temps. Sans rêver de courir nu dans la lande fouettée par les embruns, on peut aussi bien se dire que c'est comme ça, « après la pluie vient le beau temps » et que de toute façon, notre mauvaise humeur, nos ronchonnements ne feront jamais revenir le soleil. Tout est une question de mental et de point de vue. Laborieusement, avec le temps, on peut se construire son propre agenda de pensées positives. Les sources sont inépuisables : articles, émissions de radio ou de télévision, rencontres avec des amis ou des collègues de travail, un livre, un guide pratique…

Il s'agit de phrases tremplin. Rien, vraiment rien, ne nous

empêche de devenir des collectionneurs de petites phrases et de citations motivantes ! Si ce n'est nous-mêmes !

Au cours de nos formations, nous remettons à nos enfants des citations puisées dans les articles de la presse sportive et principalement celles parues lors de la Coupe du Monde de football, le 12 juillet 1998. Quelques exemples :

- « Il y a un entraîneur qui m'a traité de "connard", qui disait que je ne gagnerais rien dans ma vie. Je garde tout ça dans ma tête. Quand je me suis fait virer de Toulon, je me suis fait la promesse de leur montrer qu'ils s'étaient trompés. » Franck Leboeuf, champion du monde, 12/07/98.
- « Ce qui m'a fait réussir ? En premier, c'est le travail. Comme dans n'importe quel métier, le travail paie. Maintenant je suis récompensé. Ce que j'espère ? La Coupe du Monde. Non, non, je plaisante. J'espère rester le plus longtemps possible assez régulier, pour les titres, ça viendra tout seul. » Fabien Bartez, 1993, 5 ans avant de devenir lui aussi champion du monde.
- « On avait confiance en nous. On était persuadés qu'on pouvait l'emporter… C'est vrai qu'on nous a critiqués, nous on était confiants… » Didier Deschamps, 14 juillet 1998, champion du monde.

Partageons donc notre vision positive avec nos enfants, eux qui doutent encore plus que nous. Ne pas être à l'abri de réussir motivera particulièrement un enfant qui travaille mais dont les résultats ne sont pas encore au rendez-vous. Cette simple phrase lui permettra de patienter et d'attendre sereinement le fruit de ses efforts.

OUTILS PRATIQUES À MÉMORISER

On évitera de dire systématiquement	et on dira le plus souvent
Si tu n'as pas de résultats, c'est que forcément tu n'as pas travaillé.	*Tu as travaillé, je le sais. Tu n'as pas de résultats. Continue car tu n'es pas à l'abri de réussir. Tout est prêt pour que le déclic se produise. C'est une question de temps.*
Si tu ne me donnes pas ta note de DST, c'est que tu sais qu'elle est nulle.	*Tu n'as pas encore ton résultat du dernier DST. Cela pourrait tout à fait être une très bonne note.*

4 - 2 ETABLIR UN BILAN POSITIF, UN CV MOTIVANT

« Une expérience bien faite est toujours positive. »
Gaston Bachelard

Comme dans l'outil « Se motiver avec des objectifs de vie » (1-3), nous pouvons encourager nos enfants à établir une liste « à la Goddard » mais a posteriori. On se souvient que John Goddard, dès l'âge de 15 ans, s'était fixé 127 buts à atteindre au terme de sa vie, sans même savoir si celle-ci serait longue ou dramatiquement écourtée.

Nous nous trouvons en face du même principe : lister tout ce que nous avons déjà accompli sans même en être conscients. Notre mémoire sélective nous permet d'enterrer toutes sortes de victoires, petites et grandes, qui si elles remontaient à la surface multiplieraient notre confiance en nous. La preuve par le vécu.

Cet exercice, nous pouvons bien sûr le faire pour nous-mêmes. Il sera instructif aussi bien pour soi que son conjoint, ses enfants, ses amis. En repartant à la découverte de soi, on risque fort de se retrouver face à un autre que nous-même, qui pourtant est encore nous. Lister ses réussites, et non pas ses défaites ou ses échecs, permet de valoriser le moment présent.

Pour nos enfants, dont la mémoire est encore vive, bien qu'étouffée par des sentiments pour la plupart ambivalents (« j'aurais voulu faire quelque chose mais je n'ai pas su, ou pas pu ») ou contradictoires (« qu'est-ce qu'une victoire ? je n'ai rien fait de spécial pour l'obtenir, c'est venu tout seul… »), cette page de réussites acquises, ce « tableau des victoires » sera à la fois motivant et leur permettra de renouer avec le succès.

Nous conseillons de lister ces événements forts en quatre rubriques distinctes :

- **La famille**
- **Les copains – les amis**
- **L'amour (à moduler selon l'âge)**
- **Les résultats scolaires**

Pour améliorer encore la communication interpersonnelle et pour peu que votre enfant l'accepte, vous pouvez rédiger en même temps son « CV MOTIVANT », l'un émanant de votre regard sur lui, l'autre d'un regard sur lui-même. La confrontation des deux est toujours enrichissante en ce qu'elle nous permet d'évaluer son degré d'« estime de soi » et de lui rappeler certaines victoires qu'il avait oubliées. Par pudeur, par inconscience, ou simplement parce que vos regards divergent sur les notions de valeurs et de réussites.

A titre d'exemple, voici deux CV MOTIVANTS qui nous ont été remis au cours de nos séances :

Voir p. 216 →

Un enfant de 4^{e}

Famille	*Balade en forêt avec mon père. Un cadeau magnifique reçu à Noël qui me faisait envie et que j'ai obtenu parce que j'avais réussi un bon premier trimestre. Une montre G-Schok que je me suis payée moi-même en gardant ma petite sœur.*
Copains	*Quand je suis arrivé dans cette nouvelle école, personne ne me parlait. J'en ai un peu souffert mais trois semaines après j'avais déjà deux copains. On s'éclate tous les 3. Je les aime beaucoup.*
Amour	*Margaux m'a embrassé le soir de la fête de l'école.*
Scolaire	*Une fois, j'ai eu un 20/20. Le 2e prix de français l'année dernière en fin de 5e.*

Un adolescent de 1re

Famille	*Ma première soirée. Je suis sorti tout seul. Mes parents m'avaient fait confiance. Maintenant je peux sortir à condition que je prévienne de l'heure à laquelle je rentre. Pour mon brevet, j'avais reçu un super vélo. Pour mes 17 ans et mon passage en 1re S, j'ai eu un scooter 50.*
Copains	*Les camps l'été, c'était sympa. Mais moins que ces dernières vacances quand on est parti une semaine faire du surf à Hossegor avec mes potes.*
Amour	*Sortir avec Emilie. Au début j'ai vraiment cru que j'allais me planter. Elle ne me regardait pas. Pourtant je suis sorti avec elle. C'est super. Elle est vraiment « cool ».*
Scolaire	*En augmentant ma moyenne de maths en 2de, j'ai pu passer facile en 1re. La colle de bio, pas trop difficile. Les maths s'améliorent un peu.*

Ce CV MOTIVANT ne doit surtout pas être une occasion de forcer notre enfant à se révéler, un jeu de la vérité forcé et contraint. S'il devait ressentir de notre part ce jeu comme une intrusion dans sa vie privée, c'en serait fini pour un moment de la confiance.

Le but n'est pas de le connaître contre son gré. Il est uniquement de lui faire comprendre qu'à de nombreux moments il est parvenu à vaincre une part de sa peur et à obtenir les résultats qu'il souhaitait. Ce qui nous permet d'avoir une vision positive de notre enfant, d'avoir décidément confiance dans ses capacités à progresser, donc d'adopter vis-à-vis de lui une attitude plus « motivante ».

4 - 3 S'ANCRER SUR LES PREUVES D'INTELLIGENCE

« Je plains ceux qui ont l'air intelligent ;
c'est une promesse qu'on ne peut tenir. »
Alain

Comme vous aurez pu le remarquer, nous faisons le moins possible référence à l'intelligence de nos enfants tant celle-ci peut être multiple et recouvrir des champs d'application qui n'ont rien à voir avec elle. Sans être véritablement taboue, cette notion est à la fois vague, complexe et donne lieu à tant d'interprétations différentes que, délibérément, nous avons préférer l'estomper. Sans pour autant l'effacer.

Une autre raison milite pour cette prudence : le regard des enfants eux-mêmes. Pour neuf d'entre eux sur dix, l'intelligence démotive en ce que les notes obtenues au cours seraient une mesure de leur propre intelligence. Une bonne appréciation les rangerait immédiatement dans la case des surdoués façon Mozart ou Einstein, tandis qu'une note exécrable les renverrait au débile de service. Quant aux résultats moyens, ils seraient le fruit d'une intelligence moyenne, variable selon les jours et les matières, risquant à chaque instant de les précipiter du mauvais côté de la barrière.

Pour faire simple, nous admettrons avec Howard Gardner[1] qu'il n'existe pas une seule forme d'intelligence. L'intelligence n'est pas une. Elle est multiple. Le temps est désormais révolu de la suprématie de l'intelligence logico-mathématique, mesurée avec le trop célèbre QI (quotient intellectuel) et qui a laissé sur le bord de la route de la scolarité des dizaines de millions d'enfants coupables de ne pas entrer dans des normes

1. *Les Formes de l'intelligence*, Ed. Odile Jacob.

qui auraient rejeté Albert Einstein lui-même qui ne dépassait pas le seuil fatidique des 100, présomption irréfragable d'intelligence. A l'intelligence verbale et logico-mathématique, Gardner a ajouté les intelligences spatiales, musicales, kinesthésiques – conscience des sensations corporelles – interpersonnelles et intra-personnelles. Toutes ces formes d'intelligence que certains rangent dans la catégorie de l'intelligence émotionnelle qui a aussitôt généré son propre instrument de mesure, le QE (quotient émotionnel) !

C'est avec plaisir qu'on laissera aux spécialistes le soin de déterminer les frontières entre chacune de ces intelligences.

Quant à nous, par phobie des cases et autres étiquettes qui enferment les enfants dans des schémas évidemment trop restreints pour définir leur personnalité, nous proposons de considérer l'intelligence comme une somme entre l'inné et l'acquis. Une acception qui n'est pas figée, l'intelligence pouvant se développer par l'apprentissage, la volonté et le dépassement de soi.

OUTILS PRATIQUES À MÉMORISER

On évitera de dire systématiquement	**et on dira le plus souvent**
Intelligent comme tu es, tu aurais dû réussir. C'est impardonnable !	*Même si tu as certaines prédispositions en maths, c'est une matière qui se travaille. Ce n'est qu'une matière. La moyenne en mathématiques n'a jamais défini un niveau d'intelligence. Juste une somme de travail fourni dans une matière donnée.*
C'est normal que tu échoues en sciences. C'est comme moi, comme dans notre famille, nous ne sommes pas scientifiques.	*Même si tu as plus de facilités en français, tu peux aussi bien réussir dans d'autres matières.*

4 - 4 Partager le droit à l'erreur

« Errare humanum est. »

Le droit à l'erreur, nous l'avons vu, fait partie de nos droits fondamentaux. Au même titre que le droit de vivre en paix, en harmonie, sans être agressé ni soumis. C'est un droit que nous devons partager avec nos enfants. De même que nous avons parfaitement et légitimement le droit de nous tromper, refuser ce droit à nos enfants reviendrait à désirer que nos enfants soient des êtres parfaits.

Pourquoi peut-on et doit-on revendiquer notre droit à l'erreur ? Parce que :

- **Le droit à l'erreur est une source d'apprentissage !**
- **Le droit à l'erreur est un risque !**
- **L'erreur, c'est la survie.**

Le droit à l'erreur est une source d'apprentissage !

Pour nos enfants et afin qu'ils se familiarisent avec cette notion capitale sans être une fin en soi, on peut utiliser les mots suivants : « *Tout le monde a le droit à l'erreur. Même nous. Même mes professeurs. L'erreur ce n'est pas une faute. L'erreur est positive si elle permet de progresser.* »

Questions :

« *Pourquoi peut-on dire qu'une erreur peut être positive ? En quoi un erreur que j'ai commise peut-elle me servir à quelque chose ? Est-ce qu'on peut apprendre d'une erreur ?*

Réponses induites :

« Une erreur, ça me sert à avancer. Une erreur, ça me permet de savoir où, quand, comment et pourquoi je me suis trompé. »

Oui, une erreur permet de mieux se connaître. Connaître ses limites. Savoir qu'on peut se tromper. Que tout le monde peut se tromper. Face à une erreur, il y a trois attitudes possibles :

- **se chercher (se trouver) des excuses,**
- **dramatiser,**
- **faire face.**

Une seule est la bonne : faire face. On prendra encore l'exemple du foot.

- **Se chercher des excuses, c'est fuir ses responsabilités.** C'est ne pas se sentir concerné, c'est se trouver des tas de bonnes raisons pour se justifier. C'est ne pas reconnaître qu'on a le droit à l'erreur. On appelle cela une stratégie d'évitement (pour les adolescents).

Au foot, se chercher des excuses, c'est dégager en touche. Ne pas chercher à construire et empêcher son équipe de progresser.

- **Dramatiser, c'est se replier sur son erreur.** C'est la confirmation du sentiment « je suis nul ». Dans une telle situation, pas de changement possible. Je ne profite pas de mon erreur. Elle me domine. Elle me dépasse. C'est une stratégie de blocage.

Au foot : c'est se sentir écrasé par la responsabilité du ballon. Résultat : on ne regarde pas où l'on tape et on rate le ballon. Et le but.

- **Faire face, c'est accepter qu'on peut se tromper**, qu'on peut et qu'on doit progresser. Que rien n'est figé. Qu'il existe toujours une solution. A tout moment on peut progresser et ne plus commettre la même erreur.

Au foot : c'est faire une passe décisive et se donner le droit de tirer au but, même si les conditions idéales ne sont pas réunies. Le droit à l'erreur libère l'énergie de faire.

Le droit à l'erreur est un risque

Le risque fait partie de l'action.

On dit qu'il est « structurel » à l'action. Si l'on a un objectif, on est forcément dans l'action. On est dans le mouvement. On risque de réussir ou on risque d'échouer. On peut perdre aussi.

C'est parce que j'ai conscience que je peux perdre, que je vais gagner.

Mais refuser de prendre le risque, c'est accepter de perdre. C'est vouloir perdre et donc c'est être sûr de perdre.

Exemple : l'année dernière, en motivation, on avait dans un groupe de « Motivation Jeunes » une élève de troisième qui devait passer le BEPC. Ses parents n'avaient cessé de lui répéter qu'*elle était obligée de réussir, tellement c'était facile. « Le BEPC, tout le monde l'a !* » Eh bien cette élève préférait ne pas prendre le risque de le réussir parce qu'elle n'avait pas le droit à l'erreur. Elle s'est donc dit : « *Je m'en fiche, le BEPC ça ne sert à rien. Je n'en veux pas. Je choisis de ne pas le passer.* » En fait, elle préférait surtout choisir de rater plutôt que de risquer de rater alors que c'était facile.

L'erreur, c'est la vie !

Toute l'histoire humaine, depuis la Création ou la « soupe organique » dont nous sommes issus est une suite d'erreurs. L'évolution de l'espèce est une suite continue d'erreurs. On parle alors de mutations.

Toute mutation (un delta d'erreur dans la programmation génétique) aura deux types de conséquences :

Mutation ↗ Conséquence positive → Evolution possible de l'espèce
Mutation ↘ Conséquence négative → Elimination possible de l'espèce

Nous sommes donc obligés de nous tromper pour évoluer.

Si l'on ne se trompe pas, on ne bouge pas. Si l'on ne bouge pas, on stagne. Si l'on stagne on risque d'être vite dépassé par les autres. Donc on régresse.

Nous sommes tous *invités* à évoluer.

Exemple scolaire : Si en classe de seconde, on travaille

autant et de la même manière qu'en troisième, que va-t-il se passer ? Les notes vont baisser. C'est inéluctable. Il faut donc s'adapter. Evoluer. Soit travailler plus, soit travailler mieux. Sinon

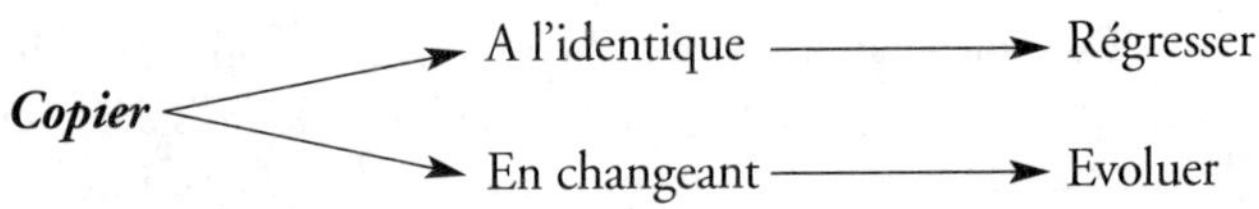

on reste au niveau de seconde et les autres nous dépassent très vite. On reste sur le bord de la route à regarder passer les trains.

Le droit à l'erreur, commun à chacun d'entre nous, se partage. C'est ainsi que nous n'hésiterons pas à reconnaître devant nos enfants que nous nous sommes trompés. Reconnaître ses torts, c'est accepter de changer. Et notre autorité n'en sortira pas amoindrie. Bien au contraire. La peur de mal faire, la peur d'être jugé par nos enfants, autant de freins qui empêchent la communication authentique.

De même qu'il n'existe pas – et qu'il n'existera jamais – d'enfants parfaits, il n'existe pas non plus de parents parfaits.

Cette notion, nous devons l'intégrer. Elle nous permet de ne plus se dire : « *J'ai essayé de motiver mon enfant, j'ai lamentablement échoué* ! » mais au contraire « *J'ai essayé de motiver mon enfant, cela n'a pas encore fonctionné. Qu'est-ce que je pourrais faire de différent pour que cela ne se reproduise plus ?* »

Attention : **trop de droit à l'erreur tue le droit à l'erreur !**

OUTILS PRATIQUES À MÉMORISER

On évitera de dire systématiquement	et on dira le plus souvent
Si tu ne réussis pas, ta vie professionnelle est foutue. C'est ta mort sociale.	*Il te reste encore un trimestre. Je sais que tu peux ne pas le réussir. C'est important pour moi que tu te donnes les moyens, quel que soit le résultat.*
Tu me déçois. Je refuse une note comme celle-là. Va dans ta chambre. Je ne veux plus te revoir.	*Tu as eu un mauvais résultat. Ce n'est pas dramatique en soi. Tu as le droit de te tromper et de ne pas y arriver. En revanche, je te demande que nous regardions ensemble ce qui t'as fait chuter.*
Une chose est certaine, tu vas redoubler !	*Même si tu as certaines prédispositions en maths, ça fait deux trimestres que tu as 5 de moyenne et que tu te trompes systématiquement. Si tu es d'accord, on va demander une aide extérieure.*

4 - 5 NE PAS CHERCHER LA PERFECTION

« La poursuite chimérique de la perfection
est toujours liée à quelque manque sensible,
souvent à l'impuissance d'aimer. »
Bernard Grasset, 1881-1957

Complémentaire du précédent, cet outil nous incite à ne pas idéaliser la perfection. Elle n'est pas synonyme de succès et souvent paralyse. Tel Narcisse qui, à force de contempler sa propre image parfaite reflétée dans l'eau d'une fontaine, mourut d'une passion qu'il ne pouvait apaiser, n'attendons pas de nos enfants, ni de nous, la perfection. Outre qu'elle n'est pas de ce monde, notre demande de perfection nous conduirait immanquablement à la déception et à la frustration.

A trop vouloir valoriser l'image de l'enfant modèle –

enfant qu'au fond de notre cœur nous ne souhaiterions jamais avoir –, nous risquons d'empêcher notre enfant d'y parvenir.

Nous avons vu quelle image les enfants et les adolescents se faisaient des premiers de classe et combien la tentation était grande, faute d'atteindre ces sommets inaccessibles, de déboulonner de leur piédestal ces petits génies en culotte courte avec leur panoplie imaginaire : appareil dentaire, acné et oreilles en chou-fleur.

Si nous leur accordons le droit à l'erreur (voir plus haut), nous leur accordons aussi le droit de n'être qu'eux-mêmes.

Exercer inutilement une pression écrasante revient, si on le répète, à se défaire de son droit à l'erreur pour cause d'acharnement.

Tout comme nous évitions de comparer nos enfants entre eux au sein de notre famille, nous ne les comparerons pas non plus au sein de leur classe, surtout si notre intention généreuse nous conduit à citer en exemple, non pas leurs propres amis, mais précisément ceux qu'ils n'aiment pas parce que trop différents.

Qui d'entre nous n'a pas encore en tête ces Jeannot, Philippe et autre François dont nos parents nous rebattaient les oreilles avec leurs prouesses et leurs exploits scolaires tandis que nous les haïssions copieusement mais toujours en sourdine ? Chaque semaine la même litanie : *« Prends exemple sur lui, lui au moins il est gentil, il fait ce que ses parents lui demandent, il travaille bien en classe, lui, tandis que toi… »*

Et que sont-ils devenus, ces héros imposés à notre enfance ? Des adultes comme les autres, ni plus ni moins, en tout cas nettement moins accomplis que nous le promettaient nos parents.

Nous chercherons à ne pas commettre les mêmes erreurs tant il existe un fossé entre l'image idéale entretenue par les parents, le fantasme de l'enfant modèle, et l'image réelle, souvent perçue par nos enfants. Notre discours devient alors parfaitement incohérent.

Image idéale « parentale »	Image réelle
Il ne se trompe jamais.	*Il lui arrive de se planter grave.*
Il travaille tout le temps.	*Il travaille régulièrement.*
Il est toujours sage.	*Tranquille, il a souvent la tête ailleurs.*
Il ne doute jamais ? Il est sûr de lui.	*Il est comme les autres.*
Tout lui réussit.	*Il a travaillé pour réussir.*
Il est très intelligent.	*Il est normal. Il travaille plus efficacement.*

Outils pratiques à mémoriser

On évitera de dire systématiquement	et on dira le plus souvent
Prends exemple sur Alexandre. Lui, il réussit tout.	*Il n'existe pas une grande différence entre Alexandre et toi. Il a simplement appris à utiliser ses propres méthodes. Il n'est pas parfait et il est loin de l'être. Toi non plus.*
Pour moi, tu dois être le 1er. Pense à ton grand-père. Parti de rien, il a tout réussi.	*Ton grand-père, même s'il a réussi sa vie professionnelle, a dû se battre. Par exemple, il n'a jamais eu son bac et ses affaires ont eu du mal à démarrer. Il a connu de sérieux moments de doute.*

4 - 6 De « s'inquiéter » à « s'en inquiéter »

« Nos doutes sont des traîtres et nous privent souvent de ce que nous pourrions gagner de bon parce que nous avons peur d'essayer. »
William Shakespeare

Pourquoi faire une distinction entre « s'inquiéter » et « s'en inquiéter » dès qu'il s'agit de notre enfant ? N'est-il pas question d'inquiétude dans les deux cas ? Pas tout à fait et c'est pourquoi nous allons préférer la locution verbale pronominale transitive : se préoccuper de.

S'inquiéter, c'est rester dans un sentiment d'angoisse, de stress avec, en bout de course, l'échec possible parce qu'à la fois redouté et non maîtrisé. Sentiment, il s'adresse directement à notre état interne et ne nous mobilise pas forcément vers l'action. Il est donc souvent **improductif** en ce qu'il a peu de chance d'évoluer.

Mais le grand danger de l'inquiétude ne réside pas dans le seul fait de nous mettre dans un état d'angoisse. Un de plus ou de moins ! Non, sa dangerosité réside dans le fait que **l'inquiétude est contagieuse** ! Pire que les oreillons dont on dit qu'un simple regard suffit à transmettre la maladie. Pour mieux saisir cette notion, nous allons utiliser deux petits exemples de la vie quotidienne.

Avez-vous déjà tenté de conduire avec à vos côtés un passager terrorisé ? A chaque virage, chaque freinage, à l'apparition même d'une voiture en sens inverse ou d'une camionnette à 300 mètres, en permanence vous l'entendez gémir et haleter. Accroché à la ceinture de sécurité, il gesticule, se replie sur lui-même avant de se retourner dans un grand mouvement qui vous fait sursauter. Cette situation n'est pas fictive. Que se passe-t-il alors en vous ? La pression est telle qu'à votre tour vous commencez par douter de vous et de vos capacités. Cette angoisse si palpable à vingt centimètres de vous, vous la ressentez d'abord, vous la partagez peu à peu. Elle s'insinue en vous, sournoise, vous fait perdre de vos certitudes et de votre confiance en vous. Idem si vous voulez accompagner quelqu'un à la gare, convaincu d'être en retard et qui exerce sur vous une pression intolérable sans même s'en apercevoir. Car la peur, comme l'inquiétude, est contagieuse.

Que vous dites-vous ? Que ressentez-vous, outre l'envie irrépressible de planter là, sur le bord de la route, **votre passager avec « larmes et bagages »** ? On peut raisonnablement imaginer qu'à votre tour vous allez faire plus attention aux autre véhicules, que vous allez modifier votre vitesse tandis que se livre en vous un duel entre l'angoisse et votre certitude en vos capacités. Peu à peu cette dernière peut se lézarder et c'est alors que vous risquez de commettre l'irréparable. Focalisé sur l'angoisse de l'autre et sur la vôtre qui naît, alors là, oui, votre vie est en danger.

Cette digression n'a d'autre finalité que de nous aider à imaginer ce que peut ressentir notre enfant en face de notre inquiétude qui ne sera pas nécessairement formulée (rappelons-nous que certains auteurs estiment que la communication non verbale entre pour 70 % de la communication).

De plus, bien souvent, il existe entre nous et notre enfant un état fusionnel :

- L'enfant s'inquiète, les parents s'inquiètent à leur tour.
- Des parents inquiets harcèlent leur enfant qui sort de sa tranquillité pour partager votre angoisse.

A ce cercle vicieux de l'angoisse et de l'inquiétude, il est largement préférable de focaliser ces deux ressentis sur quelque chose de précis. Au lieu de « s'inquiéter », nous allons nous « en inquiéter », c'est-à-dire que nous allons intervenir sur le concret, déclencher une action. Nous allons nous pencher sur le problème et ne pas subir son existence, nous allons tenter de le résoudre par des solutions appropriées. Quand on se préoccupe de quelque chose, on agit, on prend des décisions, on programme un plan d'action, on fait des choix.

« S'en inquiéter » est un sentiment **actif**.

Nous pouvons nous dire : « **Mon inquiétude est un signal d'alarme**. Il existe un obstacle, un frein, une difficulté. Je vais donc me redonner les moyens de l'affronter concrètement, au plus vite. Pas forcément tout de suite mais toute mon attention sera concentrée sur la résolution de ce qui a fait naître mon angoisse. »

OUTILS PRATIQUES À MÉMORISER

On évitera de dire systématiquement	et on dira le plus souvent
Je m'inquiète pour ton avenir !	*Quand téléphone-t-on au prof de maths pour des cours de soutien ?*
Décidément, tu n'arriveras jamais à faire un exposé correct.	*Tu es inquiet parce que tu n'as pas encore commencé l'exposé qu'on t'avait demandé la semaine dernière. Je te propose de dégager une heure ce soir. Tu le termineras demain.*

4 - 7 REGARDER SON ENFANT CHANGER

« Il n'est d'homme que dans l'action,
de vie que dans le mouvement,
l'important, c'est de changer. »
Max Jacob

Plus on est proche l'un de l'autre, moins on le voit changer. Moins on se voit changer.

Ne sommes-nous pas frappés, voire interloqués, lorsque des amis nous disent : « C'est fou ce qu'il a changé. Il a grandi, on ne le reconnaît plus ! » N'ont-ils pas raison, le disent-ils simplement pour nous faire plaisir ou comme une banalité d'une intensité aussi pesante que celles des considérations sur le temps qu'il fait, le temps qui passe ? Bien évidemment, ils sont dans le vrai. Mais nous qui conjuguons le quotidien au présent nous ne nous en sommes pas aperçus.

Aveuglément, refuse-t-on de voir grandir son enfant ou désire-t-on le maintenir le plus longtemps possible dans son rôle de bébé ? Peut-être. La principale explication réside dans le fait **que si notre enfant change, nous changeons en même temps que lui**. Au même rythme. Notre enfant et nous, nous nous adaptons pour mieux vivre ensemble. Quant au quotidien, on n'en prend guère conscience car nous aussi nous avançons le nez sur le guidon.

Comme nous l'avons évoqué dans l'approche systémique, dès lors que quelque chose bouge, change, évolue, automatiquement d'autres composantes évoluent, changent et bougent. Toute action entreprise a son corollaire, parfois très loin de nous. Agir, c'est déjà faire changer le monde.

Premier danger lorsque que notre enfant change : **ne pas le remarquer !** Englués dans nos préoccupations quotidiennes qui relèvent le plus souvent de l'intendance, nous ne nous accordons pas le recul nécessaire. Monopolisés par l'instantanéité, nous avons tous tendance à laisser filer de ces petits bouts de phrases, de ces réactions à peine perceptibles, de ces gestes différents des autres jours et qui sont la preuve que quelque chose se met en place. **Que ce changement soit positif ou négatif.**

Jean Bothorel, journaliste et écrivain de renom, dans un opuscule remarquable de finesse et de pudeur, « Toi, mon fils », raconte comment un jour il s'est trouvé violemment confronté à l'un des maux les plus destructeurs de notre jeunesse : la drogue. Mis devant le fait accompli, il a bien été contraint d'ôter ses œillères, et de prendre à bras le corps la réalité alors même qu'il était déjà bien tard. Tel Paul de Tarse sur le chemin de Damas, ses yeux se sont décillés. En remontant le fil mental de sa propre histoire et de celle de son fils, il a retrouvé ces dizaines de petits signes avant-coureurs, d'indices, de signaux très faibles auxquels il n'avait pas prêté attention. Pourtant, n'importe qui d'autre, à condition d'être un peu plus éloigné, aurait immédiatement vu, senti et compris qu'il se passait quelque chose. Quelque chose de grave.

Ainsi avançons-nous. A trop regarder et à juger la moindre vétille, nous risquons de passer à côte de ce qui est vraiment important. L'apparent détachement de notre enfant envers nous, que nous prenons pour de l'indépendance et de l'autonomie, adolescence oblige, peut aussi bien se comprendre comme un isolement, un repli sur soi parce que des dizaines d'appels au secours n'ont pas été entendus.

Inversement, en ne regardant pas les changements positifs qui s'opèrent en notre enfant, nous risquons de le décourager. Mais surtout, nous nous privons d'un fantastique levier. Un levier de motivation.

Si nous sommes d'accord pour « croire en notre enfant », « encourager ses moindres progressions », encore faut-il l'avoir vu changer, évoluer. De même que nous serons des « experts en méthode de travail » et que nous connaîtrons parfaitement ses notes parce que cela nous intéresse, de même nous donnerons-nous du temps et le recul indispensable pour le regarder, non plus avec les yeux du cœur mais avec ceux de la raison objective. Conjoint, compagnon, parents, ils sont nombreux ceux qui nous permettent de vérifier qu'un changement s'est véritablement opéré et qu'il n'est pas le fruit de nos sens abusés !

Les enseignants éprouvent des difficultés identiques à déceler en nos enfants des changements significatifs. Si un élève réputé « moyen » rend un devoir de haute facture fait à la maison, le professeur, automatiquement parce que c'est humain, y verra la main du père ou de la mère. Pourtant il ne s'agit là que d'une pure hypothèse. Une illusion passive.

Pris par notre tendance naturelle à étiqueter, à classer, à ranger dans des cases, il nous arrive très souvent de ne pas regarder ce qui est en train de se passer mais de rester ancré dans des certitudes admises. Les enseignants – et c'est une évidence – n'ont pas pour mission de transmettre des connaissances et de vérifier combien et comment ces dernières ont été assimilées. Mais devant un groupe d'une trentaine d'enfants, il se peut fort bien qu'ils se trompent, qu'ils laissent passer une progression parce qu'encore insuffisante à leurs yeux. Au lieu de se préoccuper du changement qui s'opère, certains restent dans l'inquiétude du passage en classe supérieure.

Ce sera alors notre mission à nous, celle de « parents-supporters », sans être fanatiques, d'alerter l'enseignant sur l'évolution positive des notes et du comportement de notre enfant. En puisant dans nos bagages des outils de communication positive et motivante, nous pourrons « déciller » les yeux de notre interlocuteur.

Et si cela ne fonctionne pas, tant pis. L'important est que

nous nous soyons aperçus des changements vécus par notre enfant. Dans cette affaire-là, entre notre enfant et nous, nous sommes les premiers partenaires, le premier public.

Outils pratiques à mémoriser

On évitera de dire systématiquement	et on dira le plus souvent
Tu ne changeras jamais ! Avec toi, c'est toujours la même chose.	*J'ai remarqué que tu avais de plus en plus de notes au-dessus de la moyenne en histoire. Raconte-moi. Que s'est-il passé ?*
D'accord, tu as mis la table cette semaine. Une hirondelle ne fait pas le printemps ! J'attends que tu changes vraiment.	*J'ai vraiment apprécié que tu nous aides cette semaine.*
Si ton prof dit que ce n'est pas suffisant, c'est que ce n'est pas suffisant. Fais un effort. Ça fait dix fois que nous te le demandons.	*J'ai constaté que tu as de bien meilleurs résultats, même si les appréciations ne sont pas obligatoirement positives.* *Si tu es d'accord, j'en parlerai à des profs lors de la prochaine rencontre parents-professeurs.*

4 - 8 Gérer le succès… et les échecs

« Regarde en toi, tu y trouveras une source prête à jaillir pour peu que tu l'y cherches. »
Marc-Aurèle

La finalité de toute motivation, à l'école, en entreprise, dans la cité… est de **briser la spirale négative**. Ses composantes sont : *la peur d'échouer, le manque de confiance en soi, le découragement, l'enfermement, l'échec.*

Le schéma de la Démotivation

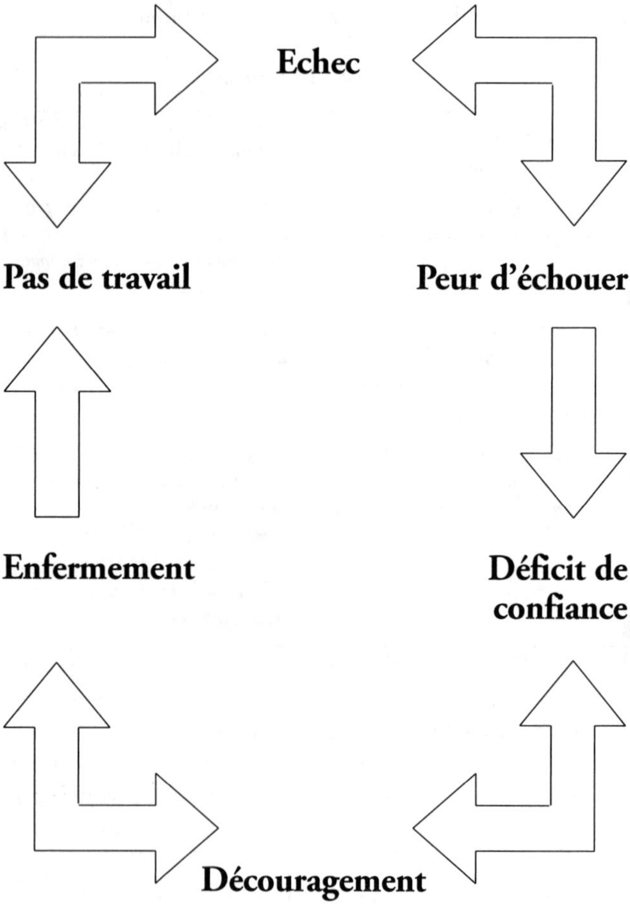

De même que nous remettrons en marche un moteur qui n'a pas servi pendant longtemps, de même nous interviendrons à partir d'un élément déclencheur ou « déclic » pour proposer une spirale positive dont les composantes seront : *l'appréciation et des résultats en hausse, la confiance en soi et en ses capacités, la motivation à se dépasser, le désir de progresser, l'augmentation de la masse de travail et la réussite.*

Le schéma de la Motivation

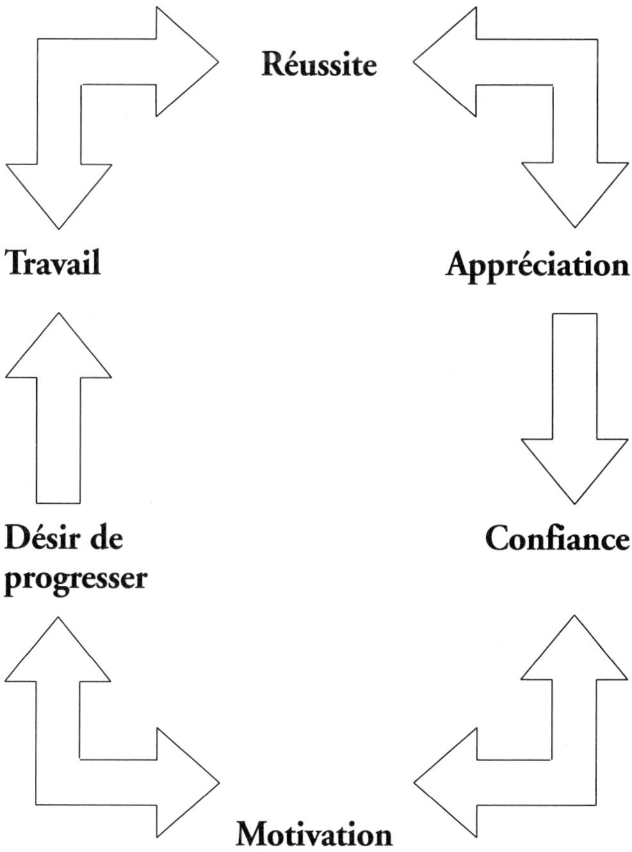

Quelle que soit la forme qu'il prendra, le « déclic » ou élément déclencheur passe pratiquement toujours par une intervention positivante du motivateur ou de l'enfant lui-même. Et, dans le cas présent, des parents ! C'est parce que nous aurons décidé de faire autrement, de « changer notre regard » – souvent devant le fait acquis et parce que toutes nos vieilles recettes semblent n'aboutir qu'à un brouet insipide – que notre enfant, devant ce crédit de confiance, choisira peut-être de changer à son tour.

Nous ne pouvons pas faire l'économie de l'intention positive a priori.

Quelle arme redoutable que celle de pouvoir intervenir sur le cycle de la réussite.

Autrement dit, c'est parce que j'ai confiance que ça marche et non l'inverse. Un changement de regard déjà ancien puisque relevé et mis en évidence par Sénèque voici… deux mille ans.

Si le « déclic » est l'événement initial, il n'est pas une fin. En effet, si après une première progression, notre enfant, convaincu d'avoir tout compris et persuadé de pouvoir y arriver désormais seul – s'il le souhaite – retourne dans ses mauvaises habitudes, alors notre intervention positive n'aura pas servi à grand-chose. Comme le succès qui appelle le succès, **la motivation appelle la motivation**.

Mais la route reste longue, semée d'embûches. De même que la progression des notes et le changement de comportement sont de merveilleux outils de motivation en ce qu'**ils apportent le combustible nécessaire au moteur**, les régressions et les échecs seront autant de ratés annonciateurs d'une panne plus grave. A manquer d'huile, le moteur risque de « couler une bielle ».

Nous devrons donc gérer successivement et les succès et les échecs. Avec la même intention positive. Autant que possible, notre comportement restera identique : valoriser ce qui fonctionne, dédramatiser ce qui démotive.

OUTILS PRATIQUES À MÉMORISER

On évitera de dire systématiquement	et on dira le plus souvent
Resaisis-toi. Tes mauvaises notes sont des exemples à ne pas reproduire. Si tu voulais, tu pourrais. Mais le problème, avec toi, c'est que tu ne veux pas.	*Ce qui démotive le plus, ce sont les mauvaises notes. C'est humain. En plus, à cause d'elles, nous n'avons plus envie de travailler. C'est dommage parce que ça diminue nos chances d'avoir une bonne note. Une siprale difficile à enrayer.*
C'est normal que tu aies de bonnes notes ! Ça nous rembourse des cours particuliers qu'il a fallu te donner.	*Ce qui motive souvent, ce qui donne la « pêche », ce sont les bonnes notes. Ca donne envie de travailler et de faire encore plus de progrès. C'est pour cela qu'on dit : « le succès appelle le succès ».*

4 - 9 VISUALISER LA LIGNE D'ARRIVÉE

En reprenant la métaphore du cycliste qui, le nez dans son guidon, ignore à quel endroit exact de la côte et de la course il se trouve et qui pédale sans autre but que de pédaler, nous avions observé l'importance d'un entraîneur à ses côtés dans une voiture accompagnatrice pour l'informer en temps constant du chemin parcouru et de sa position exacte par rapport à l'objectif et de la position des autres concurrents. Le but était de donner un sens à son effort et de délimiter précisément la fin de sa course.

De même, les dix derniers mètres d'une course de vitesse font l'objet d'un surcroît de puissance et de motivation, d'un effort ultime avant l'arrivée, la victoire, le repos.

Comme les objectifs qui doivent être clairs, réalistes et atteignables, nous pouvons aider nos enfants en fixant avec eux des mini-objectifs (la stratégie des petits pas) qui sont autant de lignes d'arrivée à franchir. Ainsi, plutôt qu'à un marathon s'étendant sur une année entière, il paraît plus judicieux de leur fixer des petites courses de vitesse et des petits caps à franchir.

L'année scolaire ainsi segmentée pourrait comporter les trimestres traditionnels (la course de demi-fond), les mois entre chaque contrôle (le 400 mètres haies) et enfin des semaines entre deux devoirs avec date de départ et jour de remise de la copie et qu'on pourrait assimiler à la course de 100 mètres, l'épreuve reine des championnats d'athlétisme. Fragmenter ne signifie pas intensifier et transformer la vie en compétition quotidienne. Simplement, en resituant l'effort fourni par notre enfant sur une période plus large, nous lui permettons de prendre conscience du chemin déjà parcouru.

Pourquoi ne pas créer un parallèle entre l'effort à fournir par notre enfant et le chargement d'un nouveau logiciel sur un ordinateur : chaque instant de l'initialisation est signalisé par cette formule : « 52, 86, 95 % du travail effectué, il reste encore 2 minutes avant le chargement complet ». Sans cette information, en apparence anodine, nous penserions immédiatement que le téléchargement s'effectue mal.

4 - 10 Aider son enfant à trouver « son » excellence

« Si tout ici-bas était excellent,
il n'y aurait rien d'excellent. »
Diderot

Le talent, c'est cette aptitude unique qui nous permet de réussir… ce que nous entreprenons. Combinaison harmonieuse de l'acquis et de l'inné, notre talent est le fruit d'une alchimie mystérieuse entre nos compétences, nos prédispositions et notre expérience ; par définition unique, le talent ne se partage pas. Comme dans la parabole « qu'as-tu fait de ton talent ? » – même s'il n'était question alors que de l'unité monétaire en cours sous le règne d'Hérode –, il nous est enseigné que nous avons à charge de le faire fructifier.

La motivation a ceci de différent avec la manipulation qu'elle ne cherche pas à faire de l'autre ce qu'on voudrait qu'il soit mais bien de développer en lui ses compétences intrinsèques.

Croire que notre enfant peut devenir ce que l'on exige de lui tient de l'utopie.

C'est ce que tentent les dictateurs et qui les différencie de nous, démocrates. Le respect de la personne humaine nous impose, parents, enseignants, pédagogues, d'agir vis-à-vis des enfants comme des « facilitateurs », des « développeurs de talents ».

La multiplicité des talents est telle qu'elle nous impose l'humilité. Vouloir normaliser l'excellence reviendrait à vouloir faire entrer de force notre enfant dans un moule standard. Une fois la pâte durcie, comment faire entrer dans un moule une forme figée sans la casser ?

Qui nous dit que l'excellence correspond à une moyenne générale de 16 ? Au nom et en fonction de quoi ? Selon quel standard ? D'immenses artistes, des scientifiques mondialement reconnus, des jardiniers de génie, les papes de la grande cuisine… ils sont nombreux ceux qui n'atteignaient pas cette excellence normative. Cela ne les a pas empêchés de parvenir à la quintessence de leur art. Pour le bienfait de l'humanité.

Viser l'excellence, c'est vouloir imposer la perfection dont on sait quelle n'est pas de ce monde. En revanche notre mission consiste à porter une attention approfondie, soutenue et constante. C'est notamment le cas pour les enfants dont les prédispositions scolaires, du moins celles retenues par les normes de l'Education nationale, ne sont pas manifestes. Afin d'éviter une filière technologique ou professionnelle imposée en fonction de critères parfaitement aléatoires et qui correspondent assez souvent avec des disponibilités d'accueil ou des capacités de formations des établissements scolaires, nous tenterons de détecter son talent avec notre enfant, ainsi que la discipline dans laquelle il éprouve le plus de satisfactions et de dispositions.

Ainsi le futur artiste peut-il, une fois son talent détecté, validé et entendu par son entourage, choisir d'accepter la contrainte apparente des mathématiques en ce qu'elles répondent à son besoin de proportions et de perspective, bases fondamentales de toute œuvre picturale. Le même pourra s'intéresser à la lecture et à la rédaction en ce qu'elles lui permettent de verbaliser ses émotions et de décrire et de lire le Beau d'hier et d'aujourd'hui.

Identifier un talent peut exiger un secours extérieur. Qu'il soit bénévole, administratif ou privé, nul ne se retrouve seul sur la route de l'orientation des enfants. En cas de besoin, pourquoi se priver d'une telle aide.

---

4 - 11 Réussir n'est pas risqué

« Réussir, au fond, c'est facile, il suffit de vouloir.
On ne lâche pas tant qu'on n'a pas abouti
Et on réalise tout de suite quelque chose. »
Marcel Bleustein Blanchet

Pour notre enfant, **se mettre à travailler, c'est prendre un risque** !

C'est prendre le risque d'échouer, d'être déçu et de décevoir, de ne pas tenir une promesse qu'on s'est faite à soi-même et aux autres, de mettre en danger son confort personnel, fût-il non satisfaisant. En revanche, ne pas travailler paraît bien plus confortable sur le moment. Echouer parce qu'on ne s'est pas donné les moyens pour qu'il en soit autrement, c'est atteindre le risque zéro.

Ne pas travailler et échouer parce qu'on n'a pas travaillé, voilà pour nos enfants une équation cohérente, logique et facile à comprendre. C'est l'image valorisante du dernier de classe qui, comme on l'a vu plus haut, bénéficie d'une aura et d'une légitimité auprès de ses condisciples. Mieux perçu que le 1er de la classe, qui est passé de l'autre côté du miroir en rejoignant le camps des adultes et des enseignants, infiniment plus malin que « le nul laborieux » qui travaille et échoue, celui qui ne travaille pas ne prend aucun risque.

De l'identité au comportement

Or, c'est le risque qui grandit l'homme. Ne dit-on pas qu'on ne devient un homme que lorsqu'on a remis au moins une fois en jeu sa propre vie ?

Si l'on ne prend pas de risque, alors l'échec est prévisible, admissible et attendu. Accepter de remettre en cause son identité en se posant des questions sur les raisons de l'échec (« pourquoi ai-je raté ? qu'est-ce que je n'ai pas fait ou mal fait pour obtenir un tel résultats ? ») c'est intervenir sur les comportements. A ce moment-là pour notre enfant s'opère une mutation, un glissement entre « mon identité est de rater » et « je n'ai pas travaillé (comportement), donc j'ai échoué ».

C'est ainsi que nous dirons à nos enfants : « Quand on travaille, on prend un risque. Soit le risque de réussir, soit le risque de progresser. » Pas question de nier l'échec éventuel, juste de le transformer en opportunité.

Nier la difficulté de l'examen à venir, c'est priver notre enfant de la joie de le réussir. C'est surtout exercer sur lui une pression génératrice de stress et d'angoisse.

Un examen est toujours plus facile… une fois qu'on l'a réussi !

Rappelons-nous notre certificat d'études, notre Brevet, notre Bac… Aujourd'hui, avec le recul, ils nous paraissent des formalités. Mais quelques jours avant l'examen, qui n'a pas ressenti un pincement au cœur, une douleur au ventre, des mains qui s'humidifient. La peur au ventre en somme. Et les paroles de nos parents qui nous disaient, pour nous rassurer, nous redonner confiance, nous motiver : « c'est facile, ne t'inquiètes pas, tu vas l'avoir… », nous réconfortaient-elles ? A croire que les parents seraient extralucides.

Par dérision, pourquoi ne pas reprendre et adapter l'un des slogans du Loto : « 100 % des gagnants ont joué ». Oui, 100 % des jeunes ayant réussi un examen l'ont tenté ! Un examen ne sera alors plus vécu comme un mur mais comme un tremplin.

OUTILS PRATIQUES À MÉMORISER

On évitera de dire systématiquement	**et on dira le plus souvent**
C'est sûr, tu vas réussir !	*Je ne suis pas voyant. Je ne peux pas te dire que tu vas réussir. Mais à mon sens, tu es parfaitement prêt. C'est ce qu'il y a de plus important à mes yeux.*
Un peu de courage. Tu peux changer. C'est une question de volonté, et de courage.	*Prendre le risque de travailler, de commencer à faire ses devoirs et apprendre ses leçons, c'est se donner une chance.*
Qu'est-ce qu'on va faire de toi ? Quand comprendras-tu qu'il faut travailler pour réussir ?	*Non, tu n'es pas « nase » en maths. Simplement tu n'as pas pris le risque de travailler. Mais au fond, qu'est-ce que tu risques vraiment ? De perdre du temps, de l'énergie. De progresser ? Je crois personnellement que tu peux prendre ce risque.*

ETAPE 4

Pour motiver mon enfant je décide que :

- **Je suis convaincu qu'il peut réussir.**

- **Je connais l'histoire de sa vie et surtout ce qui le pousse à agir.**

- **J'identifie sa forme d'intelligence, je l'entretiens.**

- **J'ai aussi, comme père ou mère motivateur(trice), le droit à l'erreur.**

- **Je n'attends pas de mon enfant, ni de moi, la perfection.**

- **J'agis très tôt sur les causes de mon inquiétude.**

- **Je fais remarquer tous les changements positifs.**

- **Je sais l'importance des succès.**

- **Je lui signale chaque « ligne d'arrivée » en temps réel.**

- **Je l'aide à atteindre son objectif personnel.**

- **Je l'encourage à prendre des risques.**

ETAPE 5

« Les mots pour le dire »

AVOIR UNE COMMUNICATION MOTIVANTE

ÉCOUTER ET S'AFFIRMER

ETAPE 5

« Les mots pour le dire »

AVOIR UNE COMMUNICATION MOTIVANTE

ÉCOUTER ET S'AFFIRMER

Une communication motivante

Les outils que nous proposons ci-après vont paraître familiers à plus d'un. Et pour cause. Tout cet ouvrage a été élaboré à partir des éléments de base qui font de la Méthode Gordon cette approche pragmatique et efficace de la communication. Une méthode si simple que certains, préférant « faire compliqué » et se goberger de mots plus incompréhensibles les uns que les autres, s'en gaussent. C'est leur affaire. C'est vrai, cette méthode ne fait pas appel à un vocabulaire ésotérique.

Aucun dictionnaire de psychologie ou de sociologie n'est nécessaire pour en comprendre le sens et la portée.

Méthode simple, soit. Mais d'une application qui appelle notre vigilance. Fondée sur l'expression des besoins et des manques, sur la perception et l'écoute des ressentis de chacun des acteurs de la relation, sur la possibilité qui leur est offerte de résoudre les conflits inhérents à la nature humaine autrement que par la force et la soumission, en cela la Méthode Gordon est universelle. A la différence d'autres formations, elle favorise l'expression du libre arbitre et fait de nous les principaux responsables de notre communication.

Ecouter, s'affirmer, négocier, nul besoin de grille de lecture, ni de cases ou d'étiquettes, ces trieuses si pratiques... pour y enfermer d'autres que nous.

Une communication motivante est une communication où l'autre est entendu et respecté.

5 - 1 IDENTIFIER LES FREINS À LA COMMUNICATION

Communiquer avec nos enfants n'est pas sans risques ! Dès que nous constatons que notre enfant se trouve confronté à un problème, nous avons tendance à « sauter sur ce prétexte » et à lui prodiguer nos conseils, les fruits de notre expérience, et les questionner plus que de raison pour connaître les moindres détails. En voulant bien faire, nous projetons notre propre image et nous voulons résoudre le problème à sa place.

Cette ceinture de sécurité, cette bouée de sauvetage, la bouclerions-nous, l'accepterions-nous de la part de nos parents, nos amis, nos collègues ? Pas certain. Au contraire nous nous sentirions contraints, dépossédés. Nous aurions, à juste titre, l'impression d'être manipulés.

Ainsi en va-t-il avec nos enfants. **Nos tentatives d'aide risquent, dans certains cas, de produire l'effet inverse.** Elles peuvent devenir des « obstacles à la communication ».

Clairement identifiés par Thomas Gordon[1], ces freins sont au nombre de douze.

Donner des ordres, commander

Suscite la résistance, le comportement contraire, enlève de la responsabilité à l'enfant.

Avertir, menacer

Peut faire naître la rancœur, la colère, la révolte.

Moraliser, prêcher

Fait naître un sentiment de culpabilité, peut inciter l'enfant à s'ancrer davantage sur sa position, à se justifier, à se défendre.

1. *Op. cit.*

Conseiller, donner des solutions

Sous-entend que l'enfant est incapable de résoudre seul ses problèmes. Risque d'infantilisation. Empêche l'enfant de réfléchir et d'inventer ses propres solutions. Risque de conduire à la dépendance ou à la résistance.

Argumenter, persuader par la logique

Provoque une réaction défensive, une contre-argumentation. Amène parfois l'enfant à se refermer sur lui-même et à ne plus écouter le message parental. Notre enfant risque de se sentir incapable, inférieur.

Juger, critiquer, blâmer

L'enfant est a priori stupide, « nul », ce qui coupe la communication et risque de créer des micro-mythes : « De toutes façons, je suis maladroit, c'est ainsi et je ne peux pas faire autrement. »

Complimenter, approuver

On verra plus loin l'usage qu'il faut faire du compliment. Peut être perçu, si utilisé à mauvais escient, comme du paternalisme, une façon hypocrite et détournée d'obtenir tel comportement.

Humilier, ridiculiser

L'enfant peut ne pas se sentir aimé avec le danger de détruire son estime de lui-même. Provoque souvent des ripostes verbales et fait « monter » la température émotionnelle.

Psychanalyser, diagnostiquer

Notre enfant peut se sentir frustré, mis à nu, découvert. Risque de rupture de communication par peur.

Rassurer, consoler

Sentiment provoqué chez le jeune : l'incompréhension. Rassurer ne limite pas le danger parce que cela ne prend pas en compte la situation vécue par l'enfant.

Enquêter, questionner

Pour éviter de répondre à « l'inquisition » parentale, les jeunes utiliseront des réponses évasives, dilatoires voire mensongères. Risque d'anxiété.

Dévier, blaguer, esquiver

Notre enfant peut croire que ses problèmes sont le fruit de son imagination, qu'ils sont banals, insignifiants, sans importance.

Il n'est pas question pour nous de nous priver de ces outils de communication parfois pertinents. Il faut simplement rappeler que dans certaines situations, ils peuvent devenir contre-productifs. Comment le savoir ? Il suffit de regarder notre enfant et ses réactions. S'il se ferme, si son regard fuit, si le rouge lui monte au visage – signe d'émotion – ou si son visage se glace, il faut changer immédiatement de registre. Quitte à en reparler plus tard ?

Outils pratiques à mémoriser

Obstacles à la communication	On évitera de dire systématiquement
Donner des ordres, commander.	*Cesse de t'apitoyer sur ton sort. Réagis !*
Avertir, menacer.	*Tu ne te feras jamais d'amis, si…* *Tu ferais mieux de cesser de t'inquiéter.*
Moraliser, prêcher.	*La vie n'est pas qu'un jardin de roses…* *Tu ne devrais pas te sentir découragé…* *La patience est une vertu…*
Conseiller, donner des solutions.	*Moi, à ta place, je…* *Pourquoi ne fais-tu pas… ?* *Je te suggère de …*
Argumenter, persuader par la logique.	*Voici pourquoi tu as tort…* *Les faits démontrent, prouvent que…* *Oui, mais…*
Juger, critiquer, blâmer.	*Ce que tu dis est faux.* *Tu est nul.* *Tu ne sais pas t'y prendre.*
Complimenter, approuver.	*Tu as raison, ce prof est nul.* *Tu es génial ! Tu as toujours raison.*
Humilier, ridiculiser.	*Superbe, ton 2/20. Si, si, je t'assure.* *Tu as fait de ton mieux. Surtout, ne change rien.*
Psychanalyser, diagnostiquer.	*Ton problème à toi…* *Je comprends, tu es maladroit de naissance.*
Rassurer, consoler.	*Ne t'inquiète pas.* *Ça ira mieux.* *Viens faire un câlin, mon grand.*
Enquêter, questionner.	*Qui… Comment… Pourquoi… Qu'as-tu fait ?*
Dévier, blaguer, esquiver.	*Parlons d'autre chose…* *Ce n'est pas un problème.* *Tu es sûr ?*

5 - 2 Faire entendre ses besoins, s'impliquer

Partons du postulat que **des parents qui souhaitent aider leur enfant sont des parents qui s'affirment**, des parents qui s'impliquent personnellement dans la relation. Ni laxistes, ni béni-oui-oui, ils ne craignent pas d'être authentiques. Sans tomber dans l'impudeur et la mièvrerie.

Se dire n'est pas s'épancher. Nos enfants sont des enfants, nous parents, nous sommes des parents ! Evident ? On pourrait en douter quand on voit certains papas ou certaines mamans faire des confidences sur leurs problèmes de couple, de cœur, d'argent... à leurs enfants. Notre enfant n'est pas notre « psy », encore moins un conseiller aux affaires matrimoniales.

La clef de l'affirmation, c'est la révélation. L'implication personnelle.

Pas au sens d'un secret jalousement gardé et qu'on livre, mais au sens de messages clairs qu'on fait passer à notre enfant pour qu'il comprenne nos attentes, nos besoins, nos désirs. Pensons au proverbe : « Ce qui se conçoit bien, s'énonce clairement et les mots pour le dire arrivent aisément. » C'est ce qu'en langage Gordon nous appelons le message d'affirmation, de révélation ou le ***« Message-je »***.

Un « Message-je » ne consiste pas à commencer toutes ses phrases par la première personne du singulier : je veux, je décide, j'exige... En cela une telle communication justifierait le commandement reçu de nos maîtres en classe et notamment en rédaction ou en composition française : « le moi est haïssable ».

Un « Message-je » est une communication à propos de soi, authentique, franche et congruente. Il reflète l'intensité de ses pensées et de ses sentiments au présent. Clair, compréhensible, direct, ce type de message vise à se dire et à se faire entendre.

Ces message sont de natures différentes. Ils peuvent être des ***messages de révélation*** (révéler son vrai moi), des ***messages de prévention*** (éliminer le problème à sa source), des ***messages***

d'appréciation (enrichir et consolider la relation) et des ***messages de confrontation*** (régler les comportements inacceptables de l'autre).

Quels sont les avantages de la révélation de soi ?

Bien que comportant des risques, la révélation de soi permet de :

- Mieux se connaître soi-même.
- S'aimer soi-même davantage.
- Etre mieux compris par les autres.
- Encourager chez son enfant la révélation de soi.
- Prévenir les conflits.

Ce type de message sera le plus souvent ancré sur un comportement précis de notre enfant, sur une action concrète clairement identifiable par lui.

Quelques exemples de messages « tu » (le « tu » tue) et de messages « je » :

OUTILS PRATIQUES À MÉMORISER

Messages-tu	Message-je
Tu veux rire. Tu ne dis pas ça sérieusement ?	*Je ne suis pas d'accord avec ce que tu dis. Je pense que…*
Tu es une gentille fille, tu aides maman (papa) !	*Je suis tellement content(e) que tu me donnes un coup de main pour terminer ce travail.*
Arrêtez immédiatement la musique, les enfants. Allez dans votre chambre, je ne veux plus rien entendre.	*Les enfants, quand je rentre du travail, je suis fatigué(e). J'ai besoin de calme. Je souhaiterais que vous baissiez la musique de deux tons au moins. Ou fermez votre porte.*
Si tu ne me dis pas quels sont les copains que tu as invités, je ne ferai rien !	*Je veux savoir suffisamment à l'avance combien vous serez pour prendre mes dispositions.*

Pour en savoir plus, on se reportera aux nombreux ouvrages de Thomas Gordon (liste en fin d'ouvrage).

Une précision indispensable : un message « je » se décompose en trois parties :

Le comportement de l'enfant	Les effets sur Moi	Mes sentiments
Quand ta chambre est mal rangée	*je dois le faire à ta place*	*je suis en colère*
Quand tu ne m'écoutes pas	*je dois répéter*	*je me sens négligé(e)*
Si la télé est allumée	*je n'entends rien*	*je suis énervé(e)*

5 - 3 DÉCODER LES ÉMOTIONS

Les mots sont impuissants à dire ce qu'on ressent vraiment. Alors que des millions d'informations nous traversent la tête au même moment, seules quelques-unes d'entre elles franchiront la barrière des mots. Et selon l'état émotionnel du moment de notre enfant, ses mots seront différents, parfois agressifs, souvent violents, presque toujours sans lien direct avec sa pensée profonde et sa véritable préoccupation. Comment réagir, ou plutôt comment agir ?

A quel parent n'est-il jamais arrivé d'entendre de la bouche de son enfant, fût-il par ailleurs un très bon élève, ce jugement péremptoire : « j'aime pas l'école, Mlle X est une conne, mon prof de maths me déteste » ?

Certains d'entre nous haussent les épaules et se disent in petto, « ça lui passera ». D'autres, s'en tenant à la lettre, à la forme, dramatiseront : « que lui arrive-t-il ? A-t-il été maltraité ? Mlle X est-elle à la hauteur » ou décréteront : « on ne parle pas comme ça de l'école, tu dois le respect à ta maîtresse, si on te déteste c'est que tu l'auras cherché ». D'autres encore, inquiets, s'interrogeront sur ces paroles définitives. D'autres enfin chercheront à comprendre : « Que cherche-t-il à me dire ? Quel est le sens de sa phrase ? Il ne dit pas cela par hasard, il souhaite exprimer quelque chose de précis. »

De même qu'un enfant chahuteur, qui ne tient pas en place, qui s'agite, se lève et perturbe la classe, est un enfant qui s'exprime, qui dit, à sa manière – certainement inadaptée – son mal-être, quand notre enfant nous assène des propos définitifs, c'est qu'il essaye de nous faire passer un message, qui n'a parfois rien à voir avec la forme des mots.

Ecouter notre enfant c'est décoder ce qu'il cherche absolument à nous dire.

Comment le décoder sans tomber dans le travers de l'interprétation et de la manipulation ? En utilisant l'**Ecoute Active**.

« **L'écoute active est une façon particulière de refléter ce que l'autre personne a dit, de lui montrer qu'on l'écoute et de vérifier qu'on a bien compris le sens de son message.** »

C'est une reformulation des mots et surtout des sentiments qu'on a cru percevoir chez notre enfant. Pour écouter efficacement, il convient de débrancher notre radio mentale, de se mettre momentanément à la place de notre vis-à-vis, d'essayer de comprendre le sens de ses pensées et de ses sentiments, puis lui exprimer ce qu'on a saisi pour vérifier qu'on a bien compris.

On procédera donc en quatre étapes :

- Ecouter le message « codé » de notre enfant.
- « Décoder » le message pour saisir le sens de ce que l'autre tente de nous dire.
- Refléter ce qu'on a entendu en disant : « voilà ce que j'ai entendu, ce que je comprends de ce que tu ressens ou de ce que tu éprouves. Ai-je bien compris ? »
- Ecouter et regarder (communication non verbale) l'autre pour vérifier qu'on ne s'est pas trompé.

Si notre écoute a été juste, notre enfant nous dira de lui-même : « oui, c'est ça » ou « c'est à peu près ça ». Si nous sommes tombés à côté, notre enfant nous le dira. Mais il aura aussi entendu que nous étions prêts à l'écouter. Il nous donnera le droit à une autre chance en nous livrant quelques informations complémentaires qui devraient nous mettre sur la voie.

Attention, comme nous l'avons déjà vu, trop de droits à l'erreur tue le droit à l'erreur. Nos reformulations seront au départ assez vagues pour maintenir la relation, ne pas couper le fil ténu de la communication.

Reprenons l'exemple de notre enfant qui nous dit qu'il n'aime pas l'école, tenir Mlle X pour une imbécile, être détesté par son professeur de mathématiques. Que cherche-t-il à nous dire ? Est-ce l'école comme institution qu'il n'aime pas ou bien une personne en particulier ? Est-ce un incident qui s'est produit, un événement dont notre enfant a été victime ? Est-ce la peur, la crainte ?

On pourra essayer de dire par exemple : « Tu n'aimes pas l'école parce que tu t'es senti blessé ? », « Tu es en colère ? », « Tu ne t'es pas senti compris par Mlle X ? », « Ton prof de maths n'a pas vu tes efforts ? », « Il t'a fait une réflexion injuste ? »…

Pour aider notre enfant à s'exprimer, nous allons aller dans son sens, ce qui ne signifie pas lui donner raison a priori. Nous tenterons de rester neutre. Ecouter, ce n'est pas entendre et réagir dès que l'on a l'impression d'avoir compris.

Les sentiments, les émotions sont bien cachées, en profondeur, comme la divinité de l'homme qui serait enfouie en nous !

5 - 4 Donner des exemples personnels

Toujours dans le registre de l'implication personnelle, sans pudibonderie, sans se répandre non plus, pourquoi ne pas utiliser la somme d'expériences que nous avons accumulées au cours de notre « longue » vie : pratiquement le double de celle de nos enfants ? Pourquoi se priver des exemples concrets des plaisirs et des joies que nous avons rencontrés à leur âge ?

Sans tomber dans la morale : « moi à ton âge, je faisais… », raconter par épisodes des petits moments de notre vie (de nos vies), de petites expériences, cocasses ou un peu plus douloureuses, des bévues, des impairs, des gaffes, des mésaventures qui se sont bien terminées mais qui nous ont mis dans un état de gêne…

Les enfants, nos enfants, raffolent de ces histoires vécues.

Le ridicule ne tue pas toujours. En reconnaissant que nous n'avons pas été parfaits, nous descendons de notre piédestal pour nous mettre au même niveau que nos enfants. Pendant un moment. Ces confidences faites sur le mode badin entretiennent la complicité. Parents, nous n'oublions pas que nous avons été enfants et que la vie, pour nous, n'a pas toujours été un jardin de roses. A nous aussi il nous est arrivé d'avoir peur, de vouloir tout abandonner, de nous être trompés, d'avoir raté une étape, d'avoir échoué. Se révéler, c'est aussi dédramatiser le moment présent. C'est redevenir accessible et humain.

Ces « révélations » sur notre passé scolaire présentent en outre un avantage certain : celui de nous rapprocher de notre mari ou de notre femme. En effet, à l'exception des parents qui se seraient connus dès leur enfance, notre histoire d'écolier, de collégien, voire de lycéen est instructive pour notre conjoint. Même après des années de mariage ou de vie en commun, il existe bien des souvenirs qu'on croyait avoir oubliés. La confidence appelle la confidence et la révélation appelle la révélation. Une belle occasion de se connaître mieux.

On peut aussi puiser dans notre vie quotidienne au bureau, à la maison, dans la rue… sans pour autant leur faire partager nos soucis, nos craintes, nos peurs.

N'oublions jamais que si nous sommes des modèles imparfaits, nous sommes des modèles tout de même.

Si notre enfant éprouve une réelle difficulté à préparer pour le lendemain un devoir dont il appréhende le résultat, nous pouvons lui avouer concrètement que nous aussi nous ressentons une difficulté avec un dossier qui nous préoccupe, une demande qu'on nous a faite et devant laquelle nous hésitons sur la conduite à tenir. Faire part de nos objectifs concrets, tout en veillant à une relative discrétion, peut se révéler un moteur d'action : « Mon père et ma mère sont comme moi. A eux aussi il arrive d'hésiter, de douter. Il n'y a donc rien d'anormal à ça. Je vais y arriver moi aussi. »

Pour être crédibles aux yeux de nos enfants, nous ne pouvons nous contenter de vérités assénées, de conseils que nous n'aurions pas expérimentés au préalable. Etre crédible, c'est aussi créer des parallèles permanents entre notre activité présente et l'activité scolaire de notre enfant.

Une seule recette : beaucoup d'authenticité et un brin de mémoire et d'imagination.

Outils pratiques à mémoriser

On évitera de dire systématiquement	et on dira le plus souvent
On m'a toujours dit qu'il fallait travailler. C'est vrai.	*Quand j'étais au collège, je ne travaillais pas beaucoup. En seconde, au lycée d'Alembert, écouter les cours ne suffisait pas. J'ai décidé de travailler une heure chaque soir et c'est grâce à ça que j'ai pu passer en 1re. Sans ça je redoublais. Ta grand-mère s'en souvient encore. Tu peux le lui demander.*
Tu dois savoir tout par cœur.	*Je ne sais pas si pour toi c'est la même chose, mais j'avais inventé un truc pour éviter d'être interrogé. Je faisais semblant de fouiller dans mon cartable. Evidemment ça ne marchait pas toujours et je me suis « planté » plus d'une fois. Et toi, comment fais-tu ?*
Je serai directeur l'année prochaine. On me l'a assuré.	*Ça n'a pas été sans mal. Tu te souviens tous les week-end où j'ai dû travailler et où j'étais absent de la maison ? Il a fallu que je me mette à l'informatique. Au début c'était du chinois. N'empêche que c'est grâce à ça qu'on ira tous les quatre aux Etats-Unis.*

5 - 5 Critiquer de façon positive

Critiquer, c'est exprimer un manque ! Déception, désarroi, colère, fureur, angoisse... Derrière notre critique se cache souvent un sentiment négatif. Pris par la violence de notre émotion, nous aurons alors tendance à exprimer cette critique sur un mode négatif, agressif voire violent... Notre enfant ne retiendra alors que notre expression négative, la forme tandis que le fond, ce qui a généré chez nous ce ressenti négatif, les raisons mêmes de notre désaccord, ne sera pas perçu. L'effet produit a toutes les chances d'être à l'opposé de celui escompté. De plus, si notre critique est formulée en public, elle deviendra vexation et rancœur, alors que notre objectif premier était simplement de combler un manque.

La première victime sera la confiance.

La confiance est une relation duelle. Fragile, tenue, elle se fonde sur des preuves concrètes, tangibles. Si elle souffre les maladresses, les erreurs, les faux-pas, elle n'en reste pas moins un fil qui nous unit à l'autre, si fin qu'un coup de dent violent peut le couper.

Pourquoi les individus en général, les artistes en particulier, ont-ils des réactions si virulentes vis-à-vis de la critique ? Le plus souvent c'est parce que cette dernière prend la forme d'une médisance, d'une calomnie, d'une satire. Les mots peuvent être parfois plus violents, plus destructeurs que les coups.

Nous allons donc essayer de **critiquer positivement**.

Obtenir un maximum d'effets avec un minimum de dégâts, tel est notre objectif. Pour se faire, quelques recommandations de bases, empruntées au bon sens :

La critique porte sur un fait concret, précis.

Au lieu d'une généralisation sur un comportement global avec remise en cause de l'identité de la personne, centrer nos propos sur le geste, l'attitude, le mot qui provoque en nous le besoin de réagir.

La critique nous implique personnellement.

Si elle n'est pas généralisation, notre critique nous implique, nous, et pas les autres, la famille, la société. Nous disposons pour cela d'un outil pratique : le Message « je ». Bannir de notre langage le nous – qui fait entendre à notre enfant que plusieurs personnes sont de notre avis, ce qui nous rassure et nous renforce mais n'est pas toujours exact – et surtout le pronom personnel indéfini « on ». Utilisé à bon escient quand il s'adresse à une masse indéfinie, non précise, il est à supprimer de notre vocabulaire dans la relation interpersonnelle. Paravent de l'implication personnelle, ce « on » est censé nous préserver et est pratique en ce qu'il ne nous met pas en première ligne.

La critique est ouverte.

Pour être perçue positivement, notre critique comportera une dimension d'ouverture en ce qu'elle n'est pas définitive. On pourra commencer nos phrases par « à mon sens… », « je peux me tromper, mais j'estime que…. », « selon moi… », autant de précautions oratoires qui, si elles ne remettent pas en cause le fond de notre ressenti, en atténuent chez notre enfant la perception agressive qui provoquerait révolte et justification.

La critique n'est pas ironique.

Souvent, portés par nos sentiments, nous avons tendance à en faire un peu trop. L'humour et l'ironie, s'ils sont des vecteurs indispensables à la communication et à la joie de vivre ensemble, sont risqués à certains moments très précis. Ils peuvent, malgré nous, briser la relation. Nous les utiliserons dans une deuxième phase, pour alléger la relation, lui donner une respiration. Alors, elle sera bien accueillie.

La critique privilégie les conséquences.

Tout comme elle est concrète, la critique prend en compte les conséquences du comportement de l'enfant. Sur nous d'abord, sur la famille ensuite, sur l'entourage enfin.

La critique positive vise à trouver des solutions « gagnant-gagnant ».

Parce qu'elle est constructive, positive, notre critique n'a de sens qu'en ce qu'elle veut mettre un terme à un comportement négatif et lui substituer une solution satisfaisante, à la fois pour nous et pour notre enfant. Née d'un conflit, elle n'aura de cesse que de trouver une résolution acceptable pour les deux, une résolution « gagnant-gagnant ».

5 - 6 TROUVER LE BON MOMENT

Avoir une communication motivante demande souvent une préparation à la fois physique et mentale. Le lieu et le moment sont primordiaux si nous voulons que nos messages passent et soient perçus positivement. Peut-on communiquer juste avant le dîner, alors que la maison ou l'appartement est un vrai champ de bataille, où chacun court, qui de la salle de bain à la cuisine, qui du salon à sa table de travail, où la température émotionnelle est à son paroxysme ? Evidemment, ce n'est pas là le bon moment.

On choisira de préférence un moment plus propice pour être à la fois entendu et compris, pour pouvoir écouter et « décoder ». La communication est si précieuse qu'elle demande qu'on la ménage, qu'on s'y prépare et que soient réunies les conditions optimales. Elle nécessite à la fois du calme et une relative disponibilité. On ne communique pas entre deux portes, juste avant de partir pour l'école ou pour le bureau, sur un trottoir, avant de descendre de sa voiture…

A chacun de déterminer « son » bon moment. Pour une communication familiale, le samedi matin, au petit déjeuner, et à condition que les tâches ménagères ou l'emploi du temps scolaire en laissent le temps, paraît un moment propice. Le dimanche aussi. Ainsi certains, avec des enfants en bas âge, choisiront le samedi matin, dans la chambre parentale, quand le temps n'est pas compté et que les préoccupations de la semaine sont moins pressantes. D'autres, profitant de l'absence des frères et sœurs, préféreront parler seul à seul avec leur enfant, dans sa chambre.

D'autres enfin, créeront de toute pièce un temps de partage fondé sur les règles acceptées au préalable du « cercle de parole » :

- Chacun est invité à s'exprimer à son tour, s'il le souhaite.
- Le temps de parole est limité pour éviter les débordements.
- Les paroles de chacun sont accueillies sans jugement ni critique.
- La démocratie familiale est un ciment : parents et enfants sont égaux en émotions.
- On n'interrompt pas une personne qui parle.
- La confidentialité du « cercle » est respectée.

Le « bon » moment sera toujours celui que nous choisirons avec notre enfant.

ETAPE 5

Pour motiver mon enfant je décide que :

• J'établis, dès que j'en ai l'occasion, des liens de complicité.

• Je me sers de ma propre expérience, de ma scolarité, de mon travail.

• J'entends ses mots, j'écoute ses sentiments.

• Je lui dis clairement mes besoins, mes attentes.

• Je ne me prive pas du plaisir de le remercier.

• Je le conseille, je donne mon avis personnel, j'évite la critique.

• Je cherche et je trouve le « bon moment » pour lui parler.

• J'ai confiance en moi, j'ai confiance en lui.

• Je lui donne des preuves que je l'aime, je le lui dis.

• Je prends l'habitude de lui faire un compliment par jour.

• Je fais toujours la différence entre amour et résultats.

« L’outil des outils »

En forme de conclusion, nous tenons à vous révéler « l’outil des outils », celui indispensable à toute votre communication et qui nous a été révélé par la pratique quotidienne de la motivation des jeunes élèves : **le droit absolu de ne tenir aucun compte de tous les outils proposés**.

En toute conscience.

Vous êtes formidables. Vos enfants le savent, nous le savons. Reste à vous en convaincre et comme toujours, à faire de votre mieux.

BIBLIOGRAPHIE

- L. ADAMS, *Communication efficace*, Le Jour, 1989
- C. AIMELET DEVE, *Aimer guérir ou la logique du corps*, Buchet-Chastel, 1988
- C.P. ALDERFER, *An empirical test of a new theory of human needs*, Organizational Behavior and Human Performance, vol. 4, 1969
- T. ANATRELLA, *Adolescences au fil des jours,* Cerf, 1994
- T. ANATRELLA, *Interminables adolescences,* Cerf, 1997
- C. ANDRÉ – F. LELORD, *L'Estime de soi,* Odile Jacob, 1999
- J-P. ASTOLFI, *L'Ecole pour apprendre*, ESF, 1992
- R. BACH, *Jonathan Livingstone le Goéland*, col. J'ai lu, Flammarion
- R. BANDLER et J. GRINDER, *Les Secrets de la communication, les techniques de la PNL*, Le Jour, 1998
- J.A. BARKER, *Les Paradigmes, à la découverte du futur,* Un Monde différent, 1992
- J.L. BERGERON et al., *Les Aspects humains de l'organisation, Québec*, G. Morin, 1979
- A. BERNARD, *Le Développement des jeunes cadres,* Paris, Editions Liaisons, 1994
- H. BOUCHIKHI, *Structuration des Organisations - Concepts Constructivistes et Etude de Cas,* Economica, 1990
- F. BOURNOIS, *La Gestion des cadres en Europe,* Eyrolles, 1991
- F. BOURNOIS, P. POIRSON, *Gérer et dynamiser ses collaborateurs,* Eyrolles
- P. BOUSQUEL, *Vitaminez vos examens*, First, 1994
- P. BRETON, *L'Utopie de la Communication,* Paris, La Découverte, 1993

- B.B. BROWN, *Le Pouvoir de votre cerveau,* Le Jour, 1980
- R. CALORI et T. ATAMER, *L'Action stratégique – Le management transformateur,* Editions d'Organisation, 1989
- J.-F. CHANLAT, *L'Individu dans l'organisation : les dimensions oubliées,* Les presses de l'Université Laval, 1990
- M. CIFALI, *Freud pédagogue ?*, Inter Éditions, 1982
- F. DE CLOSETS, *Le Bonheur d'apprendre,* Le Seuil, 1996
- A. COMTE, *Cours de philosophie positive,* Société positiviste, 1912
- J. COSNIER, *Psychologie des émotions et des sentiments,* Retz, 1994
- C. DEJOURS, « La Souffrance au travail », in J.F. CHANLAT., *L'Individu dans l'organisation : les dimensions oubliées,* Editions Eska, 1990
- TH. DESJARDINS, *Le Scandale de l'éducation nationale,* Robert Laffont, 1999
- B. COSTA-PRADES, *Devenir parent d'adolescent,* Milan, 1999
- M. CROZIER, E. FRIEDBERG, *L'Acteur et le système,* Seuil, 1977
- A. DEBAREDE, *Les Enfants, oui ! l'eau ferrugineuse, non !*, Le Seuil 1988
- F. DOLTO, *La Cause des adolescents,* Robert Laffont, 1988
- P. DRUCKER, *Au-delà du capitalisme,* Dunod, 1993
- E. ENRIQUEZ, *L'Organisation en analyse,* Paris, PUF, 1992
- L. FERRY – A. RENAUT, *Philosopher à 18 ans,* Grasset, 1999
- I. FILLIOZA, *L'Intelligence du cœur,* Lattès, 1997
- J.- M. FORGET, *Ces Ados qui nous prennent la tête,* Fleurus, 1999
- M. FLAK, *Des Enfants qui réussissent,* Desclées de Brouwer, 1997
- V. FLEURQUIN, *Les Vrais Dangers qui guettent l'adolescent,* Milan, 1999
- R. FRANCES, J.L. MOGENET, *Motivé ou satisfait ? Eclairez-nous,* EAP, 1988
- R. FRANCES, *Inventaire d'intérêts dans une position d'encadrement,* EAP, 1989
- H. GARDNER, *Les Formes de l'intelligence,* Odile Jacob, 1997

- J.L. GARGATZ, *52 Façons d'aider ventre enfant à réussir à l'école,* Un Monde différent, 1993
- K. GIBRAN, *Le Prophète,* Albin Michel, 1990
- A. GIDDENS, *La Constitution de la société,* Paris, PUF, 1987
- P. GILBERT et M. PARLIER, *La Gestion des compétences,* Revue Personnel, n° 3, février 1992
- D. GOLEMAN, *L'Intelligence émotionnelle 2,* Robert Laffont, 1998
- TH. GORDON, *Comment Apprendre l'autodiscipline aux enfants,* Le Jour, 1989
- TH. GORDON, *Enseignants efficaces,* Le Jour, 1981
- TH. GORDON, *Parents efficaces,* Marabout, 1970
- TH. GORDON, *Leaders efficaces,* Le Jour, 1980
- T. GORDON, *Communiquez avec vos patients,* L'Homme, 1998
- S. GUILLOU, *Pour une Nouvelle Autorité des parents,* Milan, 1999
- J. GUITTON, *Mon Testament philosophique,* La Renaissance, 1997
- F. HERZBERG, B. MAUSNER, B.B. SNYDERMAN, *The Motivation to work,* John Wiley, 1959
- F. HERZBERG, *Le Travail et la nature de l'homme,* EME, 1971
- Dr P. IDE, *Travailler avec méthode c'est réussir,* Le Sarment, 1997
- F. IMBERT, *L'Inconscient dans la classe,* ESF, 1996
- B. KAUFMANN, *Le Miracle de l'Amour,* Le Jour
- B. KAUFMANN, *Aimer, c'est choisir d'être heureux,* Le Jour
- D. KEMP, *Devenir complice de l'enfant Téflon,* Souffle d'Or
- S. KING, *1001 Maximes de motivation,* Un Monde différent, 1996
- T.S. KUHN, *La Structure des révolutions scientifiques,* Flammarion, 1970
- A. DE LA GARANDERIE - G. CATTAN, *Tous les Enfants peuvent réussir,* Bayard, 1988
- A. DE LA GARANDERIE, *Réussir ça s'apprend,* Bayard, 1994
- A. DE LA GARANDERIE, *La Motivation,* Bayard, 1996
- H. LANDIER, *Ce que sera dans dix ans le management humain*

des entreprises : le point de vue des dirigeants et des experts, Notes de conjoncture sociale, n° 302, 1988

- R. DE LASSUS, *Oser être soi-même*, Marabout, 1999
- J.-P. LE GOFF, *Le Mythe de l'entreprise,* La Découverte, 1992
- C. LEVY-LEBOYER, *La Crise des motivations,* PUF, 1984
- C. LEVY-LEBOYER, *La Motivation dans l'entreprise,* L'Organisation, 1998
- C. LEVY-LEBOYER, « Satisfaction et motivation : théories et recherches », Bulletin de psychologie, *vol. 33, n°344, 1980, pp. 409-412*
- K. LEWIN, *Psychologie dynamique,* PUF, 1959
- LIEURY- F. FENOUILLET, *Motivation et réussite scolaire,* Dunod, 1997
- E.A. LOCKE, *Personnel attitudes and motivation*, Palo Alto, 1975
- P. LOUART, *La Gestion des hommes, une création sous contraintes*, Cahiers de la Recherche de l'IAE de Lille, 1990
- D. MAC GREGOR, *Leadership and Motivation*, MIT Press, 1966
- M. MACCOBY, *Travailler, pourquoi ? une nouvelle théorie de la motivation,* Inter Editions, 1990
- J.G. MARCH et H. SIMON, *Les Organisations,* Dunod, 1964
- M.-M. MARTINIE, *Communiquer en famille*, Le Sarment, 1992
- A. MASLOW, *A Theory of human motivation*, Psychological Review, 1943
- A.H. MASLOW, *Vers une Psychologie de l'être,* Fayard, 1972
- P. MEIRIEU, *L'Ecole ou la guerre civile*, Plon, 1997
- L. MUCCHIELLI, *Déterminisme ou liberté ? La grande querelle*, Sciences Humaines n° 25, 1993
- C. C. PINDER, *Work motivation theory, issues, and applications,* Foresman, 1984
- B. PROT, *Réveiller le désir d'apprendre*, Noêsis, 1997
- A. ROBBINS, *Le Pouvoir illimité*, Robert Laffont, 1997
- K. ROGERS, *Développement de la personne*, Dunod, 1968
- J. ROJOT et A. BERGMANN, *Comportement et organisation,* Vuibert, 1989
- R. SAINSAULIEU, *Sociologie de l'organisation et de l'entreprise,* Dalloz, 1987

- R. SAINSAULIEU, *L'Entreprise, une affaire de société,* SC.PO, 1992
- J. SALOME, *Papa, Maman, écoutez-moi vraiment,* Albin Michel,1989
- J. SALOME, *Charte de la vie relationnelle à l'école,* Albin Michel, 1995
- H. SAVALL, *Professeur consultant : le bilan d'une expérience* Revue Française de Gestion,1989
- P. SENGE, *La Cinquième Discipline,* First, 1990
- H. SÉRIEYX, *Le Big bang des organisations,* Calmann-Lévy, 1993
- G. SÉVERIN, *Aux Risques de l'adolescence,* Albin Michel, 1997
- F. SMITH, *La Compréhension et l'apprentissage,* HRW, 1975
- L. TANGUY, *L'Enseignement professionnel en France : des ouvriers aux techniciens,* PUF, 1991
- P. TAP, *La Société Pygmalion ? Intégration sociale et réalisation de la personne,* Dunod, 1988
- M. THÉVENET, J.-L. VACHETTE, *Culture et comportements,* Vuibert, 1992
- R.A. THIETART, *La Dynamique de l'homme au travail,* L'Organisation, 1977
- P. VALADIER, *L'Anarchie des valeurs,* Albin Michel, 1997
- J. VAN DEN BROUCK, *Manuel à l'usage des enfants qui ont des parents difficiles,* Le Seuil, 1982
- R. VIAU, *La Motivation en contexte scolaire,* De Boeck, Paris, 1994
- V. H. VROOM, *Work and motivation,* Wiley, 1964
- D.W. WINNICOTT, *Jeu et réalité,* Gallimard, 1971
- J. WITHEMORE, *Le Guide du coaching,* Maxima, 1998
- F. WYNNYKAMEN, *Apprentissage et imitation,* PUF, 1990
- Z. ZIGLAR, *Rendez-vous au sommet,* Un Monde différent

Les formations Gordon

Programmes parents

Parents efficaces

La formation Parents efficaces permet d'acquérir des comportements et des méthodes qui réduisent sensiblement les conflits parents/enfants. A l'issue de cette formation, les parents sauront établir des rapport de respect mutuel avec leurs enfants, fondés sur l'authenticité, l'écoute et l'affirmation de soi.

1. Comprendre ses relations, identifier à qui appartient le problème.
2. Apprendre les techniques d'aide, utiliser l'Ecoute Active.
3. Faire entendre ses besoins, se révéler efficacement.
4. Résoudre les conflits, agir comme conciliateur.
5. Prévenir les problèmes, modifier l'environnement.
6. Aider les jeunes à réussir, soutenir et motiver.

Parents Motivateurs

La formation Parents Motivateurs poursuit un triple objectif : elle permet aux parents de mieux motiver leurs enfants au quotidien, de favoriser et d'accompagner leurs réussites scolaires, et de les aider à surmonter leurs difficultés.

La formation enseigne l'utilisation des outils présentés dans ce livre, à partir de l'analyse de situations quotidiennes vécues par les parents, en s'appuyant sur des jeux de rôles, des mises en situation et des partages d'expériences.

Un suivi individualisé est possible à l'issue de la formation, afin de pouvoir répondre au mieux à un souci particulier de certains parents.

Animateurs-parents

Comment devenir à son tour un formateur et enseigner la méthode Gordon aux parents ?

Animateurs-motivation

Comment prendre en charge un groupe d'élèves et de parents, aider les premiers sur le chemin de la réussite scolaire, favoriser l'écoute chez les seconds, le soutien et la motivation scolaire au quotidien.

PROGRAMMES JEUNES

Motivation Jeunes

Moteur de la réussite scolaire, Motivation Jeunes n'est pas un programme de soutien scolaire, mais une formation dont l'objectif est de restaurer et développer la motivation des jeunes en leur redonnant confiance en eux. Réuni une fois par semaine, à jour et heure fixes, un petit groupe d'élèves de classe et âge homogènes est formé par un animateur afin d'intégrer une nouvelle méthode de travail, pendant une douzaine de semaines. Ni parent, ni prof, l'animateur intervient comme un véritable coach d'équipe qui encourage, relève et apprécie les résultats positifs et fixe des objectifs accessibles.

Accompagnement individuel

Cette approche « sur mesure » autorise un travail en profondeur répondant efficacement à un problème identifié lors d'un entretien préalable, en quatre séances.

Qu'il s'agisse de jeunes, de parents, voire d'enseignants, ils peuvent se trouver confrontés à une situation difficile à résoudre.

Le formateur, agissant en qualité de coach, va aider la personne à clarifier le problème et l'amener à trouver sa solution.

Par exemple, dans le cas d'un adolescent, le coaching individuel comporte trois phases :

- identification des ressources et compétences propres au jeune ;
- définition d'un projet en adéquation avec les talents identifiés ;
- fixation des étapes nécessaires à sa mise en œuvre.

Programmes enseignants

Enseignants efficaces

Pour créer un climat de motivation et de participation dans la salle de classe. Maîtriser les outils de communication et résoudre les conflits enseignants-élèves.

Fédérer l'équipe de direction

Mobiliser les potentialités de l'équipe de direction d'un établissement scolaire autour du projet pédagogique de l'établissement – mieux se connaître en équipe – réussir sa communication – mettre en place des relations de coopération – élaborer les principes de fonctionnement de l'équipe pédagogique.

« Le cercle de parole »

Une approche émotionnelle de prévention contre la peur et la violence pour gérer la confiance et l'entraide dans un groupe d'élèves.

15 attitudes pour motiver

Journées pédagogiques élaborées à partir du programme « MOTIVATION JEUNES » pour permettre aux enseignants de développer leurs compétences de « motivateur ».

Enseigants Motivateurs

Cette formation aide les enseignants à développer leur capacité à motiver leurs élèves au jour le jour et leur donne une méthode permettant aux élèves de surmonter leurs échecs. Parmi les thèmes traités : aider son élève à se fixer ses propres objectifs, donner confiance à son élève, donner du sens au travail, avoir une communication motivante.

La formation est généralement dispensée à l'issue d'une conférence de sensibilisation donnée dans le cadre de journées pédagogiques.

Pour tout renseignement complémentaire ou pour obtenir les programmes de formation, vous pouvez contacter :

GORDON FRANCE -
MOTIVATION JEUNES
7 rue de Surène - 75008 PARIS
Tél. 01 47 42 19 18

TABLE DES MATIÈRES

Au catalogue Marabout

(Livre de Poche)

Enfants – Éducation

- *100 trucs que je déteste sur la grossesse*, K. Konopicky, n° 3213
- *150 façons d'être une supermaman*, S. Dazzo, n° 3214
- *10 000 prénoms du monde entier*, P. Raguin, n° 3139
- *Adolescents, la crise nécessaire*, Dr S. Clerget, n° 3189
- *A.D.O.S.*, A. Schapiro-Niel, n° 3187
- *Ados, comment les motiver*, V. Acker, n° 3162
- *Aimer sans tout permettre*, Dr F. Dodson, n° 3101
- *Au cœur des émotions de l'enfant*, I. Filliozat, n° 3171
- *Aux petits maux les bons remèdes*, Dr G. Pacaud, n° 3209
- *Bébé calme*, C. Deacon, n° 3204
- *Bébé, dis-moi qui tu es*, Dr P. Grandsenne, n° 3160
- *Bébé, raconte-moi tes premières fois*, Dr P. Grandsenne, n° 3195
- *Bébé trucs*, C. Pellé-Douël, n° 3179
- *Ce dont chaque enfant a besoin*, Dr T. B. Brazelton, n° 3182
- *Cent histoires du soir*, S. Carquain, n° 3175
- *Destination maman*, A. Schapiro-Niel, n° 3197
- *Devenir père*, Pr. R. Frydman et C. Schilte, n° 3218
- *Écouter et soigner son enfant*, Dr M. Sznajder, n° 3206
- *Élever un garçon*, S. Biddulph, n° 3180
- *Élever une fille*, G. Preuschoff, n° 3211
- *Enceinte à Paris et en région parisienne*, V. Lamour, n° 3207
- *Enfants trucs*, C. Pellé-Douël n° 3179
- *Guide du jeune papa*, M. Micucci, n° 3186

- *Itinéraire d'un nouveau-né*, Dr E. Antier, n° 3163
- *Kilos ados*, M. Belouze et Dr A. Cocaul, n° 3203
- *Mon bébé comprend tout*, Dr A. Solter, n° 3156
- *Mon enfant a confiance en lui*, A. Bacus, n° 3192
- *Mon enfant s'entend bien avec les autres*, J. Cooper, n° 3217
- *Nounous ou crèches, que choisir ?*, Dr S. Angel, n° 3210
- *Objectif : sage comme une image !*, S. Baveystock et Dr T. Byron, n° 3215
- *Où accoucher en France*, V. Lamour, n° 3208
- *Parents efficaces*, Dr T. Gordon, n° 3102
- *Parents efficaces au quotidien*, Dr T. Gordon, n° 3138
- *Père et son enfant (Le)*, Dr F. Dodson, n° 3100
- *Prénoms et origines*, F. Le Bras, n° 3188
- *Pourquoi les aînés veulent diriger le monde et les benjamins le changer*, M. Grose, n° 3205
- *Recettes pour bébé*, Dr H. Bouchet et B. Vié, n° 3127
- *Se faire obéir sans crier*, B. Unell, n° 3169
- *Secret des enfants heureux (Le)* (vol. 1), S. Biddulph, n° 3181
- *Secret des enfants heureux (Le)* (vol. 2), S. Biddulph, n° 3184
- *Sexo ados*, Dr C. Solano, n° 3202
- *Sommeil de votre enfant (Le)*, A. Bacus, n° 3196
- *Tout se joue avant 6 ans*, Dr F. Dodson, n° 3115
- *Toutes les questions au pédiatre*, Dr M. Galland, n° 3173
- *Votre bébé de 1 jour à 1 an*, A. Bacus, n° 3120
- *Votre enfant de 1 à 3 ans*, A. Bacus, n° 3121
- *Votre enfant de 3 à 6 ans*, A. Bacus, n° 3122

Psychologie

- *150 tests d'intelligence*, J. E. Klausnitzer, n° 3529
- *Amour sans condition (L')*, L. L. Hay, n° 3662
- *Analyse transactionnelle (L')*, R. de Lassus, n° 3516
- *Apprivoiser le deuil*, M. Ireland, n° 3677
- *Art de la simplicité (L')*, D. Loreau, n° 3720
- *Au secours ! Je vis avec un(e) narcissique*, S. Carter et J. Sokol, n° 3721
- *Boostez votre cerveau*, G. Azzopardi, n° 3710
- *Ce que veulent les hommes*, B. Gerstman, C. Pizzo et R. Seldes, n° 3672
- *Ces amours qui nous font mal*, P. Delahaie, n° 3706
- *Ces gens qui vous empoisonnent l'existence*, L. Glas, n° 3597
- *Cette famille qui vit en nous*, C. Rialland, n° 3636
- *Changez de vie en 7 jours*, P. McKenna, n° 3719
- *Cinq Entretiens avec le Dalaï-Lama*, Sa Sainteté le Dalaï-Lama, n° 3650
- *Comment être boss... sans être garce*, C. Friedman et K. Yorio, n° 1959
- *Communication efficace par la PNL (La)*, R. de Lassus, n° 3510
- *Convaincre en moins de 2 minutes*, N. Boothman, n° 1958
- *Dictionnaire des rêves*, L. Uyttenhove, n° 3542
- *Efficace et épanoui par la PNL*, R. de Lassus, n° 3563
- *Ennéagramme (L')*, R. de Lassus, n° 3568
- *Force est en vous (La)*, L. L. Hay, n° 3647

- *Gestalt, l'art du contact (La)*, S. Ginger, n° 3554
- *Hommes, les femmes, etc. (Les)*, E. Willer, n° 3679
- *Intelligence du cœur (L')*, I. Filliozat, n° 3580
- *Interprétation des rêves (L')*, P. Daco, n° 3501
- *Je t'en veux, je t'aime*, I. Filliozat, n° 3699
- *Langage des gestes (Le)*, D. Morris, n° 3590
- *Méditer au quotidien*, H. Gunaratana, n° 3644
- *Mesurez votre Q.I.*, G. Azzopardi, n° 3527
- *Méthode Coué (La)*, E. Coué, n° 3514
- *Notre capital chance*, Dr R. Wiseman, n° 3691
- *On gère sa vie, on ne la subit pas*, P. McGraw, n° 3704
- *Oser être soi-même*, R. de Lassus, n° 3603
- *Osez briser la glace*, S. Jeffers, n° 3673
- *Osez le grand amour*, S. Jeffers, n° 3716
- *Parents toxiques*, Dr S. Forward, n° 3678
- *Pères d'aujourd'hui, filles de demain*, V. Colin-Simard, n° 3693
- *Petit Livre de sagesse du Dalaï-Lama (Le)*, B. Baudouin, n° 3702
- *Plénitude de l'instant (La)*, T. Nhat Hanh, n° 3655
- *Pourquoi les femmes se prennent la tête ?*, S. Nolen-Hoeksema, n° 3722
- *Pouvoir de la bonté (Le)*, Sa Sainteté le Dalaï-Lama, n° 3703
- *Prodigieuses Victoires de la psychologie (Les)*, P. Daco, n° 3504
- *Psy de poche (Le)*, S. Mc Mahon, n° 3551
- *Puissance de la pensée positive (La)*, N. V. Peale, n° 3607

- *Quand les enfants partent*, A. Schapiro-Niel, n° 3707
- *Que se passe-t-il en moi ?*, I. Filliozat, n° 3671
- *Réussir le nouveaux tests de Q.I.*, G. Azzopardi, n° 3714
- *Rupture : petit guide de survie*, D. Hirsh, n° 3689
- *Sexe des larmes (Le)*, Dr P. Lemoine, n° 3688
- *Thérapie du bonheur (La)*, Dr É. Jalenques, n° 3682
- *Tout ce que les hommes ignorent et que les femmes n'avoueront jamais*, D. McKinlay, n° 3708
- *Tout se joue en moins de 2 minutes*, N. Boothman, n° 3675
- *Transformez votre vie*, L. L. Hay, n° 3633
- *Tremblez mais osez !*, S. Jeffers, n° 3669
- *Triomphes de la psychanalyse (Les)*, P. Daco, n° 3505
- *Vie à bras-le-corps (La)*, S. Jeffers, n° 3690

IMPRIMÉ EN ESPAGNE PAR LIBERDÚPLEX

pour le compte des
Nouvelles Éditions Marabout
D.L. octobre 2007
ISBN : 978-2-501-05281-8
40.8863.9/02